LE MONTRÉAL JUIF ENTRE LES DEUX GUERRES

צווישן צוויי וועלט מלחמות

צווישן צוויי
וועלט מלחמות

פון י. מדרש

„קענעדער אדלער" דרוקעריי   מאָנטרעאל — 1964

Israël Medresh

LE MONTRÉAL JUIF ENTRE LES DEUX GUERRES

צווישן צוויי וועלט מלחמות

1964

Traduit du yiddish par Pierre Anctil

SEPTENTRION

Les éditions du Septentrion remercient le Conseil des Arts du Canada et la Société de développement des entreprises culturelles du Québec (SODEC) pour le soutien accordé à leur programme d'édition, ainsi que le gouvernement du Québec pour son Programme de crédit d'impôt pour l'édition de livres. Nous reconnaissons également l'aide financière du gouvernement du Canada par l'entremise du Programme d'aide au développement de l'industrie de l'édition (PADIÉ) pour nos activités d'édition.

Photo de la couverture : L'auteur, photographié à Montréal en 1942, flanqué à gauche de son fils Abe et de son gendre Irvine Glass, tous deux enrôlés dans les forces aériennes du Canada, et à droite de son fils Phil (Feyvl) membre de forces armées canadiennes. Source : collection personnelle de Phil Madras

Révision : Solange Deschênes

Mise en pages et couverture : Folio infographie

Si vous désirez être tenu au courant des publications
des ÉDITIONS DU SEPTENTRION
vous pouvez nous écrire au
1300, av. Maguire, Sillery (Québec) G1T 1Z3
ou par télécopieur (418) 527-4978
ou consultez notre catalogue sur Internet :
www.septentrion.qc.ca

Diffusion au Canada :
Diffusion Dimedia
539, boul. Lebeau
Saint-Laurent (Québec)
H4N 1S2

Dépôt légal – 4ᵉ trimestre 2001
Bibliothèque nationale du Québec
ISBN 2-89448-306-6

Ventes en Europe :
Librairie du Québec
30, rue Gay-Lussac
75005 Paris

Far
Stanley Diamond, antropolog
(1922-1991)

oun

Robert F. Harney, historiker
(1939-1989)

mentshn beyde

INTRODUCTION DU TRADUCTEUR

L A PUBLICATION EN 1997 de l'ouvrage rédigé cinquante ans plus tôt en
yiddish par Israël Medresh, *Le Montréal juif d'autrefois*[1] (*Montreal
foun Nekhtn*), a ouvert pour la première fois au public francophone une
porte sur l'univers de perception des immigrants juifs du début du siècle.
Fraîchement arrivés d'Europe de l'Est au lendemain de l'insurrection
russe de 1905, les yiddishophones montréalais, découvrait-on, n'avaient
pas tardé à mettre sur pied un vaste réseau communautaire et à bâtir
d'importantes institutions culturelles, sociales et même à vocation politique. Il s'était ainsi forgé dans la ville une identité juive autonome,
traversée de multiples courants idéologiques tributaires le plus souvent
des conditions propres à la Russie du début du siècle, et nourris par une
intelligentsia très active sur le plan littéraire et artistique. Medresh nous
apprenait aussi, dans *Montreal foun Nekhtn*, qu'une part importante de la
communauté juive est-européenne avait joint les rangs de la classe ouvrière
dès son arrivée en terre québécoise, notamment dans le secteur de la
confection du vêtement, et que ce fait avait eu des répercussions profondes sur l'évolution du judaïsme montréalais. De tout ceci il ressortait
que les Juifs de la grande migration avaient formé au Québec une collectivité à nulle autre pareille, animée par des débats et des interrogations
spécifiques, et qui avait évolué pendant plusieurs décennies en marge des
composantes francophones et anglophones dominantes.

Medresh, comme je l'expliquais dans la préface du *Montréal juif
d'autrefois*, était lui-même un pur produit de cet univers de significations
est-européen. Arrivé à Montréal en 1910 à l'âge de 16 ans, l'auteur avait

---

1. Publié aux Éditions du Septentrion.

été formé dans une académie talmudique à l'époque très célèbre, la *yeshiva* de Lida, située en Biélorussie et fondée par l'éminent rabbin Isaac Jacob Reines[2]. Dans ce milieu, le jeune Medresh avait intériorisé certains des courants de pensée qui allaient marquer le Montréal juif auquel il se joindrait bientôt, soit la pensée religieuse rationaliste et ouverte à la modernité, l'élan sioniste vers la Palestine historique, l'amour de la littérature et la passion du yiddish comme langue nationale juive. Une fois établi à Montréal, et admis en 1922 dans le cercle des journalistes à temps plein du quotidien yiddish local, le *Keneder Odler* (*L'Aigle canadien*), Medresh va jour après jour, année après année, jusqu'à sa mort en août 1964, commenter l'actualité juive de sa ville d'adoption et à l'échelle internationale. Avec le temps, il va devenir un des intellectuels yiddish les plus respectés de sa communauté et un de ceux dont la signature paraissait le plus régulièrement dans la presse yiddishophone québécoise. Au moment de son décès, arrivé subitement, ses collègues journalistes seront unanimes à saluer sa contribution exceptionnelle à la vie littéraire et intellectuelle de sa communauté :

> Tout à coup, d'une manière absolument inattendue, la mort a frappé un membre de la salle de rédaction, un de nos collègues les plus compétents, présent parmi nous depuis 41 ans, Israël Medresh, *olevhasholem*.
>
> Depuis plusieurs décennies, ce dernier a fait la preuve qu'il était un des membres les plus actifs et les plus capables de notre communauté, couvrant dans ses reportages et ses écrits plusieurs aspects de la vie juive canadienne. Il a aussi livré à différentes reprises ses réflexions au sujet de l'actualité telle qu'elle se déroulait au sein du Montréal juif et parfois dans le Canada tout entier[3].

Maintenant que nous connaissons mieux grâce aux recherches récentes[4] la contribution littéraire et intellectuelle de Medresh, il est plus facile de comprendre la portée réelle de ses Mémoires. Je pense en particulier ici au volume 2 publié en 1964, quelques semaines avant sa mort, et intitulé *Tsvishn Tsvey Velt Milkhomes* (*Le Montréal juif entre les deux guerres*). Il n'est pas permis de douter maintenant que l'auteur avait à

---

2. Pour plus de détails biographiques concernant l'auteur, consulter l'introduction du *Montréal juif d'autrefois*.

3. «Israël Medresh olevhasholem», dans *Der Keneder Odler*, Montréal, 5 août 1964.

4. Voir la préface de Vivian Felsen à l'édition anglaise de *Montreal foun Nekhtn*, intitulée *Montreal of Yesterday, Jewish Life in Montreal 1900-1920*, Montréal, Véhicule Press, p. 11-20.

l'esprit depuis fort longtemps de rédiger un ouvrage qui aurait couvert la période plus récente de l'histoire juive montréalaise, soit de l'arrivée massive des yiddishophones au début du XXe siècle jusqu'à la fin de la Deuxième Guerre mondiale[5]. Ces décennies cruciales, quant à l'émergence d'une identité juive québécoise, avaient souvent été négligées jusque-là dans les lettres yiddish du fait que les Juifs montréalais tournaient résolument le regard vers la société canadienne, et ne souhaitaient plus se remémorer une époque où ils faisaient figure de nouveaux arrivants. Inlassablement, année après année, Medresh avait accumulé au fil de ses nombreuses chroniques des matériaux très riches qu'une consultation rapide de son œuvre journalistique permet immédiatement de retracer. Surtout, il avait été le témoin attentif d'une certaine époque maintenant révolue, qu'il convenait de transmettre sous l'angle bien particulier de la perception développée par les yiddishophones.

Tout de même, il est intéressant de noter qu'il existe une différence de ton très nette entre les deux tomes que Medresh a écrits à presque vingt ans de distance. Le premier volume, *Le Montréal juif d'autrefois*, qui couvre la période d'avant la Première Guerre mondiale, avait été rédigé sur le mode d'une comédie. On y voit décrits dans une veine humoristique les travers des immigrants fraîchement arrivés, leurs déboires inoffensifs comme parlants yiddish et le climat bon enfant du début des ANNÉES 1910. Il en va tout autrement de l'ouvrage qui couvre les années 1920 et 1930, où tout prend une teinte sombre et où l'accent est mis sur la tragédie. Même si les deux périodes couvertes par l'auteur s'avèrent d'égale longueur, soit une vingtaine d'années chacune, l'esprit qui a présidé au déroulement de l'une se révèle être aux antipodes de l'autre. Après les railleries douces soulevées par le comportement des migrants esteuropéens, *Le Montréal juif d'autrefois* se clôt malgré tout sur l'espoir soulevé par le sionisme, la chute des monarchies de droit divin en Europe centrale et en Russie, et sur les premiers signes avant-coureurs d'une mobilité sociale juive à Montréal. *Tsvishn Tsvey Velt Milkhomes* porte la marque d'une tout autre sensibilité, soit la crise économique de 1929, la montée universelle de l'antisémitisme et la consolidation des idéologies

---

5. La période de la Nouvelle-France et du début du régime anglais avait été étudiée par un autre journaliste du *Keneder Odler*, Benjamin G. Sack, qui avait fait paraître à Montréal en 1948 un ouvrage en yiddish intitulé : *Geshikhte foun Yidn in Kanade* (*L'Histoire des Juifs au Canada*).

totalitaires qui allaient s'avérer si périlleuses pour les Juifs sous Hitler et plus tard Staline. Alors que tout semblait possible au lendemain du traité de Versailles, la fin du deuxième conflit mondial ouvre un horizon incertain marqué par Auschwitz, les goulags et la guerre d'indépendance israélienne. L'innocence des deux premières décennies du siècle a fait place, dans *Le Montréal juif entre les deux guerres*, à un monde où domine l'inquiétude et où se profile nettement la menace de la solution finale nazie.

De toute évidence Medresh n'est pas un historien professionnel, pas plus qu'il n'utilise dans sa démarche la méthode historique traditionnelle. Le second tome de ses Mémoires possède d'ailleurs une couleur nettement plus politique et sociologique que le premier. S'il ne maîtrise pas la préparation formelle et méthodologique nécessaire, l'auteur n'en a pas moins un sens très aigu du déroulement de l'histoire et de ses conséquences à long terme pour le peuple juif, autant à Moscou qu'à New York, Jérusalem ou Montréal. Cette préoccupation de perpétuation historique caractérise en fait toute une génération d'immigrants yiddishophones qui avait la conscience de former une charnière essentielle entre deux mondes, celui du *shtetl* est-européen, que l'assaut nazi allait pratiquement effacer de la surface du globe, et la réalité propre aux grandes métropoles nord-américaines. De telles interrogations face à l'évolution du peuple juif secouent en réalité à l'époque tout un cercle d'intellectuels et de littéraires installés à Montréal depuis peu. Journaliste de métier, Medresh est très bien situé pour articuler ce projet de rédaction et de transmission d'une certaine histoire juive contemporaine, et pour s'acquitter de cette tâche de manière pédagogique et succincte, c'est-à-dire en s'assurant que ses efforts profitent au plus grand nombre :

> Il a entrepris dans le même esprit de rédiger deux ouvrages intitulés : *Montreal foun Nekhtn* (*Le Montréal juif d'autrefois*) et *Montreal Tsvishn Tsvey Velt Milkhomes* (*Le Montréal juif entre les deux guerres*). Dans ces livres l'auteur n'a pas cru bon de s'étendre trop longuement. En réalité, il a fait appel pour son propos à sa mémoire seulement. Il a écrit peu, dans un style alerte et avec une langue proche du peuple, si bien que le lecteur comprend tout de suite de quoi il s'agit. Il évitait ainsi l'écueil dans lequel d'autres seraient tombés, soit celui de chercher à trop élargir le propos pour mieux en faire comprendre la portée[6].

---

6. « Israël Medresh olevhasholem », dans *Der Keneder Odler*, Montréal, 5 août 1964.

Medresh omet ainsi souvent de préciser à quelle date tel ou tel événement a pu avoir lieu et dans quel contexte exactement. Il arrive aussi qu'il fasse fausse route sur des questions de détail, ce qui n'altère pas vraiment le cours du texte une fois que le lecteur en est averti. Le plus important ici est l'attention que l'auteur porte au mouvement général de l'histoire juive montréalaise entre les deux guerres, et la sensibilité particulière qu'il apporte dans l'interprétation des circonstances propres au Québec et au Canada. Comme toute personne qui commente la trame historique dans laquelle elle est insérée, Medresh n'a qu'une vue partielle de la réalité et des facteurs complexes qui modèlent l'évolution d'une société ou d'une communauté. Justement à cause de ce fait qu'il perçoit les années 1920 et 1930 depuis un point de vue spécifiquement juif et montréalais, le journaliste du *Keneder Odler* nous apporte un témoignage très précieux et fort peu usité sur les émotions qui furent ressenties à ce moment par cette couche de la population, et sur les conséquences qu'eurent sur elle les grands courants idéologiques issus du Québec francophone. La grille d'interprétation que propose Medresh de l'histoire québécoise offre ainsi un décodage décentré par rapport à celui qui est traditionnellement avancé jusqu'ici par les deux majorités linguistiques.

Loin de moi ici l'idée de diminuer ou d'atténuer par ces commentaires critiques la qualité intrinsèque de l'œuvre de Medresh dans l'historiographie québécoise, ou de lui attribuer une valeur moindre. Au contraire, le fait que ces Mémoires aient été écrits en yiddish devrait attirer notre attention sur leur grande originalité et leur contribution toute particulière à notre compréhension de l'entre-deux-guerres. La version française de *Tsvishn Tsvey Velt Milkhomes* permet en effet le franchissement non seulement d'un fossé propre au passage du temps, mais aussi d'une barrière culturelle qui est celle de l'univers de signification des immigrants yiddishophones du début du XXe siècle. Il ne faut pas perdre de vue que la distance anthropologique entre les Juifs est-européens et leurs contemporains francophones était restée très marquée jusqu'à la Révolution tranquille, d'abord du fait de l'utilisation d'un véhicule linguistique inconnu de toutes les autres communautés, mais aussi parce que les parlants yiddish ne pouvaient contempler la société montréalaise que d'un œil oblique. Longtemps à l'écart des grands courants de pensée qui secouaient la vie politique ou culturelle canadienne, restés vulnérables du fait de leur installation récente et peu habiles à manier les deux langues dominantes du pays, les Juifs est-européens ont développé au cours des

années 1920 et 1930 une manière bien à eux de percevoir la vie montréalaise. C'est ce regard différent auquel nous donne accès *Tsvishn Tsvey
Velt Milkhomes*, dans un univers linguistique de surcroît inaccessible aux
autres résidents de la ville et par là protégé du sceau de la confidentialité
et de l'intimité culturelle. Medresh sait exactement à qui il s'adresse dans
ses Mémoires, présume avec justesse que le texte est au-delà de la portée
des *goyim* et s'abandonne ainsi plus facilement à son propos. En lisant en
version française l'œuvre du journaliste, nous plongeons aujourd'hui dans
un univers qui jusqu'ici avait été réservé aux seuls lecteurs yiddishophones
montréalais.

Or la période de l'entre-deux-guerres constitue une époque charnière
dans l'évolution de la communauté juive à Montréal et ailleurs dans le
monde. L'antisémitisme atteint au cours de ces années son sommet historique au Québec, tandis que sur le continent européen les Juifs sont
témoins de la montée et du triomphe dans plusieurs pays des idéologies
fasciste et nazie. Rarement au xxe siècle les Juifs seront-ils autant la cible
d'attaques concertées et de discours malveillants. En fait, partout en
Occident où sévit un nationalisme exacerbé par la crise des années 1930,
les populations juives serviront de bouc émissaire et de prétexte commode
face à une situation catastrophique sur le plan économique et politique.
Le Québec n'échappe pas à cette surenchère, et se lèvent sur la scène
locale un certain nombre d'hommes politiques et de démagogues qui
pointent du doigt les Juifs comme la source principale du mal. Ce volet
de la question est aujourd'hui mieux connu du fait d'un certain nombre
de recherches récentes, dont plusieurs souffrent toutefois de ne pas s'être
intéressés de près à la réaction juive locale face à ce contexte[7]. Pour qui
veut mieux connaître ce phénomène propre aux années 1930, les paroles
et les écrits des antisémites québécois sont certes intéressants à parcourir,
mais ils ne révèlent qu'un aspect de la question.

Pour la plupart, les idéologues obsédés par la présence juive au Québec
se sont contentés de marteler des slogans dans des salles remplies de leurs
proches partisans, et de noircir de leur plume des publications spécialisées
dans la propagation de la haine raciale. On ignore encore largement
toutefois quels effets leur agitation finit par avoir sur le terrain et comment

---

7. Martin Robin, *Shades of Right. Nativists and Fascist Politics in Canada, 1920-1940*,
Toronto, University of Toronto Press, 1992 ; Irving Abella et Harold Troper, *None is Too
Many*, Toronto, Lester and Orpen Dennys, 1983, 336 p.

celle-ci fut reçue par les premiers visés. Se fier à ces seules sources, comme trop d'auteurs l'ont fait jusqu'à maintenant, c'est se priver de la capacité d'effectuer une analyse vraiment critique de l'antisémitisme québécois au cours des années 1930. Pour y voir clair il importe en effet de consulter au premier chef les sources juives montréalaises, qui sont celles qui permettent le mieux d'équilibrer les données puisées à même les écrits et les discours des judéophobes d'ici. Qui mieux que les victimes potentielles peut nous apprendre l'ampleur de ces attaques, leurs conséquences économiques ou politiques à court et à moyen terme, ainsi que le dommage émotionnel qu'elles ont infligé à leurs cibles. De ce côté la récolte est si mince à ce jour, et le nombre d'intervenants juifs cités si petit, que l'on serait porté à croire, en lisant certains auteurs peu portés sur la nuance, qu'une vague antisémite a submergé de part en part Montréal. Au sein d'une société démocratique comme l'étaient à l'époque et le Canada et le Québec, les Juifs ont combattu avec acharnement les allégations de leurs ennemis, les ont discutées abondamment dans les publications internes de leur communauté et contredit leurs détracteurs sur la place publique chaque fois qu'ils en ont eu l'occasion. Surtout, ils ont tenté d'influencer en leur faveur les autorités les plus susceptibles de mettre fin à cette campagne anti-juive.

Sous cet angle, *Tsvishn Tsvey Velt Milkhomes* livre un témoignage tout à fait unique sur l'antisémitisme québécois des années 1930. La matière qu'on y trouve est non seulement très complète et équilibrée en regard de ce que l'on sait de la situation, mais elle est en plus livrée par un Juif pour un auditoire communautaire, et dans une langue imperméable aux regards des *goyim*. Nous ne possédions en effet jusqu'à maintenant aucun document étoffé sur cette période et relativement à ce thème, qui soit issu des cercles yiddishophones, soit ceux qui étaient les plus susceptibles de se retrouver dans la mire des publications antisémites. L'ouvrage de Medresh livre sous ce rapport plusieurs éléments inédits, et offre en quelques dizaines de pages une synthèse originale des répercussions des mouvements anti-juifs sur la communauté juive montréalaise. Plus encore, Medresh nous explique dans son ouvrage de 1964 lesquels parmi les courants hostiles aux Juifs avaient été considérés au cours des années 1930 comme les plus menaçants, et de quelle source ils tiraient leur inspiration. L'auteur ne tient pas par ailleurs son information de récits postérieurs à la période en cause ou de preuves indirectes. La valeur de son texte tient à ce qu'il a lui-même assisté en personne à des manifestations hostiles aux

Juifs, et osé se rendre à des assemblées où étaient proclamées les grandes idées antisémites de son époque. En tant que journaliste soucieux de sensibiliser le public du *Keneder Odler* à l'actualité montréalaise, Medresh a ainsi parcouru au jour le jour et en tous sens les quartiers populaires, et a souvent rencontré les personnalités les plus représentatives du moment. À défaut d'être un observateur tout à fait impartial, l'auteur a au moins eu le privilège en tant que contemporain d'avoir pu sentir dans sa chair la menace, réelle ou appréhendée, que représentait pour sa communauté la montée des discours antisémites.

De *Tsvishn Tsvey Velt Milkhomes* il ressort assez clairement que le gros de la propagande antisémite virulente qui a déferlé sur le Québec francophone des années 1930 puisait son inspiration dans la littérature produite en Europe au XIXᵉ et au XXᵉ siècle, et ayant pour cible de prédilection le Talmud[8]. Les mythes du meurtre rituel, de la conspiration internationale contre les chrétiens, de la supériorité morale autoproclamée du judaïsme et de la fourberie viscérale des marchands juifs, repris par les divers antisémites québécois à cette époque, ne sont que des variations mineures sur un thème déjà très populaire et fortement développé dès le Moyen Âge[9]. La résurgence entre les deux guerres à Montréal de ce genre de discours s'explique essentiellement par le fait que le mouvement national-socialiste allemand utilisait à satiété dans sa campagne à usage interne contre les Juifs ce genre d'argumentaire simpliste, et qu'il n'était guère difficile d'en reproduire dans le contexte québécois les grandes lignes. La société québécoise avait déjà connu pendant un bref moment avec l'affaire Plamondon de 1913[10] un premier assaut concerté de ce type d'antisémitisme, mais règle générale jusque-là l'hostilité aux Juifs s'était plutôt manifestée dans les milieux francophones sous la forme d'un refus d'intégrer les tenants du judaïsme dans les institutions d'enseignement et de bienfai-

---

8. Cette source n'était pas nouvelle au Québec puisqu'elle avait été utilisée abondamment lors de l'affaire Plamondon de 1913-1914, que décrit d'ailleurs Medresh dans le premier tome de ses Mémoires. À ce sujet voir par exemple le pamphlet de l'abbé Antonio Huot publié à Québec en 1914 par les Éditons de l'Action sociale catholique et intitulé *La Question juive. Quelques observations sur la question du meurtre rituel. Conférence donnée sous les auspices du Cercle Garneau de l'ACJC à l'Académie Saint-Joseph de Québec.*
9. Voir l'étude de Léon Poliakov, *Histoire de l'antisémitisme*, Paris, Seuil, collection Points nº H 143-144, 1991, 2 vol.
10. Voir à ce sujet la description qu'en fait Medresh dans *Le Montréal juif d'autrefois*, Sillery, les Éditions du Septentrion, 1997, p. 182-195.

sance catholiques, et dans le domaine commercial par un nationalisme défensif.

Pour l'essentiel jusque-là, la variété cléricale fidèle à l'enseignement de l'Église avait dominé au Québec dans l'antisémitisme, et qui se manifestait surtout par une volonté de maintenir les Juifs montréalais hors de la sphère culturelle et historique canadienne-française. Que les immigrants juifs s'installent au Canada après 1900 et qu'ils y prospèrent, les élites traditionnelles francophones n'y pouvaient finalement rien. Qu'ils se retrouvent coincés entre les deux grandes composantes traditionnelles de la société montréalaise, soit les Anglo-Britanniques et les Franco-catholiques, cela les laissait indifférents. Des protestations ne s'élevèrent que quand il devint évident que les Juifs réclamaient un espace de manœuvre en tant que tel au sein de la société québécoise, et qui donnait peut-être l'impression de gruger les positions constitutionnelles acquises de l'Église, comme dans le débat sur les écoles juives par exemple. Rien de commun dans cette attitude avec le genre d'antisémitisme que décrit surtout Medresh dans *Tsvishn Tsvey Velt Milkhomes*, et qui s'apparente de très près au discours nazi des années 1930. Les antisémites québécois avoués d'allégeance strictement catholique, comme le dominicain Ceslas Forest[11] ou le chanoine Cyrille Labrecque[12], ne souhaitaient pas porter atteinte à la personne physique des Juifs ni à leurs biens communautaires ou privés. Ultimement, ils s'inquiétaient plutôt de l'émergence au Québec, à la faveur d'une présence juive plus insistante dans la vie institutionnelle et politique, d'un courant de pensée qui aurait promu une vision plus diversifiée sur le plan culturel et plus laïque, et par là néfaste au monopole de l'Église sur la société canadienne-française.

Les promoteurs de l'antisémitisme catholique vont certes continuer de sévir dans *Le Devoir* des années 1930, sous la figure de son rédacteur en chef Georges Pelletier notamment. Ils seront aussi actifs dans *L'Action catholique* ou dans d'autres publications plus mineures, comme *L'Action nationale*, inspirée par l'abbé Groulx. Ces échos détestables seront cepen-

---

11. M.-Ceslas Forest, o. p., « La question juive au Canada », dans *La Revue dominicaine*, vol. XLI, novembre 1935, p. 246-277 ; et « La question juive chez nous », dans *La Revue dominicaine*, vol. XLI, décembre 1935, p. 329-349.

12. Chanoine Cyrille Labrecque, « Envers les Juifs », *La Semaine religieuse de Québec*, vol. 47, n° 3, 20 septembre 1934, p. 37-39 ; n° 4, 27 septembre 1934, p. 51-54 ; n° 5, 4 octobre 1934, p. 67-71.

dant marginalisés par l'apparition d'une propagande plus agressive contre les Juifs, ne respectant pas les prévenances de la morale catholique, et visant à toutes fins utiles les mêmes résultats que le mouvement national-socialiste allemand du début des années 1930, soit l'humiliation publique des Juifs et l'abolition de leurs droits en tant que citoyens canadiens. Dans ses Mémoires, Medresh se souciera peu des premiers, ne mentionnant pas même une seule fois le nom de Lionel Groulx ou sur un mode négatif l'influence du quotidien *Le Devoir*. En fait l'auteur concentra toutes ses énergies sur le porte-parole principal des fascistes québécois : Adrien Arcand. À part Jeune Canada, qui était en 1933 un mouvement nouvellement apparu et que Medresh cite au passage, les Juifs de Montréal connaissaient assez bien les raisonnements et les méthodes des antisémites de tendance cléricale, et n'avaient sans doute pas de raison de les craindre plus à ce moment que vingt ou trente ans plus tôt. Sauf pour ce qui est des circonstances aggravantes amenées par la crise économique de 1929, ces judéophobes n'avaient pas vraiment modifié entre les deux guerres la nature et la portée de leur discours au sujet des Juifs. Il en allait tout autrement en ce qui concerne le surgissement au Canada de courants fascisants directement associés au racisme biologique et à l'arrivée au pouvoir de Hitler.

L'ouvrage de Medresh nous donne ainsi à penser que, dans un contexte d'exacerbation de la sensibilité juive propre aux années 1930, la menace la plus clairement perçue par les Juifs sur le front de l'antisémitisme québécois vint plutôt de l'Ordre patriotique des Goglus fondé par Arcand en 1929, puis du Parti national social chrétien qui allait prendre sa relève au printemps 1934. À lire Medresh, on soupçonne facilement que beaucoup des actes antisémites les plus dommageables de la période de l'entre-deux-guerres étaient en réalité dus à la militance des partisans d'Arcand, comme la grève de l'Hôpital Notre-Dame en 1934, le boycott avorté des étudiants juifs à l'Université de Montréal à la même date, la distribution systématique de journaux inspirés des publications de Julius Streicher, un certain nombre de candidatures à des élections municipales montréalaises et enfin l'incendie partiel de la synagogue de Québec en 1944. Curieusement, la recherche actuelle sur cette période charnière dans les relations entre Canadiens français et Juifs a plutôt bifurqué du côté de l'antisémitisme sous sa variété cléricale, si bien que fort peu d'études sérieuses ont été menées du côté d'Adrien Arcand et de son mouvement. En fait, on ignore toujours combien de partisans actifs le « führer » québécois était parvenu à recruter exactement entre 1930 et 1940, et quel influence des périodiques comme *Le Goglu*, *Le Miroir* ou *Le Chameau* ont eu sur le public francophone[13]. À lire Medresh toutefois on a nettement l'idée que la communauté juive s'inquiéta beaucoup à un certain moment du caractère vociférant du personnage et de son association avouée au nazisme.

Medresh ne fait pas que recentrer l'étude de l'antisémitisme dans l'entre-deux-guerres sur des bases plus fiables, mieux même que ne l'ont fait les historiens contemporains qui se sont intéressés au thème. Il insiste aussi pour affirmer que Arcand et ses sbires ne réussirent pas en fin du compte, malgré des efforts s'étendant sur une décennie entière, à séduire les masses canadiennes-françaises de l'époque. Sur cette question le témoignage de Medresh est formel : chaque fois que l'occasion leur en était offerte, les francophones refusèrent de s'engager massivement sur la voie du fascisme, même sous la variante que défendait Arcand. Cette impression est étayée par les échecs répétés que les candidats anti-juifs subirent sur la scène montréalaise, et par le peu de succès financier des publications pourtant nombreuses que les partisans d'Arcand tentèrent d'écouler sur la place publique. À plusieurs reprises dans *Tsvishn Tsvey Velt Milkhomes*, Medresh rappelle au lecteur que des organes de presse comme *Le Canada*, ainsi que des personnalités de premier plan, comme le sénateur Raoul Dandurand, Henri Bourassa et Olivar Asselin, refusèrent ouvertement de s'associer au mouvement antisémite le plus virulent et le dénoncèrent sur un certain nombre de tribunes prestigieuses. Même un homme politique de droite comme Maurice Duplessis, dont les affinités naturelles auraient pu en faire un allié potentiel des partisans de l'antisémitisme, sentant le vent tourner, préfère courtiser la communauté juive en désignant en 1938 un des leurs candidats de l'Union nationale à une élection partielle montréalaise.

La contribution de Medresh ne réduit en rien la complexité de cette question dans l'historiographie québécoise, ni ne résout le fait que peu de données concrètes fiables existent encore aujourd'hui à ce sujet. Au moins

---

13. Dans une note datée du 15 mars 1938 et déposée aux archives du Congrès juif canadien, H. M. Caiserman, le secrétaire de l'organisation, écrit à A. G. Brotman, secrétaire du Board of Deputies of British Jews de Londres, pour lui annoncer que le mouvement d'Arcand compterait 5000 membres. Du même coup il lui laisse savoir que la Gendarmerie royale du Canada quant à elle évalue le nombre de ses sympathisants actifs dans la ville de Montréal à 450.

l'auteur nous offre-t-il une certaine échelle de réaction à partir de laquelle juger des retombées des idéologies antisémites sur la communauté juive elle-même, donc mesurer indirectement la force réelle du mouvement animé par Arcand. Après avoir craint le pire au début des années 1930, dans un climat de montée rapide du fascisme à l'échelle mondiale, notamment en Allemagne et en Espagne, et de persécution systémique des populations juives partout en Europe, les Juifs de Montréal finirent peu à peu par réaliser à la fin de la décennie que les bases populaires pour une telle ascension de l'extrême droite étaient inexistantes au Québec. Certes il se trouvait au Canada autant français qu'anglais des ténors bien audibles de la cause fasciste, mais ces derniers ne semblaient pas avoir de prise sur le plus grand nombre, ni sur ceux qui forgeaient l'opinion publique. En somme, tout au long des années 1930, la société québécoise refusait de prendre le tournant proposé par les fascistes de tout acabit qui se manifestaient en son sein et, du moins pour ce qui est de la question juive, restait sur ses positions plus anciennes et bien établies.

L'ouvrage de Medresh met également en lumière un autre élément marquant de la question antisémite à Montréal au cours la période des années 1930, à savoir la réaction communautaire juive aux attaques dont elle était la victime. Ce thème, pourtant fort pertinent, n'a jusqu'ici à peu près pas été abordé par les chercheurs, et tout particulièrement par ceux qui jugent que le climat antisémite était lourd de menaces dans la métropole pour les Juifs. Or, *Tsvishn Tsvey Velt Milkhomes* montre très clairement que les leaders de la communauté résistèrent aux assauts, et répondirent avec aplomb aux insinuations de leurs ennemis. Cette capacité de faire front commun contre la menace, d'associer des *goyim* bien intentionnés à leurs efforts et de prendre la parole dans des forums publics, montre bien que les mécanismes essentiels du processus démocratique avaient été préservés dans la société québécoise et canadienne de l'entre-deux-guerres. Au niveau autant fédéral que provincial et municipal, la communauté juive montréalaise pouvait compter tout au long des années 1920 et 1930 sur des politiciens issus de ses rangs et prêts à redresser les affirmations mensongères des sympathisants d'Arcand. On pense ici notamment aux discours prononcés en 1932 par Peter Bercovitch et Joseph Cohen à l'Assemblée législative de Québec, au moment du dépôt de la loi dite « Bercovitch » portant sur la diffamation à l'endroit d'un groupe de personnes, et à l'occasion du centième anniversaire de la proclamation de 1832 au sujet des droits civiques des Juifs au Bas-Canada.

Les efforts juifs en ce sens, entre autres ceux du député fédéral Samuel W. Jacobs, eurent par exemple pour conséquence de convaincre Henri Bourassa de prononcer un discours à la Chambre des communes à Ottawa, le 20 mars 1934, et qui se voulait une dénonciation cinglante de la campagne antisémite en cours dans certains milieux francophones québécois. Autant dans ce cas que dans celui des élus provinciaux, Medresh prend la peine de nous avertir que ces contributions furent largement répercutées par la presse dite libérale, et favorablement reçues par une large couche de la population québécoise. Même dans l'arène municipale montréalaise, nous rappelle Medresh, où siégeaient de nombreux représentants de la communauté juive, les antisémites n'eurent pas la partie facile et durent composer avec une résistance acharnée. Le cas de la motion Auger de 1933 sur l'immigration montre bien, notamment, comment trois élus décidés réussirent à déjouer les calculs des conseillers anti-Juifs et à imposer des amendements éliminant toute référence oblique aux personnes de confession juive. Les cours de justice aussi jouèrent au cours de l'entre-deux-guerres le rôle qui leur était traditionnellement assigné dans la lutte à la discrimination raciale ou religieuse. En 1932, dans la cause portée par le marchand Abugov contre *Le Goglu* et *Le Miroir*, un juge rendit une décision qui, même si elle ne permettait pas de supprimer la distribution des publications antisémites, n'en réaffirmait pas moins le caractère tolérant et ouvert de la société québécoise et condamnait les manœuvres du groupe d'activistes réunis autour d'Arcand.

Le contexte propre à la Deuxième Guerre mondiale, commencée en septembre 1939, allait permettre au gouvernement fédéral de réduire au silence, en l'espace de quelques mois, la plus belle part des tenants au Canada de l'idéologie fasciste et de l'antisémitisme biologisant. Bien qu'ils restèrent sans doute actifs pendant quelque temps au début des années 1940, tentant même à l'occasion des coups d'éclat[14], les militants d'Arcand perdirent définitivement la partie quand les nazis furent défaits par les armes en Europe et que fut révélée au public québécois l'étendue des souffrances endurées par les Juifs entre leurs mains. Contrairement à l'idée reçue, que la période la plus pénible dans les rapports entre Juifs et Canadiens français se trouve au milieu de cette décennie, Medresh nous laisse d'autre part entendre que le déclenchement des hostilités signala au

---

14. Voir l'ouvrage d'André Laurendeau intitulé *La Crise de la conscription, 1942,* Montréal, Éditions du Jour, 1962, p. 94 et suivantes.

contraire le début d'une crise beaucoup plus grave sur ce plan. La réélection des candidats juifs tout au long des années 1930, par un électorat mixte, et l'appui donné par certains intellectuels et hommes politiques francophones au libéralisme convainquirent la communauté que l'intensification à Montréal des discours antisémites ne posait pas une menace extrême. En fait, n'eût été de la présence sur la place publique québécoise d'une idéologie raciste inspirée du national-socialisme, les années 1930 sous ce rapport n'auraient pas vraiment constitué une rupture avec le climat qui régnait au début du siècle au moment de l'arrivée en masse des yiddishophones. Certes, le contexte économique fortement défavorable stimulait au Québec comme ailleurs la multiplication des allusions antisémites d'ordre traditionnel, mais pas au point d'en altérer profondément l'effet réel. Il en alla tout autrement quand les armées allemandes pénétrèrent par la force en septembre 1939 sur le territoire de la Pologne.

Les Juifs de Montréal, tout comme leurs coreligionnaires ailleurs dans le monde, comprirent par là que se trouvaient maintenant réunies les conditions qui permettraient à Hitler d'éliminer physiquement, partout où la *Wehrmacht* pénétrerait, les tenants de la tradition judaïque. Pour le peuple juif, dès son déclenchement, le deuxième conflit mondial revêtait donc avant tout la forme d'une guerre totale d'extermination menée par les nazis contre les représentants du judaïsme, quel que soit par ailleurs leur degré d'attachement aux formes religieuses ou leur niveau d'assimilation aux sociétés environnantes. Dans ce combat décisif qui les concernait au premier chef, les Juifs auraient besoin de tous les alliés possibles. Ils accorderaient aussi un appui indéfectible aux forces militaires et politiques les plus susceptibles de mener à la défaite de l'Allemagne. Dans son ouvrage, Medresh prend bien soin de souligner à quel point les derniers mois de 1939 constituèrent pour les Juifs canadiens un tournant décisif, et combien la jeune génération souvent née au pays était désireuse de servir au plus tôt dans les forces alliées. Cette occasion viendra à l'été 1940 avec la bataille d'Angleterre, quand les Britanniques s'étaient retrouvés seuls et sans grande ressource à affronter les armées allemandes parvenues jusqu'à la rive française de la Manche. L'enthousiasme des Juifs canadiens face au service militaire, alors strictement de nature volontaire, contrastait vivement au cours de ces mois avec l'attitude répandue chez les Canadiens français. L'opinion francophone penchait alors nettement en faveur du refus de toute forme de conscription obligatoire outre-mer. Non seulement les francophones ne ressentaient ils règle générale que peu de sympathie pour la « mère patrie » britannique, mais en plus il se trouvait au sein de cette population des tribuns populaires, comme Camillien Houde, alors maire de Montréal, qui militaient ouvertement contre une participation au conflit mondial.

Tandis qu'à partir de l'automne 1939 les Juifs canadiens, et leurs coreligionnaires dans d'autres pays, faisaient de la lutte armée contre le nazisme un impératif absolu, les Canadiens français prônaient plutôt une forme d'isolationnisme prudent qui ressemblait d'une certaine manière à l'attitude du gouvernement américain sur la question. Pourquoi en somme engager les forces vives de la nation, pensèrent les francophones, quand l'Amérique du Nord n'est pas immédiatement menacée par l'expansionnisme nazi, et que de toute manière les événements européens récents n'étaient qu'un nouvel avatar de la lutte des puissances impériales sur la planète. Pire encore, il se trouvait en cette heure tragique des porte-parole pour affirmer que le Canada n'avait déclaré la guerre à l'Allemagne que parce qu'il était poussé par les Juifs qui désiraient en découdre avec Hitler suite aux persécutions qui avaient culminé en novembre 1938 avec *kristallnacht*. De toute évidence, dans certains milieux, les sympathies manifestées au cours des années 1930 par certains francophones face aux régimes totalitaires nazi et fasciste ne s'étaient pas encore dissipées. Cette rupture de nature à la fois programmatique et émotionnelle entre les Juifs et les Canadiens français, dans leur lecture de la situation en Europe, fut sans doute à la fin de 1939 tout aussi dommageable, sinon plus pour le rapport mutuel à long terme entre ces deux communautés, que l'apparition sur la scène montréalaise un peu plus tôt de mouvements antisémites virulents.

Les personnes viscéralement hostiles aux Juifs étaient toujours restées minoritaires au sein de la population francophone du Québec, comme le montre bien par exemple la réaction de Maurice Pollack suite à l'incendie partiel de la synagogue de Québec en 1944. La communauté juive finalement avait finalement eu assez peu à redouter de ce côté au cours de l'entre-deux-guerres. Certes l'antisémitisme folklorique persistait dans plusieurs milieux, et les élites cléricales continuaient de pratiquer une forme d'hostilité doctrinale face aux Juifs, mais pas à une échelle qui eut rendu impossible l'établissement et l'épanouissement d'un réseau juif communautaire ou une certaine mobilité sociale dans quelques secteurs économiques bien précis. Après tout, au fil des ans, les Juifs avaient trouvé suffisamment d'appui dans les milieux libéraux francophones, autant dans les hautes sphères politiques qu'au niveau des classes laborieuses, pour encore espérer endiguer la montée pendant les années 1930 des discours hostiles à leur présence au cœur de la société montréalaise. Refuser par contre en 1939-1940 de se joindre à l'effort de guerre des Alliés ou en dénoncer la pertinence dans le contexte de l'après-Munich revêtait une tout autre couleur. Pour beaucoup de Juifs montréalais, la tiédeur de certains leaders canadiens-français face au service militaire avait dû être perçue à tout le moins comme une indifférence face au sort que les nazis réservaient à leurs coreligionnaires européens, sinon comme un appui déguisé à l'ennemi. En cette heure tragique, à un moment où l'ensemble des communautés juives polonaises étaient tombées entre les mains des forces allemandes, ce refus étalé de participer à l'effort de guerre laissa sans doute des traces plus profondes, dans la mémoire collective juive, que bien des brimades subies au cours des années précédentes sur le front local.

Ceci explique probablement pour une part que le livre de Medresh se conclut sans que ne soient mentionnés les efforts importants faits par le Congrès juif canadien, au lendemain de la Deuxième Guerre mondiale, pour renouer avec la population francophone du Québec, notamment par l'entremise du Cercle juif de langue française créé à Montréal à fin des années 1940[15]. La fin des hostilités en Europe, qui avaient entre autres montré très clairement à quoi pouvait mener le nationalisme exacerbé, l'esprit œcuménique nouveau qui soufflait sur l'Église catholique au cours des années 1950 et 1960, et surtout la prise de conscience quant à l'ampleur des souffrances juives sous le régime nazi suffirent pour convaincre les Juifs montréalais et les élites francophones de l'urgence d'un dialogue entre les deux communautés. Certains des plus grands esprits de l'époque s'attelèrent à la tâche de rapprocher les tenants des deux traditions, dont David Rome, Naim Kattan et A. M. Klein chez les Juifs, ainsi qu'André Laurendeau, René Lévesque, Gérard Pelletier et Judith Jasmin du côté de la majorité démographique. D'autre part, les attaques très pointues dont les Juifs avaient été victimes dans certains journaux montréalais ne se renouvelèrent plus après 1945, entre autres dans *Le Devoir*, sans compter qu'aucun des grands ténors fascistes ne réussit à surnager politiquement au cours de l'après-guerre. Certains de ceux qui avaient été témoins de

---

15. Voir Jean-Philippe Croteau, *Les Relations entre les Juifs de langue française et les Canadiens français selon le Bulletin du Cercle juif (1954-1968)*, thèse de maîtrise présentée au département d'histoire de l'Université de Montréal, 2000, 151 p.

très près du climat tendu propre aux années 1930 au Québec et ailleurs en Occident ne remarquèrent sans doute pas l'esprit nouveau qui soufflait sur le Québec, tant avait été grande l'impression laissée après *kristallnacht* que le judaïsme allait à sa perte.

Le pessimisme de l'auteur ne se manifeste pas dans les derniers chapitres de *Tsvishn Tsvey Velt Milkhomes* que face à la société canadienne-française. Medresh en vient même à douter de la perpétuation de la tradition judaïque à l'intérieur même de sa propre sphère institutionnelle, tant lui semble désincarnée et affaiblie par rapport à celle des générations précédentes l'identité juive des communautés de banlieue. Le journaliste fait ici référence au mouvement déjà bien amorcé au début des années 1960 des jeunes Juifs vers les nouvelles municipalités de l'ouest de l'île, soit vers Côte-Saint-Luc, Saint-Laurent et Dollard-des-Ormeaux, alors que les générations précédentes avaient vécu un demi-siècle plus tôt étroitement entourés des leurs dans le corridor immigrant du boulevard Saint-Laurent. Une nouvelle menace planait donc maintenant sur le judaïsme montréalais, qui ne prenait plus la couleur d'un antisémitisme viscéral, comme entre les deux guerres, mais d'une distanciation des Juifs eux-mêmes face à leur héritage et d'un relâchement par défaut de la pratique religieuse. Il y a bien sûr là l'expression d'une rupture entre le monde exubérant et débridé des immigrants yiddishophones du début du siècle, et celui beaucoup plus privé des résidents juifs de la grande banlieue indifférenciée. En ce sens, les Mémoires de Medresh, bien que l'auteur n'en soit pas tout à fait conscient, se concluent sur un hommage indirect à la rapidité avec laquelle les descendants des premiers arrivants est-européens réussirent à s'intégrer à la société québécoise et canadienne, et en finissant en quelque sorte par disparaître dans le paysage ambiant. Qu'il en ait résulté une perte considérable au niveau de l'expression culturelle et de l'originalité de leur réseau communautaire n'en paraît que plus évident à la lecture de *Tsvishn Tsvey Velt Milkhomes*.

La disparition du yiddish comme langue vernaculaire, le déclin irrémédiable de cette culture est-européenne comme ciment de l'identité juive nord-américaine, l'effacement de la classe ouvrière juive qui avait été un grand ferment idéologique au sein de la communauté et l'atténuation des formes de religiosité traditionnelle ne sont que quelques-unes des transformations profondes vécues par la communauté montréalaise dans l'après-guerre immédiate. D'autres événements de très grande ampleur allaient aussi marquer les Juifs québécois en cette époque charnière, dont la création en 1948 de l'État d'Israël. Le coup d'envoi de *Tsvishn Tsvey Velt Milkhomes* reprend d'ailleurs en quelques mots lapidaires cette nouvelle donne avec laquelle les Juifs montréalais avaient dû composer :

> Les deux guerres mondiales, celles de 1914 et de 1939, ont modifié de fond en comble les conditions de vie de tous les peuples de la terre, et en particulier celles du peuple juif.
>
> Suite à ces événements, la répartition géographique des Juifs sur la planète a été complètement bouleversée. Le judaïsme est-européen, qui portait une tradition longue de plusieurs siècles, a à toutes fins utiles disparu, sur le plan autant de son esprit que de sa culture. Un État juif a été créé en terre d'Israël et la majorité de la population juive mondiale s'est concentrée en Amérique du Nord, soit aux États-Unis et au Canada.

La disparition pendant l'holocauste des populations yiddishophones de l'*hinterland* polonais et russe allait en effet porter un coup dévastateur au judaïsme québécois, dont les racines plongeaient encore très profondément en Europe de l'Est. Pendant près d'un demi-siècle la communauté juive montréalaise, comme le montrent avec éloquence les Mémoires de Medresh, s'était nourrie des forces vives de l'univers ashkénaze esteuropéen, autant sur le plan démographique au moment de la grande vague migratoire, que plus tard sur le plan des idées, de la sensibilité culturelle et des aspirations identitaires. Au lendemain du deuxième conflit mondial par contre, il ne restait plus qu'un seul pilier sur lequel faire reposer la perpétuation de la judéité montréalaise et nord-américaine, soit l'État d'Israël naissant qu'un plan de partition des Nations unies et une guerre d'indépendance avec les pays arabes environnants venaient de faire apparaître en mai 1948. Medresh, qui appartient depuis son arrivée à Montréal au courant sioniste de gauche dominant dans la communauté yiddishophone (*Poale-Zion*), et qui est par son éducation est-européenne très au fait des aspirations des sionistes de la faction religieuse (*Mizrachi*), n'hésite pas à la fin de son ouvrage à embrasser sans retenue la thèse d'une nécessaire filiation israélienne dans le combat des Juifs montréalais pour le maintien de leur identité culturelle et religieuse propre.

Ce désir réaffirmé au lendemain de la Deuxième Guerre mondiale d'établir des liens profonds et durables avec la terre d'Israël, et en particulier avec l'État hébreu de 1948, répondait à une préoccupation constante des Juifs montréalais tout au long de leur histoire de contribuer à l'émergence d'un foyer national juif au Moyen-Orient. Même avant la grande vague migratoire yiddishophone et longtemps avant que le gouvernement britannique ne publie en 1917 la déclaration Balfour, Montréal abritait déjà plusieurs associations et regroupements voués à l'établissement de colonies agricoles juives en Palestine, dont dès 1887 une cellule du *Hibbat-Zion*[16] patronnée par le célèbre lexicologue Alexandre Harkavy. La Fédération sioniste canadienne, qui était une création en 1899 des Juifs aisés et assimilés du *uptown* montréalais[17], n'avait-elle pas déjà commencé au début du XXe siècle à amasser des fonds pour épauler les efforts politiques de Herzl auprès des grandes puissances et pour soutenir l'achat au Moyen-Orient de terres propices à l'agriculture. De tels efforts furent repris sous une forme différente par un grand nombre d'organisations mises sur pied par les immigrants est-européens après 1905, et que le sort des établissements juifs en Palestine intéressait toujours deux générations plus tard. Comme le montrent amplement les Mémoires de Medresh, parmi tous les courants idéologiques qui traversèrent l'histoire juive canadienne et montréalaise, le sionisme reste sans doute un des plus constants et des plus significatifs[18].

Le parti pris de Medresh à la toute fin de *Tsvishn Tsvey Velt Milkhomes* en faveur de liens soutenus entre le judaïsme montréalais et la société israélienne, dans la sphère autant strictement religieuse que culturelle et institutionnelle, fut repris après 1948 par pratiquement toutes les couches de la population juive canadienne. Ce choix contribua aussi au renforcement de l'enseignement de la langue hébraïque dans les écoles juives montréalaises, et indirectement à l'abandon de la tradition littéraire et intellectuelle yiddish qui avait fleuri dans la ville depuis la Première Guerre mondiale. La proclamation de l'État d'Israël inspira aussi les Juifs montréalais à mener, pour la première fois sur une grande échelle, des campagnes financières en vue de soutenir son infrastructure économique, son réseau d'institutions sociales et l'ouverture de nouvelles régions à l'agriculture scientifique. La diversité idéologique interne, qui avait été tout au long de la première moitié du XXe siècle une des caractéristiques principales

---

16. Voir Simon Belkin, *Le Mouvement ouvrier juif au Canada, 1904-1920* (*Di Poale-Zion Bavegung in Kanade, 1904-1920*), Sillery, Les Éditions du Septentrion, 1999, p. 87 et suivantes.

17. Voir « History of Zionism in Canada » de Leon Goldman dans Arthur Daniel Hart, *The Jew in Canada*, Montréal, Jewish Publications Ltd., 1924, p. 291-313.

18. À ce sujet lire les chapitres 11, 15, 20, 25, 26 et 30 des Mémoires de Hirsch Wolofsky, *Mayn Lebns Rayze. Un demi-siècle de vie yiddish à Montréal*, Sillery, Éditions du Septentrion, 2000, 391 p.

de la communauté juive montréalaise, fut bientôt reproduite à l'intérieur de la mouvance sioniste locale, si bien que les débats très intenses qui avaient marqué le monde immigrant yiddishophone se reportèrent presque intacts sur le grand chantier que constitue toujours à l'aube du nouveau millénaire la société israélienne. Sont ainsi apparus à Montréal au sein de la communauté, dans le sillage de la création de l'État d'Israël, plusieurs courants sionistes concurrentiels qui reflètent en bonne partie les clivages de la vie politique israélienne et ses contradictions internes.

En ce sens, et malgré que son ton demeure plutôt pessimiste, Medresh a préfiguré dans la conclusion de son livre une tendance de plus en plus marquée de la communauté juive canadienne, à savoir son engagement sur la scène israélienne et son empressement à défendre la sécurité de l'État d'Israël. L'auteur a aussi nettement pointé du doigt, dans *Tsvishn Tsvey Velt Milkhomes,* la propension des Juifs montréalais tout au long des années 1930 à réclamer plus de justice pour les minorités culturelles et religieuses, et de meilleures garanties de la part du gouvernement du Québec quant au respect des droits de la personne en général. Ce travail de patiente sape contre le préjugé et la discrimination était particulièrement visible par exemple dans l'épisode de la loi dite Bercovitch de 1932, telle que défendue au Parlement de Québec par les députés juifs de l'époque, ou dans les discours prononcés par Louis Fitch en 1938-1939 dans la même enceinte. Il n'est pas exagéré dans ce contexte d'affirmer que les Juifs ont joué un rôle historique, au cours de l'entre-deux-guerres, afin de sensibiliser leurs compatriotes francophones au risque que constituaient pour la démocratique québécoise les propos incendiaires et diffamatoires diffusés par les partisans d'Adrien Arcand. La communauté a aussi collectivement soulevé au cours des années 1930, par son existence même, la question de la diversité interne de la société montréalaise et de la tolérance face à l'altérité. Cette volonté de s'opposer aux violations des droits fondamentaux et à l'exclusion sous toutes ses formes est toujours présente dans le judaïsme montréalais contemporain, et constitue en fait une des bases de son action sur la place publique. À ce titre Medresh fut à n'en pas douter un précurseur de premier plan et un inspirateur reconnu de cette tendance au sein de son propre univers yiddishophone montréalais.

REMERCIEMENTS

J E TIENS TOUT PARTICULIÈREMENT à souligner la contribution exceptionnelle de Vivian Felsen à ce travail de traduction. Petite-fille de Medresh, Vivian n'a eu de cesse de m'encourager dans mon travail et de m'appuyer en me communiquant des renseignements précieux sur son grand-père. Grâce à elle, bien des passages obscurs et difficiles se sont éclaircis, ceci sans compter son travail de patiente relecture et son désintéressement dans le partage de l'information historique.

Les traductions historiques font grand usage d'archives et des documents personnels relatifs aux personnages cités ou décrits. À cet effet me furent très précieuses la collaboration et le dévouement de Janice Rosen, directrice des Archives du Congrès juif canadien, et de son assistante Hélène Vallée. Sans leur patience et leur compétence, bien des aspects de la recherche historique concernant *Le Montréal juif entre les deux guerres* seraient restés sans réponse. Un grand merci aussi à Jean-François Nadeau, qui partagea avec moi sa connaissance exceptionnelle des mouvements fascistes au Québec lors de l'entre-deux-guerres.

Au nombre de ceux qui me tendirent la main et m'aidèrent à poursuivre sur le chemin initialement tracé se trouvent également mes collègues et amis de l'Institut québécois d'études sur la culture juive. Fondé en 1987 par David Rome et Jacques Langlais comme lieu d'échange et de discussion savante, l'Institut peut compter sur le concours d'esprits toujours curieux et avides de mieux connaître l'histoire et la culture juives montréalaises. Je tiens à remercier ici de leur soutien constant entre autres, Jack Wolofsky, Stan Cytrynbaum, Ira Robinson, Bernard Dansereau, Pierre Nepveu, Jean-Claude Bernheim, Luc Chartrand, Yolande Cohen, Joseph Levy, Frank Guttman et Sylvie Taschereau.

LE PREMIER GRAND DÉFERLEMENT

Les changements importants imposés en Europe et aux Juifs
européens par la Première Guerre mondiale. La révolte de Kerenski
contre le tsarisme. La contre-insurrection communiste.

LES DEUX GUERRES MONDIALES, celles de 1914 et de 1939, ont modifié
de fond en comble les conditions de vie de tous les peuples de la
Terre, et en particulier celles du peuple juif.

Suite à ces événements, la répartition géographique des Juifs sur la
planète a été complètement bouleversée. Le judaïsme est-européen, qui
possédait une tradition longue de plusieurs siècles, a à toutes fins utiles
disparu, sur le plan autant de son esprit que de sa culture. Un État juif
a été créé en terre d'Israël et la majorité de la population juive mondiale
s'est concentrée en Amérique du Nord, soit aux États-Unis et au Canada.

Les Juifs d'Europe de l'Est, dont la plupart habitaient la Russie,
avaient beaucoup souffert du premier conflit mondial. La guerre de 1914
a constitué pour beaucoup de communautés juives un ensemble de
circonstances tragiques, mais pas au point de menacer leur existence
même. Au cours de la Deuxième Guerre mondiale, les forces de la destruction ont balayé des foyers complets de peuplement juif. D'importantes et
très anciennes collectivités juives ont été rayées de la carte. Tout un mode
de vie propre au judaïsme a ainsi cessé d'exister. L'annihilation de cette
culture est-européenne très développée a aussi touché de plein fouet, sur
le plan spirituel et humain, des populations juives établies dans d'autres
régions du globe.

Le gouvernement du tsar était nettement hostile aux Juifs. Voilà
pourquoi il avait institué des lois d'exception qui ne s'appliquaient qu'aux
Juifs. Il était par exemple interdit aux Juifs de résider dans certaines zones

de Russie. Lorsque la guerre a éclaté, le régime tsariste a considéré les Juifs comme des ennemis de la patrie et comme des sympathisants à la cause de l'Allemagne. Les généraux russes ont donc pris la décision de chasser tous les Juifs qui habitaient les villes et les bourgades situées près du front. Pendant ce temps, l'armée allemande progressait tandis que les Russes étaient forcés de se replier. Plus les forces russes perdaient du terrain, plus le nombre de communautés juives touchées par ces mesures augmentait.

Les Juifs américains et canadiens, de même que ceux qui résidaient en Angleterre, émirent des protestations contre le traitement que le régime tsariste réservait à leurs coreligionnaires. Ces représentations toutefois n'eurent aucun effet car le tsar luttait fermement aux côtés des Alliés en vue de vaincre les armées du kaiser, lesquelles s'étaient avérées beaucoup plus combatives que l'on avait escompté au départ. Dans les pays démocratiques, bien des gens ressentaient de l'empathie pour les Juifs, mais l'on ne désirait pas non plus affronter le tsar au sujet de cette question de l'antisémitisme. Pour l'essentiel, les autorités de ces pays se contentèrent de promettre aux leaders communautaires juifs, que lorsque la guerre se terminerait par une victoire sur Guillaume II[19] des pressions seraient faites auprès du tsar pour qu'il change son attitude face aux populations juives. On exigerait aussi qu'il proclame l'égalité complète des citoyens juifs en Russie, laquelle comprenait alors la Pologne et la Lituanie, là où se trouvaient d'importantes communautés qui comptaient parmi les plus riches d'Europe sur le plan culturel et religieux.

La guerre se termina par la victoire des Alliés sur l'Allemagne, mais le tsar ne vécut pas suffisamment longtemps pour assister à ce triomphe. La Révolution de 1917 éclata avant la fin du conflit et le tsarisme cessa d'exister.

La première révolution contre le régime tsariste fut menée par des bourgeois libéraux dirigés par Alexandre Kerenski[20], lequel siégeait alors à la douma. L'arrivée au pouvoir de Kerenski fut chaudement saluée par tous les pays démocratiques. Pour les Juifs des États-Unis et du Canada, cette révolution mettait fin à une période au cours de laquelle les populations juives de Russie avaient été privées de leurs droits fondamentaux.

---

19. GUILLAUME II (1859-1941), empereur d'Allemagne de 1888 à 1918.
20. ALEXANDRE KERENSKI (1881-1970). Avocat de tendance socialiste, il prit la tête d'un gouvernement libéral en juillet 1917. Il fut chassé du pouvoir la même année par la révolution d'octobre menée par les bolcheviques.

Une aube nouvelle s'ouvrait donc dans le combat que la judéité russe menait. Les Juifs se réjouirent de la chute du tsar. Ils saluèrent également l'établissement du libéralisme et de la démocratie dans la grande patrie russe. Les tenants du courant libéral avaient toujours été favorables aux Juifs dans ce pays, et les cercles qui défendaient ces idées étaient largement fréquentés par l'intelligentsia juive. On comptait d'ailleurs en leur sein des juristes, des écrivains et des médecins de renom, ainsi que des marchands fortunés. Il s'y trouvait aussi des leaders sionistes bien connus qui vivaient à Moscou, Saint-Pétersbourg, Kiev, Minsk, Varsovie et Odessa.

Le soleil du libéralisme ne brilla cependant pas très longtemps dans le ciel de Russie. Les communistes, dirigés par Lénine[21] et Léon Trotski[22], engagèrent une lutte féroce contre les partisans libéraux de Kerenski.

Ni Trotski ni Lénine ne se trouvaient en Russie quand on avait renversé le tsar. Ils ne tardèrent pas toutefois à revenir de l'étranger afin de prêter main-forte à la révolution, et entreprirent un combat à finir entre l'armée et les travailleurs qui se termina par la chute du gouvernement déjà affaibli de Kerenski.

Les leaders communistes promirent aux soldats de mettre un terme, pour ce qui était de la Russie, à la guerre mondiale en cours. Aux ouvriers, ils offrirent le contrôle des usines dans lesquelles ils travaillaient, et aux paysans les champs que l'on arracherait aux propriétaires terriens.

Lénine et Trotski réussirent à gagner à leur cause les nombreux soldats qui ne souhaitaient pas monter au front pour combattre les Allemands, ainsi que les ouvriers affamés et les habitants des campagnes qui manquaient de tout. Au même moment, le gouvernement de Kerenski ne pouvait mettre fin aux hostilités sans l'accord de leurs alliés en Europe de l'Ouest, et restait impuissant à donner aux prolétaires et aux paysans ce que les chefs communistes leur avaient fait miroiter.

---

21. LÉNINE (VLADIMIR ILITCH OULIANOV, dit) (1870-1924). Rentré en Russie après la révolution libérale de Kerenski, il organisa l'insurrection des forces révolutionnaires d'octobre 1917. Il fut le théoricien principal du marxisme tel qu'appliqué à la situation objective russe, et l'initiateur de toutes les grandes mesures prises au lendemain de la révolution bolchevique.

22. LÉON TROTSKI (1879-1940). D'origine juive, actif dans les mouvements révolutionnaires russes dès la fin du XIXe siècle, Trotski devint en octobre 1917 commissaire du peuple aux Affaires étrangères, puis en 1918 commissaire du peuple à la Guerre. En désaccord avec Staline sur la manière de gérer la révolution socialiste mondiale il fut exclu du parti en 1927 puis exilé en 1929.

Les communistes prirent le pouvoir à Moscou, mais pas sur l'ensemble du territoire russe. Dans ces régions du pays qui n'avaient pas été touchées par la révolution, se leva un mouvement de résistance au communisme. Cette opposition n'émana pas des milieux libéraux ou de groupes favorables à la démocratie, mais de généraux associés à l'ancien régime et de bandes criminelles.

Une guerre civile sanglante eut lieu au cours de laquelle le sang juif coula abondamment. Les éléments incontrôlés qui luttaient contre les communistes ont en effet blâmé les Juifs pour les changements encourus au sein du pays, et les ont accusés d'appuyer les nouveaux maîtres du Kremlin et les sympathisants de la révolution. On tint ainsi l'ensemble des Juifs responsables des agissements de Léon Trotski, et de tous les autres individus d'origine juive qui avaient embrassé la cause du communisme. Les antisémites se convainquirent même que Lénine était issu des rangs du peuple juif. Des pogroms eurent lieu dans un grand nombre de villes, et surtout en Ukraine.

Ce sont les généraux Dénikine[23] et Petlioura[24] qui perpétrèrent les terribles pogroms ukrainiens. Ils s'emparèrent aussi des biens des Juifs pour ensuite les partager entre les paysans qui les appuyaient.

Lorsque la révolution communiste se mit en branle, plusieurs Juifs qui pratiquaient le métier de commerçant prirent peur. Ils craignaient en effet que les communistes les considèrent comme des ennemis de classe. Suites à ces appréhensions, ils s'enfuirent dans des régions du pays où les révolutionnaires n'exerçaient aucun contrôle. Certains se rendirent même jusque dans la lointaine Sibérie, où ils tombèrent entre les mains des forces réactionnaires défendant le régime en place et menées par les généraux Koltchak[25] et Wrangel[26]. C'est ainsi que des Juifs qui avaient

---

23. ANTON IVANOVITCH DÉNIKINE (1872-1947). Équipé par les Alliés, le général Dénikine leva en 1919 une armée qui s'empara d'une partie du Caucase et de l'Ukraine avant de refluer devant la résistance de l'armée rouge.

24. SIMON VASSILÉVICH PETLIOURA (1879-1926). Ministre de la Guerre du premier gouvernement indépendant d'Ukraine après le déclenchement de la révolution d'octobre 1917, il s'empara du pouvoir pendant une courte période en 1918 et 1919. Sous sa gouverne des milliers de Juifs furent massacrés par les forces nationalistes ukrainiennes.

25. ALEXANDRE VASSILIEVITCH KOLTCHAK (1874-1920). Chef des forces contre-révolutionnaires en Sibérie, qu'il occupa militairement en 1919, il fut exécuté par les bolcheviques en 1920.

26. PIOTR NIKOLAÏEVITCH WRANGEL (1878-1928). Remplaçant de Dénikine dans la lutte contre les bolcheviques, il fut contraint en 1920 à évacuer la Crimée avec son armée par voie de mer.

tenté d'échapper au communisme furent assassinés pour la simple raison que les Blancs les croyaient alliés aux forces rouges de Lénine et Trotski.

Il en alla de même en Biélorussie où pour un temps les milices contre-révolutionnaires eurent le haut du pavé. Dans cette région de Russie aussi le sang juif fut répandu avec beaucoup d'insouciance.

Lorsque ces pogroms eurent lieu, les leaders communautaires juifs des États-Unis et du Canada cherchèrent des moyens d'intervenir en faveur des populations juives victimes de tels abus. Pas un gouvernement n'aurait pu toutefois mettre fin à ces massacres. L'on fit valoir que les généraux qui dirigeaient ces bandes meurtrières recevaient de l'aide de source étrangère, afin de poursuivre leur combat contre les communistes. Les gouvernements britanniques et français, ainsi que celui des États-Unis, prétextèrent cependant qu'ils n'avaient aucun lien direct avec les généraux blancs. Les pogroms ne cessèrent que lorsque l'Armée rouge remporta la guerre civile, désarma les groupes contre-révolutionnaires et rétablit un certain ordre compte tenu des circonstances.

Lorsque la paix revint, on put constater que les populations juives habitant le sud de la Russie avaient terriblement souffert de la guerre civile.

Les Juifs nord-américains purent alors mettre sur pied une opération de secours de grande envergure en faveur des victimes de la guerre civile russe, dont le slogan était: «Du pain pour les vivants et une sépulture décente pour les morts» (*Broyt far di lebedike oun takhirkhim far di toyte*). Les Juifs canadiens prirent une part très active à cet effort.

Ils se joignirent aussi à toutes les campagnes importantes menées aux États-Unis spécifiquement dans le but de voler au secours des Juifs russes. On recueillit également à cette époque des vêtements pour les victimes de la guerre civile.

LE SIONISME PENDANT
LA PREMIÈRE GUERRE MONDIALE

La guerre brise l'unité du mouvement sioniste mondial.
Les nouvelles orientations du sionisme canadien.
Une conférence d'envergure historique à Montréal.

AVANT QUE N'ÉCLATE LA PREMIÈRE GUERRE MONDIALE, les Juifs allemands se trouvaient liés, au moyen de la mouvance sioniste, aux Juifs russes et à ceux habitant d'autres pays. On ne rencontrait toutefois pas en Allemagne ou en Autriche des communautés juives aussi denses qu'en Russie, en Pologne, en Lituanie ou encore en Bessarabie. Les principaux militants sionistes d'Allemagne et d'Autriche appartenaient aux couches supérieures de la société. Pour la plupart il s'agissait de médecins, de juristes, de professeurs et de commerçants importants. Lors des congrès sionistes, ces derniers entraient en contact avec les chefs de file sionistes venus d'Europe de l'Est, de France, d'Angleterre et d'autres pays encore.

Lorsque le premier conflit mondial se déclara, aussitôt l'unité du peuple juif fut brisée. Il arriva ainsi que des soldats juifs portant l'uniforme russe, anglais, américain ou canadien, doivent combattre d'autres Juifs arborant les couleurs de l'Allemagne. À cette époque, les Allemands ne professaient pas un antisémitisme prononcé. On trouvait ainsi dans l'armée allemande des officiers juifs, alors qu'il était tout à fait impossible à un Juif d'atteindre ce rang dans l'armée du tsar.

Dans de telles circonstances, l'Organisation sioniste mondiale[27] fut paralysée et perdit ses moyens d'action. Des leaders sionistes de Berlin ou

---

27. Fondée par Theodor Herzl en 1897, à l'occasion du premier congrès sioniste mondial tenu à Bâle en Suisse. Grâce à cette organisation, le mouvement sioniste devint pour la première fois un mouvement de masse doté de structures modernes et démocratiques.

de Vienne n'eurent plus l'occasion de rencontrer leurs vis-à-vis de Vilnius, d'Odessa ou de Varsovie, ou ceux parmi les sympathisants qui portaient des passeports britanniques, canadiens ou américains. Cette situation provoqua une crise au sein du mouvement sioniste, d'autant plus que la Palestine se trouvait alors sous le contrôle de la Turquie, laquelle s'était alliée dans cette guerre à l'Allemagne.

Ceci n'arrêta pas pour autant la progression du sionisme, sauf que les activités en faveur d'*Eretz-Israel*[28] durent être concentrées en Angleterre et en Amérique du Nord, c'est-à-dire aux États-Unis et au Canada. Montréal devint ainsi un centre important de la militance sioniste.

En Grande-Bretagne, la figure dominante du leadership sioniste était le docteur Haim Weizmann[29]. Comme il possédait une réputation enviable en tant que chimiste, Weizmann contribua beaucoup au moment des hostilités à l'effort de guerre anglais dans le domaine scientifique. Son influence de plus était considérable dans les milieux gouvernementaux britanniques.

Nahum Sokolow[30], un des Juifs les plus instruits de son temps, doublé d'un penseur et d'un publiciste de talent, résidait alors en Angleterre. Il devint à ce moment une des personnalités les plus marquantes du mouvement sioniste. C'est lui qui de concert avec le docteur Weizmann négocia avec le gouvernement britannique la création d'un foyer national juif en *Eretz-Israel*. Ces discussions menèrent à la déclaration Balfour[31], par

---

28. Littéralement « la terre d'Israël ». Terme hébraïque qui désigne, avant 1948 et la création de l'État d'Israël, les territoires de la Palestine tels qu'occupés par la Turquie jusqu'en 1918, puis administrés ensuite sous mandat britannique.

29. HAIM WEIZMANN (1874-1952). Né en Biélorussie, militant sioniste de la première heure, il fut élu président en 1920 de l'Organisation sioniste mondiale et devint en 1948 le premier président de l'État d'Israël.

30. NAHUM SOKOLOW (1859-1936). Né en Pologne, écrivain et publiciste de la presse hébraïste en Europe de l'Est, il est élu secrétaire de l'Organisation sioniste mondiale en 1906. Chef de la délégation juive à la conférence de paix de Versailles en 1919, chef du Comité des délégations juives à la Société des nations, il joue un rôle décisif dans le mouvement sioniste au cours de l'entre-deux-guerres, notamment comme président en 1929 de l'Agence juive et comme président de l'Organisation sioniste mondiale de 1933 à 1935.

31. ARTHUR JAMES BALFOUR (1848-1930). Homme politique britannique. En novembre 1917, alors qu'il était ministre des Affaires étrangères dans le cabinet de Lloyd George, le gouvernement britannique publia une déclaration, à l'intention des sionistes, affirmant que la Grande-Bretagne favoriserait la création d'un foyer national juif en Palestine.

laquelle la Grande-Bretagne signifiait son intention de s'associer au peuple juif en vue de favoriser la création en «Terre sainte» d'une société juive autonome.

Lorsque la Grande-Bretagne déclara la guerre à la Turquie, plusieurs pensèrent que le gouvernement de sa Majesté pourrait dorénavant jouer un rôle historique de premier plan dans la réalisation des objectifs premiers du sionisme. On croyait en effet que ce pays serait en mesure d'établir un foyer national juif le jour où son armée conquerrait la Palestine des mains de la Turquie.

Les sionistes canadiens furent alors d'avis qu'il était de leur responsabilité de s'engager plus à fond dans la sphère politique. Cette tâche leur revenait tout particulièrement car le Canada s'était joint aux Alliés afin de venir en aide à la mère patrie. N'était-il pas naturel dans ce contexte d'imaginer que l'influence canadienne puisse servir à hâter la réalisation des objectifs suprêmes du sionisme. Voilà comment l'activisme des sionistes s'intensifia grandement au Canada pendant la Première Guerre mondiale.

Déjà en 1915, les leaders sionistes de Montréal développèrent ainsi l'idée qu'ils se devaient de réorienter leur discours. Au lieu d'espérer recevoir l'appui de la Turquie, il leur faudrait désormais solliciter le soutien de la Grande-Bretagne.

Afin de redéfinir sa position, l'Organisation sioniste canadienne invita ses militants ainsi que tous les Juifs à une conférence générale[32]. Le but de la rencontre était de réunir l'ensemble des Juifs canadiens autour de deux objectifs principaux; soit d'abord faire ouvertement preuve de loyauté envers le Canada et la Grande-Bretagne, et ensuite exprimer le souhait que le gouvernement de sa Majesté arrache la Palestine aux Turcs puis offre la possibilité au peuple juif d'y ériger un foyer national.

Comme cette conférence revêtait de toute évidence pour le mouvement sioniste un caractère historique, y participèrent les principaux animateurs de cette idéologie aux États-Unis. C'est ainsi que Louis D. Brandeis[33]

---

32. Cette rencontre eut lieu à Montréal le 14 novembre 1915. Il s'agissait de la 14ᵉ conférence annuelle de l'Organisation sioniste canadienne.

33. LOUIS DEMBITZ BRANDEIS (1856-1946). Juriste américain élu président en 1914 du Zionist Provisional Emergency Committee. Brandeis fut en 1916 le premier Juif à être nommé membre de la Cour suprême des États-Unis. Sioniste convaincu, il joua, le plus souvent hors des structures reconnues, un rôle décisif au sein du mouvement sioniste américain et mondial.

et Jacob de Haas[34] prirent part aux délibérations. L'orateur de circonstance à cet événement fut le docteur Shemaryahu Levin[35], une des figures dominantes du courant sioniste mondial. Le docteur Levin prononça son allocution en hébreu et exprima beaucoup d'enthousiasme envers les nouvelles orientations qu'avaient choisi d'embrasser les sionistes canadiens.

L'honorable Arthur Meighen[36], alors membre du cabinet fédéral, avait été un invité d'honneur à cette conférence. Venu offrir les bons souhaits du gouvernement canadien, celui-ci déclara que, lorsque les Alliés remporteraient la guerre, ils traiteraient le peuple juif avec justice.

Au printemps de 1917, le ministre britannique des Affaires étrangères, Lord Balfour, vint en visite au Canada. Il passa aussi quelques jours à Washington auprès du président Woodrow Wilson[37]. Une fois arrivé dans cette ville, Balfour appela à lui Clarence de Sola[38], le président de l'Organisation sioniste canadienne. Tous les deux ils discutèrent de l'attitude de la Grande-Bretagne face au sionisme.

De Sola revint de Washington enchanté. Lord Balfour lui avait confirmé que d'ici peu le gouvernement de Sa Majesté publierait une déclaration destinée au peuple juif relativement à la Palestine. De Sola affirma même que Balfour lui avait remis une première version de cette déclaration toujours à venir.

Le texte officiel de la déclaration Balfour fut connu en novembre 1917. Il fut reçu avec beaucoup d'enthousiasme par les sionistes et par

---

34. JACOB DE HAAS (1872-1937). Né à Londres, de Haas devint en 1896 un ardent partisan du sionisme herzélien et un des porte-parole attitrés de son fondateur, Theodor Herzl. Il s'établit aux États-Unis en 1902, où il participe activement à la gestion des organisations sionistes américaines. En 1914, il devient le directeur pour la Nouvelle-Angleterre de la Federation of American Zionists.

35. SHEMARYAHU LEVIN (1867-1935). Leader sioniste, écrivain hébraïque et yiddish né en Biélorussie, il fut élu à la première douma russe en 1906, avant de poursuivre une carrière de propagandiste en Europe de l'Ouest, en Russie et en Palestine. Membre du comité directeur de l'Organisation sioniste mondiale en 1911, il s'établit définitivement la même année en Palestine.

36. ARTHUR MEIGHEN (1874-1960). Avocat, député conservateur au Parlement fédéral de 1908 à 1926 et premier ministre du Canada en 1920-1921 et en 1926.

37. THOMAS WOODROW WILSON (1856-1924). Président des États-Unis de 1913 à 1921, et un des architectes de la conférence de paix de Versailles en 1919.

38. CLARENCE DE SOLA (1858-1920). Membre d'une famille juive britannique d'origine séphDigest arade, établie à Montréal depuis le milieu du XIXe siècle, de Sola a été président de la Fédération sioniste canadienne de 1899 jusqu'à sa mort.

tous les Juifs, et fut considéré par eux comme un document à portée historique. Les plus jeunes et les plus dynamiques parmi les adeptes du sionisme conçurent toutefois une certaine déception face à la prise de position britannique. Ils y virent l'expression d'une réticence qui risquait d'imposer des limites à une pleine réalisation des objectifs ultimes du sionisme. À la suite de ces événements, il se développa au sein des militants sionistes montréalais une forme d'hostilité face aux positions défendues par Clarence de Sola, notamment quant à l'attitude du mouvement relativement à la déclaration Balfour.

De Sola maintenait à cette époque que la déclaration Balfour résolvait toutes les difficultés rencontrées jusque-là par le sionisme politique, et qu'il ne restait plus dorénavant qu'à s'en remettre à la Grande-Bretagne. Ses adversaires croyaient plutôt au contraire que le travail de mobilisation ne faisait que commencer.

Les jeunes sionistes se montrèrent très déçus de l'attitude défendue par de Sola et l'accusèrent de vouloir liquider le sionisme politique. Parmi les opposants à ses vues se trouvaient Louis Fitch[39], Michael Garber[40], Benjamin Weiner[41] et Bernard Jacobs[42], lequel s'appelle maintenant Dov Joseph et occupe le poste de ministre de la Justice au sein du gouvernement israélien.

---

39. LOUIS FITCH (FEICZEWICH) (1889-1956). Né à Québec, avocat brillant, il défendit le plus souvent au cours de sa carrière les intérêts des Juifs immigrants et yiddishophones de Montréal, autant au sein de la communauté qu'à l'extérieur de celle-ci.

40. MICHAEL GARBER (1882-1977). Né en Lituanie, arrivé à Montréal en 1906, avocat et talmudiste de renom, il fut un des fondateurs du Conseil rabbinique de Montréal. Il présida en 1958 l'Organisation sioniste du Canada et de 1962 à 1966 le Congrès juif canadien.

41. BENJAMIN WEINER. Né en Lituanie en 1880, immigré à Montréal de façon définitive en 1908, il est d'abord enseignant au *talmud tora* de la ville. Homme d'affaires prospère, il est un des fondateurs en 1922 du *va'ad ha'ir* et pendant de nom-breuses années vice-président de l'organisation. Weiner dirige aussi à partir de la fin des années 1920 le Hebrew Educational Committee des Talmud tora unis de Montréal.

42. BERNARD JACOBS (1899-1980). Né à Montréal, il est président dans cette ville au cours de sa jeunesse de l'organisation Young Judea. Il se joint à la Légion juive en 1918, puis se rend en Palestine où il s'installe définitivement en 1921. En 1948 il est gouverneur militaire de Jérusalem, puis membre de la Knesset de 1949 à 1965 où il siège du côté du Parti Mapaï. Il occupe au cours de sa carrière plusieurs postes ministériels importants dans des gouvernements travaillistes.

Au cours de la rencontre annuelle des sionistes canadiens, qui eut lieu à Toronto en 1919, un débat très intense se fit au sujet de cette question. À cette occasion, de Sola se retira de la présidence et A.J. Freiman[43] d'Ottawa le remplaça à la tête de l'Organisation sioniste canadienne.

Avec les Freiman s'ouvrit un nouveau chapitre dans l'histoire du sionisme au Canada. Ceux-ci en effet défendaient un style de gestion plus populiste. Ils étaient de plus très près des cercles gouvernementaux dans la capitale fédérale, où ils se servaient de leur influence afin d'obtenir des avantages pour les Juifs du pays. Les leaders du mouvement sioniste au Canada se rendaient souvent à Ottawa, chez les Freiman, discuter de questions importantes concernant différents aspects de la Palestine juive.

Mme Freiman pour sa part joua aussi un rôle déterminant dans les campagnes en vue de secourir les démunis. Elle s'activa par exemple en 1920 pour venir en aide aux orphelins ukrainiens, lesquels avaient perdu leurs parents lors des pogroms perpétrés en 1919.

Elle convoqua à cette fin une réunion à Ottawa de tous les chefs de file juifs au pays. On décida alors d'accueillir autant d'orphelins ukrainiens que possible.

En rapport avec ce projet philanthropique, Mme Freiman entreprit aussi une tournée partout à travers le Canada et obtint un appui indéfectible de la part de la communauté. Plusieurs personnes n'hésitèrent pas à faire des dons en argent pour cette cause, ou à s'inscrire comme parent adoptif pour les enfants qui ne tarderaient pas à arriver de l'étranger.

Un envoyé spécial, H. Hershman[44], fut envoyé en Ukraine afin d'y choisir 150 enfants victimes des pogroms et de les amener à Anvers. Mme Freiman se rendit ensuite personnellement dans cette ville pour rencontrer les orphelins et les accompagner jusqu'au Canada.

Il s'agit là d'une des plus importantes interventions philanthropiques menées par les Juifs canadiens immédiatement après la Première Guerre mondiale, et au cours de laquelle Lillian Freiman prit une part décisive.

---

43. ARCHIBALD J. FREIMAN (1880-1944). Natif de la Lituanie, arrivé au Canada en 1893, il fonde à Ottawa un commerce de détail qui lui assure une grande indépendance financière. Il est président de l'Organisation sioniste canadienne de 1919 à 1944.

44. HIRSCH HERSHMAN (1876-1955). Né en Roumanie, il émigre à Montréal en 1902 où il devient un des principaux propagandistes de la presse et de la littérature socialiste de langue yiddish. Il fut actif toute sa vie dans les milieux littéraires yiddish de la métropole et fit carrière dans le journalisme et l'édition littéraire.

Lili Freiman était toutefois surtout connue des Juifs canadiens, et même à l'extérieur du pays, pour son activisme en faveur du sionisme. Elle présida en effet longtemps la section canadienne de Hadassa[45], qui était la plus importante organisation juive féminine au pays.

Mme Freiman insuffla beaucoup d'intensité et de chaleur au sein des cercles sionistes du Canada. Elle eut une influence déterminante au cours des années 1920, pour ce qui est de tous les efforts concrets en vue de soutenir la Palestine juive, et réussit du même coup à élargir considérablement le rayonnement de Hadassa partout au Canada. Mme Freiman laissera à n'en pas douter sa marque sur l'histoire juive canadienne, comme un des leaders sionistes les plus respectables de sa communauté, et comme un défenseur hors pair des populations juives d'outre-Atlantique victimes d'abus et de persécutions.

---

45. Une organisation sioniste féminine fondée aux États-Unis en 1912 avec une vocation de bienfaisance, surtout dans le domaine médical. Plusieurs hôpitaux furent ouverts en Palestine juive et plus tard en Israël grâce au soutien de Hadassa.

À LA FIN DE LA GRANDE GUERRE

La mise sur pied du Congrès juif canadien.
Les principaux défis que les communautés juives avaient à relever.
Les conséquences de la déclaration Balfour sur la vie juive.

L A VICTOIRE DES ALLIÉS et les autres événements entourant la fin de la Première Guerre mondiale suscitèrent de graves difficultés pour le peuple juif partout à travers le monde. Des défis considérables apparurent au sujet desquels on dut apporter des solutions concertées sur une nouvelle échelle.

Les problèmes principaux de l'heure étaient d'ériger une société juive en Palestine dans le contexte nouveau de la déclaration Balfour et d'apporter des secours immédiats aux communautés juives d'Europe de l'Est qui avaient beaucoup souffert de la guerre et des pogroms.

Le conflit armé était terminé, mais la paix n'était toujours pas revenue pour la majorité des Juifs est-européens.

En Russie, la révolution bolchevique avait dégénéré en guerre civile, causant des difficultés inouïes à un grand nombre de communautés juives. Des groupes anti-révolutionnaires s'en étaient pris aux Juifs de manière très violente, croyant qu'ils appuyaient nécessairement les forces communistes. Aux États-Unis et au Canada, on se mit à recueillir d'importantes sommes d'argent pour venir en aide aux populations juives touchées de plein fouet de l'autre côté de l'Atlantique.

Même avant que la guerre ne s'achève, une volonté très forte de structurer les communautés juives américaines et canadiennes avait vu le jour, en prévision des problèmes graves qui ne manqueraient pas de se poser suite à la conclusion du conflit mondial. Tout comme aux États-Unis, un mouvement se dessina au Canada pour susciter la création d'un congrès au sein duquel toutes les tendances et toutes les nuances de la vie communautaire juive pourraient s'exprimer.

Au début, des personnes appartenant à certains cercles bien précis prétendirent que la mise sur pied d'un congrès n'était pas utile. Les sionistes de la tendance dominante (*algemayne tsyionistn*) craignaient en effet que les Juifs désintéressés de la question d'un foyer national en Palestine obtiennent la majorité au sein d'une telle institution, et qu'il serait ainsi plus ardu de poser en faveur d'*Eretz-Israel* des gestes pourtant rendus nécessaires par le contexte ambiant.

Les socialistes tout court croyaient de leur côté qu'un congrès juif nuirait à la montée de l'esprit internationaliste au sein de la communauté. Ils étaient en effet convaincus à cette époque que le socialisme ne pouvait s'accommoder d'un mode de pensée nationaliste.

Les Juifs anglophones, « canadianisés » depuis longtemps, étaient d'autre part convaincus que ce projet pourrait se traduire par une forme exacerbée de « séparatisme » social, menant à la création d'un État dans l'État.

L'opposition au congrès finit toutefois par s'affaiblir. Les Juifs fortunés pouvaient constater que le monde autour d'eux subissait de profonds changements, que des partis socialistes forts étaient apparus en Angleterre, en France, en Allemagne et dans d'autres pays.

Les principaux instigateurs du congrès avaient été surtout des membres des regroupements du *Poale-Zion*[46] (les travailleurs de Sion), et des sionistes sans affiliation politique particulière, qui demeuraient convaincus qu'une organisation très large et ouverte comme un congrès pourrait rejoindre les cercles non sionistes et les motiver à s'intéresser au sort de la Palestine juive.

La première assemblée du Congrès juif canadien eut lieu en mars 1919. Elle s'ouvrit au Monument national[47] par une prière du rabbin Zvi

---

46. Parti politique spécifiquement juif fondé en 1906 en Europe de l'Est dans la foulée de l'insurrection populaire de 1905 contre le régime tsariste. Le *Poale-Zion* défendait l'idéal sioniste du point de vue de la gauche socialiste. Les premiers regroupements défendant cette tendance apparurent à Montréal en 1905.

47. Inauguré le 25 juin 1893, et propriété de la Société Saint-Jean-Baptiste de Montréal, cet édifice fut le lieu pendant plus de cinquante ans d'un grand nombre de manifestations culturelles et politiques juives tenues en langue yiddish. Il est situé au 1182, boulevard Saint-Laurent.

Cohen[48]. La tâche d'accueillir les 210 délégués arrivés de partout au pays revint à Lyon Cohen[49]. Parmi les personnes qui prirent la parole à cette session se trouvaient le rabbin H. Abramovitz[50], Reuben Brainin[51], Clarence de Sola, Peter Bercovitch[52] et un invité américain, le docteur Chaim Zhitlowsky[53].

Les délibérations du premier Congrès durèrent trois jours. La plupart des conférenciers s'exprimèrent en yiddish. Au cours de cet événement, les congressistes décidèrent d'envoyer une délégation à Paris qui, de concert avec des représentants juifs venus d'autres pays, ferait connaître les demandes des Juifs à la conférence de paix de Versailles[54].

Les deux exigences principales des Juifs à Versailles avaient trait à la création d'un foyer national juif en Palestine, et à la reconnaissance des droits égaux pour ce peuple partout sur la planète.

---

48. ZVI HIRSCH COHEN (1862-1950). Arrivé de sa Pologne natale en 1889, d'allégeance misnagdique stricte, il exerça pendant plus d'un demi-siècle une influence déterminante sur les institutions orthodoxes montréalaises, notamment en présidant pendant de nombreuses années le Conseil des rabbins.

49. LYON COHEN (1868-1937). Né en Pologne, mais arrivé très jeune au Canada, Cohen était un important manufacturier de vêtements montréalais. Sa position sociale valut à Cohen un ascendant très important sur ses coreligionnaires et sur toute la structure communautaire juive dans la ville.

50. HERMAN ABRAMOVITZ (1880-1947). Né en Russie, formé aux États-Unis, il a dirigé la synagogue montréalaise orthodoxe Shaar Hashomayim de 1903 à sa mort.

51. REUBEN BRAININ (1862-1939). Né en Biélorussie dans une famille juive traditionnelle, il s'établit à Vienne à partir de 1892 où il fait carrière dans les lettres et le journalisme hébraïques. Il émigre aux États-Unis en 1909, puis à Montréal en 1912, quand Hirsch Wolofsky lui confie le poste de rédacteur du chef au *Keneder Odler*, le quotidien yiddish de la ville. Malgré que Brainin ne soit resté que trois ans en tout à Montréal, il laissa une marque indélébile sur la construction identitaire et communautaire juive montréalaise.

52. PETER BERCOVITCH (1879-1942). Né à Montréal, il acquiert une formation de juriste aux universités Laval et McGill. Élu en 1916 député de la circonscription électorale de Montréal–Saint-Louis à l'Assemblée législative du Québec, sous la bannière libérale, il y demeure jusqu'à sa démission en 1938. Il est élu en novembre 1938 au Parlement d'Ottawa député de la circonscription fédérale de Cartier, siège qu'il conserve jusqu'à son décès.

53. CHAIM ZHITLOWSKY (1865-1943). Philosophe et écrivain de langue yiddish né en Russie. Établi à New York à partir de 1908, il est au début du XXe siècle le principal théoricien du nationalisme diasporique et du yiddishisme.

54. Signée dans la ville du même nom le 28 juin 1919, elle met fin officiellement à la Première Guerre mondiale.

Lyon Cohen et H.M. Caiserman[55] furent respectivement élus au poste de président et de secrétaire général du Congrès juif canadien.

Au cours des premières années qui suivirent sa création, le Congrès souleva beaucoup d'enthousiasme du fait qu'il représentait l'ensemble de la population juive canadienne. Une de ses responsabilités les plus importantes à l'époque fut de prendre part, en commun avec des Juifs originaires de différents pays, au dépôt à la conférence de Versailles d'un cahier de doléances. Il ne s'agissait pas là d'une opération facile à mener. Un débat très large avait alors cours au sein de la communauté à propos du genre de revendications qu'il serait le plus utile de présenter au nom du peuple juif. Tous s'entendaient pour que les représentants des puissances réunies à Versailles soient invités à garantir l'application intégrale de la déclaration Balfour, à savoir que la Palestine devienne une patrie pour l'ensemble des Juifs. Des divergences existaient toutefois pour ce qui est de l'inclusion dans ce cahier d'une clause d'autonomie culturelle, notamment pour ce qui concerne les nouveaux pays apparus en Europe de l'Est au lendemain de la guerre, et qui faisaient autrefois partie de la Russie, soit la Pologne, la Lituanie et la Lettonie.

Il semblait bien à cette époque que l'on jetterait à Versailles les bases d'un nouvel ordre mondial, qui empêcherait la répétition du conflit tout juste terminé, et qui rendrait possibles pour les minorités l'épanouissement de leur culture nationale et l'accès partout à des droits égaux. L'impulsion principale en ce sens fut donnée par le président Woodrow Wilson. Il était alors considéré comme une des figures les plus libérales à avoir dirigé le gouvernement des États-Unis.

Se réunirent à Versailles des représentants de tous les pays d'Europe, lesquels cherchèrent à obtenir des garanties voulant que plus jamais les conflits ne se règlent par la force des armes. Partout des socialistes et des tenants des thèses libérales étaient maintenant au pouvoir. Un certain nombre de territoires furent aussi détachés de la Russie d'ancien régime, et devinrent autant de républiques indépendantes.

---

55. HANNANIAH MEIR CAISERMAN (1884-1950). Roumain de naissance, il émigre à Montréal en 1910. Syndicaliste, organisateur communautaire et travailliste-sioniste, il sera de la première vague d'immigrants qui allait créer le réseau communautaire yiddishophone dans la ville. Sauf pour de brèves interruptions au début de son mandat, il sera secrétaire du Congrès juif canadien de 1919 à 1950.

À part la Russie proprement dite, il se trouvait en Pologne une importante population juive pour laquelle s'ouvrait désormais une ère nouvelle. Il en allait tout autrement pour les Juifs vivant sous le régime soviétique, dont l'avenir semblait beaucoup moins assuré. Le système communiste ne semblait pas offrir beaucoup de libertés aux tenants du judaïsme, ni une grande marge de manœuvre aux activités culturelles juives. Dans les pays sociaux-démocrates par contre, il paraissait certain que les communautés juives tireraient profit d'une grande liberté sur le plan spirituel et culturel, et se verraient accorder les mêmes droits partout qu'à tous les autres citoyens.

À Versailles, les nouveaux États d'Europe de l'Est s'étaient engagés à respecter les droits des minorités. Pour ce qui concernait la Russie, on espérait simplement que le gouvernement suivrait l'exemple des autres pays, et établirait un régime où la minorité juive trouverait sa place au sein de l'univers soviétique. On comptait beaucoup aussi qu'un grand nombre de Juifs choisiraient dans ce pays de s'intégrer au secteur du travail agricole. Des leaders communautaires américains, comme Julius Rosenwald[56], qui était un homme très fortuné, établirent ainsi des liens avec l'élite politique russe afin de faciliter cette transition. Les Soviétiques permirent même à des organisateurs de l'« Agro-joint[57] » de venir en Russie et de s'activer à financer la création de fermes collectives juives. On espérait que les Juifs de ce pays surmonteraient ainsi les traumatismes suscités par les terribles pogroms dus à la guerre civile, et qu'ils obtiendraient de cette manière un soutien qui leur permettrait d'entrer de plain-pied dans la réalité soviétique. Au cours des quelques années qui suivirent la fin de la Première Guerre mondiale, ce grand projet rallia beaucoup de gens.

On attendait énormément aussi des gouvernements à tendance socialiste qui étaient apparus dans les pays nouvellement formés, comme en Pologne et en Lituanie, là justement où la majeure partie des Juifs

---

56. JULIUS ROSENWALD (1862-1932). Homme d'affaires américain d'origine juive. Après avoir fait fortune dans le commerce de détail, il pratiqua la philanthropie sur une grande échelle en faveur des Noirs américains et investit de très grosses sommes afin de soutenir en Union soviétique des colonies agricoles juives.

57. Agro-joint (ou American Jewish Joint Agriculture Corporation). Créée en 1924 avec l'appui des autorités soviétiques, cette organisation caritative tournée vers le domaine agricole était une composante de l'American Jewish Joint Distribution Committee et demeura active jusqu'en 1938.

européens se trouvaient concentrés. Dans ces États nés à Versailles, les Juifs avaient à portée de la main tous les outils pour assurer leur développement collectif et permettre l'émergence d'une vie culturelle stimulante. Tout semblait en place en effet dans ces sociétés pour que la communauté juive y brille de tous ses feux, et profite pleinement des libertés fondamentales, selon les principes édictés par le président Wilson et proclamés à la conférence de paix.

Malheureusement le président Wilson ne réussit pas à imposer l'ordre mondial qu'il entrevoyait. Le traité de Versailles n'accorda pas aux minorités nationales les libertés promises, et les populations juives de Pologne, de Roumanie et de Lituanie subirent en fin de compte l'oppression de groupes réactionnaires antisémites et généralement opposés au progrès des Lumières.

En Pologne en particulier, l'antisémitisme revêtit un caractère féroce et circulèrent ainsi en Occident des exemples d'attaques virulentes contre les Juifs de ce pays. Le gouvernement polonais suivit une politique telle qu'il donnait l'impression de vouloir chasser tous les Juifs installés sur son territoire.

Les communautés juives américaines et canadiennes s'élevèrent avec la dernière énergie contre les agissements du gouvernement polonais. Au conseil municipal de Montréal, on vota une résolution de protestation au sujet des persécutions anti-juives. Le texte de cette motion fut déposé par Lyon W. Jacobs[58], conseiller en loi du roi, qui siégeait en 1919 au sein de cette instance. Au même moment, S.W. Jacobs[59], conseiller en loi du roi, proposait une déclaration similaire à la Chambre des communes à Ottawa. Tout au long de l'entre-deux-guerres, la situation des Juifs polonais resta très précaire et difficile.

---

58. Conseiller municipal à Montréal de 1918 jusqu'en 1924.
59. SAMUEL WILLIAM JACOBS (1871-1938). Né en Ontario, admis au barreau du Québec en 1894, il devint un des plus brillants avocats de sa génération. Leader communautaire reconnu, il fut élu au Parlement d'Ottawa en 1917 et y représenta ses concitoyens de la circonscription montréalaise de Cartier jusqu'à son décès en 1938.

LA PROSPÉRITÉ ÉCONOMIQUE
ET SES CONSÉQUENCES SUR LA VIE CULTURELLE

Les conséquences du relèvement économique d'après guerre.
Les changements au sein de l'industrie de la confection. L'essor dans le
domaine culturel. Une occasion de débats enflammés.

AU DÉBUT DES ANNÉES 1920, le Canada connut une remontée sur le
plan économique. À la faveur de cette embellie, les Juifs eurent accès
à de nouveaux secteurs d'activité dans le domaine industriel, commercial
et pour ce qui était du marché immobilier.

Le domaine du vêtement notamment fut touché par de grands
changements.

Les manufacturiers remplacèrent les anciennes installations peu salu-
bres, appelées *sweat shop*, par des édifices modernes et bien ventilés où il
était plus confortable de travailler. Les ouvriers, que des syndicats puissants
réunissaient, étaient maintenant liés à leurs employeurs par des contrats.
Ils ne devaient d'ailleurs plus déclarer la grève aussi souvent que cela avait
été le cas avant la Première Guerre mondiale, au cours des années de forte
immigration.

Le niveau culturel des masses juives allait aussi en s'améliorant. La fin
du premier conflit mondial signala le début d'une période d'épanouissement pour la culture et la littérature juives. Arrivèrent d'Europe, mais
surtout de Pologne et de Lituanie, un nombre considérable d'intellectuels,
dont des écrivains bien connus, des poètes, des artistes et des activistes
intéressés au champ de la culture en général.

La venue d'une nouvelle intelligentsia fit beaucoup pour donner de
la vigueur à la presse juive et aux cercles culturels déjà établis aux États-

Unis et au Canada. Partout la vie communautaire fut animée d'un élan nouveau.

Fit aussi jour parmi les Juifs une aspiration à un niveau d'éducation plus élevé. Le nombre d'étudiants inscrits dans les écoles secondaires et les maisons d'enseignement supérieur augmenta de façon notable. Plusieurs jeunes Juifs, issus de milieux ouvriers ou dont la famille était engagée dans le petit commerce, cherchèrent à fuir les usines de confection, et voulurent plutôt entrer dans un collège ou à l'université.

La prospérité économique, qui avait suivi la guerre, offrit la possibilité à des parents qui appartenaient à la classe laborieuse d'envoyer leurs enfants terminer leurs études secondaires, et les plus brillants d'entre eux se rendirent jusqu'à l'université. Les filles de ces travailleurs manuels préférèrent également apprendre la comptabilité ou la sténographie plutôt que de trouver un emploi dans une manufacture de robes. Cette tendance transforma profondément la vie juive. Dorénavant les commerçants, les marchands et les professionnels surpasseraient en nombre au sein de la communauté les ouvriers du secteur industriel.

Parmi les nouveaux immigrants se trouvaient aussi beaucoup de gens instruits (*lomdim*), dont certains avaient épousé résolument les formes de pensée moderne (*maskilim*). Il y avait aussi parmi eux des militants des mouvements sionistes et des adeptes de la langue hébraïque, sans oublier plusieurs enseignants qualifiés. Ces gens exercèrent une grande influence au sein de la communauté. Grâce à eux, le milieu juif revêtit un nouveau visage autant sur le plan de l'ambiance qui y régnait que culturellement.

L'esprit dans lequel s'effectuait le travail d'animation communautaire fut aussi modifié de fond en comble. Les campagnes à l'échelle canadienne en faveur d'*Eretz-Israel*, et des populations juives démunies d'outre-Atlantique, firent beaucoup pour solidifier les liens entre les communautés dispersées partout au pays. Avaient ainsi souvent lieu à Montréal ou à Toronto des conférences auxquelles participaient des représentants de partout au Canada. Les deux plus importantes organisations juives canadiennes, le Congrès juif et le mouvement sioniste, établirent des sections de l'Atlantique jusqu'au Pacifique.

L'amélioration des conditions de vie, de même que l'élargissement de la sensibilité culturelle au sein des populations juives, se refléta notamment au niveau des collectes de fonds importantes qui furent menées à cette époque au profit de la Palestine et des victimes européennes du conflit mondial.

L'accès à des moyens plus considérables dans la sphère de la culture permit l'émergence à New York d'importantes maisons d'édition, qui publièrent un grand nombre de livres yiddish dans les domaines de l'histoire, des sciences, de la poésie et des belles-lettres en général. Les journaux yiddish accueillirent des publicistes reconnus, des critiques littéraires, des essayistes et des romanciers, lesquels avaient travaillé avant leur venue en Amérique au sein de la presse juive est-européenne.

La vague migratoire d'après-guerre amena aussi dans le Nouveau Monde un grand nombre d'artistes juifs qui avaient connu la notoriété en Russie et en Pologne.

Il venait par exemple souvent à Montréal des troupes de théâtre yiddish formées d'artistes issus de cet univers est-européen, et qui exerçaient leur talent au Monument national ou au His Majesty's[60]. C'est ainsi que le public montréalais se voyait offrir dans sa propre ville les meilleures pièces du répertoire yiddish et universel.

Montréal reçut à cette époque des acteurs appartenant à la célèbre troupe de Vilnius[61] (*Vilna troupe*), ou encore des artistes liés à la troupe Habimah de Moscou[62]. Leurs représentations attiraient un public nombreux composé de gens appartenant à l'intelligentsia. Toute la communauté se réjouissait quand Maurice Schwartz[63] venait avec une troupe pour jouer *Der dibbuk*[64] (*Le golem*) ou encore la pièce de H. Leivick[65]

---

60. Ce théâtre était situé sur l'emplacement actuel du Théâtre du Nouveau Monde, rue Sainte-Catherine.

61. D'abord lancé à Vilnius en 1916 comme un groupe amateur, cette troupe se déplaça à Varsovie en 1917, où elle connut en 1920 un très vif succès avec la production de la pièce *Der Dibbuk*. La troupe resta active jusqu'aux années 1930.

62. Fondée à Moscou en 1917, cette troupe fut la première de l'histoire à s'intéresser de manière professionnelle au répertoire moderne de langue hébraïque. Elle s'installa de manière définitive en Palestine en 1931.

63. MAURICE SCHWARTZ (1890-1960). Acteur yiddishophone né en Ukraine et arrivé à New York en 1901, où il lance en 1918 le Yiddish Art Theater. Schwartz a été le dernier grand représentant de la tradition dramatique yiddish et sans doute le plus apprécié du public juif.

64. Pièce de An-Ski, inspirée du folklore juif est-européen, et jouée pour la première fois en 1920 par la troupe de Vilnius.

65. H. LEIVICK (1886-1962). Né en Biélorussie, condamné à l'exil en Sibérie pour sa participation à l'insurrection de 1905, il arrive aux États-Unis en 1913. Leivick fit de la souffrance humaine le thème de ses œuvres lyriques et dramatiques. La pièce *Shmates* date de 1922.

intitulé *Shmates* (*Guenilles*). Il en allait de même lorsque Jacob Ben-Ami[66] interprétait l'œuvre de Peretz Hirschbein[67], *Grine Felder* (*Champs verdoyants*). Rudolph Schildkraut[68] comptait aussi parmi les étoiles du théâtre yiddish qui s'arrêtait alors à Montréal.

Très souvent, Montréal accueillait des penseurs et des publicistes juifs de renom, qui prononçaient ici des conférences portant sur des thèmes spécifiquement juifs ou encore touchant à des sujets d'intérêt général. Un public nombreux se pressait pour entendre de telles sommités. Il n'était par ailleurs pas rare que ces interventions provoquent des débats dans la salle. Des gens dans l'auditoire pressaient l'orateur de questions et celui-ci leur répondait du tac au tac.

Pour la plupart, à cette époque, les discussions tournaient autour du sionisme. On s'interrogeait en effet à savoir comment jeter les bases d'une société juive en Palestine. Au début des années 1920, il se trouvait encore des Juifs qui étaient opposés pour des questions de principe à l'établissement d'un foyer national juif en *Eretz-Israel*. Parfois, le conférencier lui-même prenait le parti de rejeter le projet sioniste. Les adeptes de la Palestine juive confrontaient alors le personnage ouvertement et tentaient de débattre avec lui de la question. Si par contre l'orateur embrassait l'idéal sioniste, il était plutôt l'objet d'attaques de la part des adversaires de ce mouvement. Pour la plupart, ces derniers appartenaient à la militance socialiste et défendaient l'idée que le socialisme et le sionisme ne pouvaient faire bon ménage. Avec le temps toutefois les anti-sionistes se marginalisèrent et furent de moins en moins entendus au sein de la communauté.

La révolution bolchevique en Russie constituait aussi un thème de prédilection pour les conférenciers de passage à Montréal. Il s'agissait là d'un sujet délicat à aborder, qui suscitait des discussions passionnées, voire souvent des guerres ouvertes.

Si l'orateur penchait du côté de la gauche, il présentait les chefs du gouvernement communiste en Russie comme les véritables représentants

---

66. Il a été le cofondateur avec Maurice Schwartz du Yiddish Art Theater de New York.
67. PERETZ HIRSCHBEIN (1888-1948). Né en Pologne, dramaturge et romancier yiddishophone, il s'établit à New York en 1930 après une brillante carrière en Europe de l'Est comme directeur et acteur. *Grine Felder* date de 1923.
68. RUDOLF SCHILDKRAUT (1862-1930). Né à Istambul, élevé en Roumanie, il étudia les arts de la scène à Vienne. Après une importante carrière en Allemagne, il s'établit aux États-Unis en 1911 où il apparut surtout dans des productions en langue allemande ou anglaise.

de l'idéologie marxiste, et comme les porte-parole de la révolution socialiste partout sur la planète. Une telle interprétation soulevait une tempête de protestations de la part des socialistes modérés. Ces derniers avançaient plutôt l'idée que les bolchevistes étouffaient la révolution du fait qu'ils réprimaient les droits fondamentaux des citoyens.

Au cours de ce genre de débat, on se querellait à savoir si la notion de «dictature du prolétariat» respectait ou non les principes moraux du marxisme et du socialisme. Un tel sujet avait le don de pousser l'excitation des auditeurs à son paroxysme. Souvent la discussion se poursuivait jusqu'à tard dans la nuit. Le lendemain, une fois le conférencier retourné chez lui, les gens qui avaient assisté à son discours continuaient d'échanger à ce sujet à l'usine et partout où ils allaient dans la ville.

UPTOWN ET DOWNTOWN

La prospérité crée une nouvelle classe moyenne juive.
Les institutions philanthropiques récemment mises sur pied.
Landsmanshaftn et *loan syndicates.*

DANS LES ANNÉES qui suivirent immédiatement la Grande Guerre, les Juifs de vieille fortune, aussi connus sous le nom de *Uptowners*, ont cessé d'être les seuls à posséder de la richesse au sein de la communauté. Plusieurs *Downtowners*, qui hier encore étaient des immigrants, ont pu au cours de cette période profiter de la prospérité d'après-guerre et acquérir une certaine aisance matérielle. Quelques-uns d'entre eux devinrent même très riches.

Des Juifs d'installation récente connurent une forte ascension sociale et purent déménager à Westmount. Ils eurent ainsi comme voisins d'autres Juifs riches de longue date et qui résidaient dans cette municipalité depuis un bon moment, c'est-à-dire bien avant la guerre.

D'autres encore optèrent pour Outremont, qui était aussi reconnue pour la qualité de ses quartiers résidentiels. En peu de temps apparut dans cette municipalité une zone densément peuplée de Juifs. On ne tarda pas en effet à ouvrir dans cette ville de nouveaux quartiers avec des maisons cossues, dans lesquelles s'installèrent des gens qui étaient, il y a peu, des *Downtowners*. Ces Juifs qui avaient réussi en affaires se trouvaient maintenant relativement bien nantis.

Les nouveaux riches qui étaient issus de l'univers est-européens ne voulaient pas abandonner aux seuls *Uptowners* la conduite des affaires communautaires et la gestion des organismes philanthropiques. Ils érigèrent de vastes synagogues à Outremont, comme Adath Israel[69] et Young

---

69. Cette synagogue était située au 1347 de l'avenue Van Horne.

Israel[70], et fondèrent de nouvelles institutions dont l'objectif principal serait de prendre en charge les intérêts collectifs des Juifs montréalais.

Au cours de ces années, la différence entre le *uptown* et le *downtown* alla sans cesse diminuant. Des *Downtowners* étaient maintenant propriétaires de magnifiques maisons et n'hésitaient pas à s'engager dans le domaine immobilier. Ils ouvrirent aussi d'importantes manufactures de vêtements et firent concurrence aux Juifs bien établis qui avaient traditionnellement occupé ce secteur de l'économie. Apparurent aussi des entreprises spécialisées dans la vente en gros de marchandise sèche et de produits du textile. Des Juifs apprirent aussi à pénétrer les grandes institutions financières de la rue Saint-Jacques pour investir sur le marché de la bourse.

Des changements considérables eurent aussi lieu dans le domaine culturel. La Bibliothèque publique juive[71] connut une croissance remarquable, et toutes les activités à contenu culturel qui s'y tenaient gagnèrent en qualité et en profondeur.

Grâce à l'émergence d'une nouvelle classe moyenne, il devint possible d'envoyer des montants d'argent plus élevés en Europe pour soulager les souffrances des Juifs, et aussi pour aider les sionistes à atteindre leurs objectifs. C'est ainsi que les Juifs montréalais s'engagèrent dans des opérations de secours d'une grande ampleur, en faveur de leurs co-religionnaires persécutés vivant de l'autre côté de l'Atlantique. Certes les Juifs montréalais possédaient des maisons confortables, mais ils n'avaient pas oublié la pauvreté et les privations qu'ils avaient endurées quelques années plus tôt dans l'Ancien Monde.

À cette époque, un grand nombre de *landsmanshaftn*[72] furent créés, dont le but était de venir en aide aux Juifs démunis des villes et des bourgades d'Europe de l'Est. Les nouvelles qui parvenaient à Montréal de ces localités étaient fort mauvaises. Partout les Juifs subissaient des brimades pour toutes sortes de raisons. En Pologne, on accusait les Juifs de

---

70. L'auteur parle ici du deuxième édifice occupé par cette institution, au 5584 de l'avenue du Parc, et en réalité situé dans la municipalité de Montréal.

71. Institution fondée en 1914 par des activistes appartenant à la grande vague migratoire yiddishophone. L'institution occupa successivement plusieurs emplacements au cours de son histoire.

72. Une association regroupant des individus originaires de la même localité en Europe de l'Est, et maintenant immigrés en Amérique du Nord (singulier: *landsmanshaft).*

se ranger du côté des bolchevistes, que craignaient tant la majorité chrétienne de ce pays. Le gouvernement polonais était entre les mains de nationalistes qui considéraient les Juifs comme de purs étrangers dont on aurait bien aimé se débarrasser. Dans ces conditions, les Juifs polonais durent lutter très fort pour voir leurs droits reconnus. Au sejm[73] et au Sénat de ce pays, siégeaient des députés juifs courageux qui tous les jours avaient à affronter les porte-parole antisémites qui se manifestaient autour d'eux. Souvent, dans les journaux juifs de New York et de Montréal, on pouvait lire des articles au sujet des discours audacieux prononcés par Yizhak Gruenbaum[74] et d'autres représentants juifs au sein de ces institutions polonaises. Toutes ces interventions n'aboutissaient toutefois pas à des résultats éclatants. Bien au contraire, dans ces pays, l'antisémitisme dans les sphères politique et économique allait grandissant. En de pareilles occasions, les Polonais chrétiens répliquaient en criant : « Quittez pour la Palestine ! » Certains Juifs au cours de ces années laissèrent en effet la Pologne pour se diriger vers *Eretz-Israel*. Il existait par ailleurs dans ce pays des organisations sionistes destinées à la jeunesse, et qui préparaient activement les Juifs à devenir des *haloutsim*[75] en Palestine.

Dans ces circonstances, les Juifs polonais établis à Montréal et à Toronto se réunirent soit au sein de *landsmanshaftn* de petite taille, soit au sein d'une organisation d'ampleur nationale connue sous le nom de *Farband foun Poylishe Yidn* (l'Union des Juifs polonais). Cette association a joué un rôle crucial dans la vie communautaire juive au Canada. Il s'agissait d'un regroupement de Juifs d'origine très modeste, qui ressentaient un fort attachement pour les membres de leur famille et pour leurs amis restés en Europe de l'Est. L'Union des Juifs polonais eut un grand rayonnement au

---

73. Nom donné au Parlement de la république indépendante de Pologne créée en 1919.
74. YIZHAK GRUENBAUM (1879-1970). Un des porte-parole de la communauté juive polonaise entre les deux guerres et animateur principal du bloc des minorités nationales au sein du Parlement polonais. Gruenbaum devait quitter la Pologne de façon définitive en 1932 et s'établir en Palestine en 1933, où il deviendrait un des leaders de la gauche israélienne et ministre de l'Intérieur dans le premier cabinet Ben-Gourion de 1948.
75. Nom hébraïque donné aux jeunes gens qui s'installaient en Palestine sur des terres agricoles nouvelles et qui peut se traduire par « pionniers » (singulier : *halouts*). Dans les faits il s'agit d'une association de jeunes apparue en Europe de l'Est vers 1880 afin d'établir des colonies agricoles en Palestine, soit à une époque où les Juifs ne pratiquaient pas l'agriculture dans cette partie du monde. Ce mouvement, implanté dans la plupart des pays d'Europe de l'Est et d'Amérique du Nord, connaît son apogée entre les deux guerres.

Canada au cours des années 1920 et 1930. Souvent ses membres envoyaient des représentants à Ottawa pour protester contre la politique anti-juive du gouvernement polonais, et pour exiger que le Canada prenne parti en faveur des Juifs qui habitaient ce pays. L'Union des Juifs roumains (*Der Farband foun Rumenishe Yidn*) s'engagea au même moment à défendre les siens par des tactiques semblables. Il régnait aussi en Roumanie, au cours des années 1920 et 1930, un antisémitisme virulent.

Pendant cette période, les Juifs du bas de la ville mirent également sur pied un grand nombre d'institutions qui prêtaient de l'argent et qui étaient aussi connues sous le nom de *loan syndicates*.

Le but de ces organisations était d'accorder des prêts à des entreprises de petite ou de moyenne taille sur une base commerciale, et non pas sans frais comme les *gmiles-khsodim*[76]. Les sociétés qui consentaient des prêts sans intérêt offraient leurs services gratuitement, ce qui les rattachait au courant philanthropique au sein de la communauté. Les *loan syndicates* cherchaient au contraire à engranger des profits.

Pendant quelque temps, ces institutions financières exercèrent une certaine influence au sein de la communauté. Lorsque l'on désirait par exemple réunir une assemblée populaire au sujet d'un enjeu qui intéressait tous les Juifs de la ville, les *loan syndicates* déléguaient à l'événement un grand nombre de représentants. Quand venait le moment de recueillir des fonds pour une institution communautaire, ces mêmes sociétés donnaient généreusement. Avec le temps toutefois, les *loan syndicates* eurent tendance à perdre leur utilité première et beaucoup furent dissoutes. Seuls quelques-unes réussirent à se maintenir longtemps.

Au cours des années 1930, la distance entre le *downtown* et le *uptown* disparut presque entièrement. Dans toutes les institutions communautaires, les *Downtowners* finirent par compter autant que les *Uptowners*. La majorité des leaders de ces organisations, ainsi que la plupart des contributeurs aux campagnes de financement en faveur de la Palestine juive, au profit des Juifs est-européens ou appuyant des causes plus locales, étaient maintenant les fils et les petits-fils des immigrants d'autrefois, qui avaient bien réussi sur le plan social et qui se trouvaient sur un pied d'égalité avec leurs vis-à-vis du *uptown*.

---

76. Nom hébraïque donné aux sociétés de prêts sans intérêts opérant dans un but philanthropique. *Gmiles-khsodim* signifie littéralement en hébreu « accomplir une œuvre charitable » (singulier : *gmiles khesed*).

LE MOUVEMENT OUVRIER JUIF ORGANISÉ

La prospérité et l'industrie du vêtement.
Les influences politiques qui marquèrent les syndicats de la confection.
La lutte entre les factions de gauche et de droite.

A U DÉBUT DES ANNÉES 1920, les travailleurs syndiqués dans l'industrie du vêtement occupaient une place centrale au sein de la communauté. Les *trade-unions* étaient en effet très présents à tous les événements juifs et l'on comptait beaucoup sur eux.

Pendant la guerre et au cours des quelques années qui ont suivi, le Canada a profité d'un grand bond en avant sur le plan industriel, et cet essor a contribué à enrichir un grand nombre de citoyens. Le standard de vie des Canadiens a connu grâce à cette prospérité une amélioration notable. Cette hausse de l'activité économique a permis au secteur du vêtement de reprendre sa progression. Les gens s'habillaient mieux, et autant les hommes que les femmes prenaient soin de leur apparence. Soutenues par ces nouvelles tendances, les conditions de travail dans les métiers de l'aiguille furent grandement bonifiées et cela renforça l'emprise des syndicats sur l'industrie vestimentaire.

Suite à ces nouveaux développements, les regroupements ouvriers se trouvèrent engagés de plus près dans les activités communautaires et au sein de la vie culturelle juive. Les syndicats des travailleurs du vêtement, par exemple, contribuèrent de manière décisive à recueillir des fonds en faveur des victimes juives de la guerre et des pogroms en Europe. On eut même l'impression pendant une certaine période que les syndicats des métiers de l'aiguille comptaient parmi les plus puissantes associations ouvrières au Canada.

Un peu plus tard au cours des années 1920, la situation se modifia de nouveau. Des luttes politiques internes prirent forme au sein des syndicats de la confection qui affaiblirent considérablement ces organisations et dans certains cas en paralysèrent le fonctionnement.

Il s'agissait là du combat entre les factions de gauche et celles de droite, qui devait toucher un grand nombre de syndicats, notamment ceux de l'industrie du vêtement où les Juifs étaient en majorité.

Les chefs des syndicats du vêtement étaient à cette époque pour la plupart des gens qui s'affichaient ouvertement de tendance sociale-démocrate, et qui entretenaient des liens étroits avec le Parti socialiste du Canada. Ces individus combattaient toute forme de dictature et s'opposaient au régime communiste. Face à eux, se trouvaient de simples travailleurs qui croyaient fermement que le gouvernement de Moscou représentait une force capable de combattre efficacement le fascisme et le nazisme allemand, dont on entendait beaucoup parler au cours de ces années. Leur hostilité au fascisme poussait ces ouvriers à se rapprocher sans cesse plus du communisme. Or il arriva que les partisans de cette idéologie proposent la formation d'un « front uni » antifasciste, et pour cette raison ils souhaitaient que les syndicats tombent sous le contrôle d'un leadership d'obédience communiste.

Ces querelles intestines se manifestèrent d'abord à New York et ne tardèrent pas à s'étendre à toutes les villes des États-Unis et du Canada. Il s'agissait là d'une lutte qui prit un ton très agressif. En peu de temps, les syndicats les plus importants, l'International[77] et l'Amalgamated[78], perdirent ainsi les modestes gains qu'ils avaient réussi à arracher quelques années plus tôt, grâce à l'unité d'action et à la solidarité de leurs membres.

L'affrontement entre la gauche et la droite affecta aussi d'autres milieux au sein de la communauté juive, dont les cercles culturels et littéraires qui furent touchés de plein fouet par cette radicalisation. La crainte du fascisme et la haine de toutes les tendances réactionnaires qui nourrissaient la montée de cette nouvelle idéologie convainquirent un grand nombre

---

77. The International Ladies' Garment Workers' Union (ILGWU). Syndicat américain fondé à New York en 1900, dont les membres et le leadership étaient en très grande majorité d'origine juive est-européenne. L'International commença à pénétrer l'industrie du vêtement féminin à Montréal vers 1907.

78. The Amalgamated Clothing Workers of America (ACWA) était le pendant de l'ILGWU dans le secteur du vêtement masculin. Fondée à New York en 1914 dans le milieu immigrant yiddishophone, l'organisation apparut au même moment à Montréal.

d'activistes culturels et d'écrivains de prendre part aux événements communautaires organisés par les mouvements de gauche.

Ce factionnalisme entre la gauche et la droite pesa longtemps sur la vie juive américaine et canadienne, et fit beaucoup pour en diminuer le rayonnement dans le domaine culturel. Le tort le plus considérable pour ce qui est de ces divisions internes fut toutefois infligé aux organisations ouvrières juives, en particulier aux syndicats des métiers de la confection.

L'*Arbeter Ring*[79], qui était la société fraternelle la plus importante du monde ouvrier juif et au sein de la communauté juive en général, a beaucoup souffert de cette situation, malgré que l'organisation ait joué un rôle crucial dans la campagne de secours orchestrée pour venir en aide aux victimes du conflit mondial et des pogroms. À cause des tensions politiques internes à la communauté, l'*Arbeter Ring* se scinda en deux tendances adverses. Le schisme vécu au sein de l'organisation fut très mal reçu et affecta profondément des milieux ouvriers juifs qui jusque-là avaient su faire preuve de solidarité.

À Montréal, cet affrontement toucha durement les deux syndicats les plus solidement implantés, l'International et l'Amalgamated. Dans le syndicat des travailleurs du vêtement féminin (*klokmakhers union*), on en vint au point que les membres désertèrent en masse tant ils étaient fatigués de ces querelles intestines. Pendant un certain temps, le syndicat ne put d'ailleurs fonctionner normalement et ses principales activités furent suspendues. L'Amalgamated d'autre part fut frappé par une profonde scission interne. Les « gauchistes » ainsi que les « mécontents » fondèrent ainsi un syndicat « canadien » séparé, voué à la défense des travailleurs du vêtement, et qui se maintint quelques années. Cette organisation toutefois fit des concessions importantes aux manufacturiers sur le plan des conditions de travail afin de les amener à signer une entente collective.

Autant les tailleurs que les ouvriers du vêtement féminin payèrent le prix des luttes internes qui furent menées au sein du mouvement syndical. La situation ne recommença à s'améliorer sur ce plan qu'au début des années 1930. Les travailleurs en effet en avaient assez de ces disputes et supportaient difficilement le régime moins avantageux qui leur était maintenant imposé dans les usines. De nouvelles tentatives furent donc faites

---

79. Organisation fraternelle socialiste yiddishophone fondée en Amérique du Nord en 1900. Un premier regroupement de *l'Arbeter Ring* apparut à Montréal en 1907 (aussi connue sous le nom anglais de Workmen's Circle).

de redonner de la vigueur aux syndicats dont la crédibilité avait été entamée, soit l'International et l'Amalgamated.

À l'époque où les conditions de travail étaient franchement mauvaises dans le secteur du vêtement, plusieurs ouvriers préférèrent quitter les manufactures pour chercher un gagne-pain dans une autre branche de l'économie. Ils ouvrirent de petites entreprises autonomes et peu à peu quittèrent ainsi les rangs du prolétariat.

Les dirigeants des syndicats de la confection, ce qui incluait aussi les chapeliers et les travailleurs de la fourrure, étaient en majorité des Juifs. Ces derniers exerçaient une grande influence dans le milieu des syndicats de métier. Ils étaient aussi très présents au sein de certains types d'activisme juif, notamment les collectes de fonds au profit de la *Histadrut*[80], et pour ce qui concernait le *Yidisher Arbeter Komitet*[81].

L'*Arbeter Ring* connut une renaissance, juste au moment où l'immigration qui a suivi la fin de la Deuxième Guerre mondiale amenait au pays un grand nombre de personnes qui se trouvaient déjà très près idéologiquement de ce courant en Europe de l'Est. Il y avait parmi eux plusieurs militants polonais du *Bund*[82]. Aujourd'hui ces gens ont une grande influence au sein de l'*Arbeter Ring* et du *Yidisher Arbeter Komitet* montréalais.

---

80. Abréviation de *Ha-Histadrut ha-Kelalit shel ha-Ovedim ha-Iriyyim be-Eretz-Israel* (Fédération générale des travailleurs juifs en terre d'Israël). Organisation syndicale juive apparue en Palestine en 1920 et aujourd'hui la plus importante de l'État d'Israël. À l'origine, les buts de la Histadrut étaient de créer en terre d'Israël une société socialiste égalitaire, et à cette fin le syndicat avait adopté *L'Internationale* comme chant de ralliement.

81. Aussi connu sous le nom de Jewish Labor Committee. Organisme juif fondé à New York en 1934 en vue de venir au secours des victimes du nazisme, et œuvrant à l'intérieur du mouvement ouvrier américain. Le *Yidisher Arbeter Komitet* avait aussi pour but de lutter contre la discrimination et en faveur des droits de la personne partout à travers le monde. Le pendant canadien du *Yidisher Arbeter Komitet* vit le jour à Montréal en décembre 1945.

82. Le *Bund*, ou *Algemayner Yidisher Arbeter Bund in Lite, Poyln ou Rusland* (l'Union générale des travailleurs juifs de Lituanie, de Pologne et de Russie) était un parti politique spécifiquement juif apparu en 1897 à Vilnius. Ses membres défendaient et le socialisme et la préservation dans l'empire russe d'une autonomie nationale juive basée en très grande partie sur la langue et la culture yiddish. Parce qu'il prônait avant tout le développement en Europe de l'Est d'une conscience politique juive indépendante, le *Bund* ne s'intéressa guère à rayonner dans la diaspora.

LES ÉCOLES JUIVES

L'état déplorable de l'éducation juive au cours des années 1920.
La grève dramatique des enseignants du *Talmud tora*.
Une amélioration marquée pendant les années 1930.

A U COURS DES ANNÉES 1920, les Juifs de Montréal étaient fort occupés à recueillir des fonds pour voler au secours de leurs co-religionnaires européens, et à ériger un foyer national en Palestine qui serait en conformité avec les grandes lignes de la déclaration Balfour. Voilà pourquoi les écoles juives montréalaises laissaient beaucoup à désirer.

Peu de gens se préoccupaient alors de l'éducation juive et les parents en général ne s'intéressaient guère à ce thème. Pendant la période de la grande migration, les écoles juives avaient été très négligées et la majorité des enfants avaient grandi sans aucune éducation judaïque. Les Juifs religieux pour leur part ne se souciaient que d'une seule chose, soit que leurs fils apprennent suffisamment d'hébreu pour pouvoir réciter la prière de *kadesh*[83] jusqu'à leur dernière heure. Pour ce qui concernait les filles, ces derniers ne désiraient rien de plus qu'elles sachent écrire convenablement le yiddish afin qu'elles puissent, si nécessaire, maintenir une correspondance avec un ami cher quelque part dans l'Ancien Monde. Il y avait donc une tendance à envoyer les jeunes garçons au *talmud tora*[84], et les jeunes filles dans les écoles séculières, là où justement on avait développé une attitude favorable face au yiddish et à l'hébreu, et face à la littérature yiddish en général.

---

83. Prière récitée à l'occasion de l'anniversaire de décès d'un proche parent.
84. Dans le Nouveau Monde, une école primaire où sont enseignés les fondements de la tradition judaïque sous sa forme orthodoxe, en plus des matières scolaires usuelles.

Dans les milieux ouverts à la modernité, on prenait très au sérieux la question de l'éducation juive. Les gens différaient toutefois d'opinion à savoir si l'on devait enseigner plus l'hébreu que le yiddish, ou le contraire. À cette époque, on discutait fermement au sujet de l'importance du yiddish au sein des masses juives. On se demandait en effet si cette langue resterait dominante, ou si l'hébreu viendrait au contraire à s'imposer partout suite à la création d'un foyer national juif en Palestine. Peu d'individus à ce moment entrevoyaient déjà que le yiddish et l'hébreu subiraient à Montréal la forte concurrence de l'anglais, qui finirait par s'immiscer dans toute la vie communautaire juive et même à la synagogue. Il semblait bien en effet, au cours des années 1920, que le yiddish viendrait à dominer la sphère séculière à Montréal et que cette langue formerait la base de la créativité culturelle et de l'identité sociale juive dans la ville. Voilà ce qui motivait pendant cette période le développement d'un milieu scolaire juif tourné vers les valeurs de la modernité.

Dans les *talmud tora*, on portait surtout attention aux réalités religieuses juives. On s'efforçait ainsi d'encourager les élèves à se rapprocher de la pratique religieuse traditionnelle. Au cours des années 1920, la plupart des écoles juives n'étaient pas aussi imposantes physiquement, ni aussi admirables sur le plan architectural, que celles qui existent aujourd'hui dans les nouvelles banlieues où les Juifs montréalais se sont installés. À cette époque du début du siècle, les cérémonies du *bar-mitsva*[85] préparées sur un mode élaboré n'étaient pas encore en vogue. Les enfants de plus étudiaient au sein de classes logées dans des résidences fort modestes, qui avaient été transformées en écoles.

La situation de l'éducation juive à Montréal s'améliora au début des années 1930. Une campagne fut lancée en vue de construire un édifice tout neuf pour les Talmud tora unis, et en 1931 on inaugurait cette nouvelle école sise sur le boulevard Saint-Joseph[86]. À l'intérieur de ce bâtiment, qui était situé en plein cœur du quartier juif, les élèves purent enfin étudier dans de vastes pièces, exactement comme dans les écoles de langue anglaise.

L'érection de ce nouvel édifice s'avéra une décision judicieuse, car cela obligea l'ensemble de la communauté à prendre beaucoup plus au sérieux

---

85. Cérémonie solennelle à la synagogue par laquelle la majorité religieuse est conférée aux garçons âgés de 13 ans.
86. Cet édifice aujourd'hui disparu était situé sur l'emplacement actuel de l'école Nazareth, soit au coin nord-ouest du boulevard Saint-Joseph et de la rue Jeanne-Mance.

la question de l'éducation religieuse. On réussit ainsi à recueillir des sommes plus considérables en vue de soutenir l'enseignement du judaïsme. Le montant nécessaire à la construction d'un nouveau *talmud tora* fut obtenu grâce à une collecte de fonds, mise en branle juste au moment où débutait une grave crise économique née du krach boursier de 1929.

L'école toute neuve du *talmud tora* servait aussi de centre communautaire. On y tenait des assemblées importantes où étaient discutés des enjeux d'ampleur canadienne ou plus strictement montréalaise. Avaient aussi l'habitude d'y venir des conférenciers renommés qui abordaient des thèmes littéraires ou d'intérêt plus général. En période d'élection, les candidats juifs réunissaient leurs partisans dans cet édifice. Autrefois, ces réunions avaient plutôt lieu dans le Prince Arthur Hall[87]. Le *talmud tora* du boulevard Saint-Joseph présentait toutefois au public une atmosphère plus juive. Même les rencontres strictement politiques prenaient dans ce bâtiment une couleur plus judaïque.

Même après la construction du nouveau *talmud tora*, les animateurs de l'institution durent quand même résoudre de graves difficultés. On ne parvint en effet pas à amasser assez d'argent pour couvrir les dépenses de l'école, lesquelles étaient tout de même minimes à cette époque comparées à ce qu'elles sont aujourd'hui. Les salaires des enseignants restèrent impayés, et des semaines et même des mois s'écoulaient avant qu'ils ne soient enfin versés. Très souvent des représentants du personnel enseignant venaient à la rédaction du *Keneder Odler*[88] (*L'Aigle canadien*) se plaindre qu'ils ne recevaient pas les sommes qui leur étaient dues. L'éditeur du *Keneder Odler*, monsieur H. Wolofsky[89], convoquait alors quelques personnes dans les bureaux de direction du *talmud tora* et l'on réfléchissait à la manière de résoudre la crise. Ces consultations ne produisaient pas toujours des résultats concrets. La situation se dégrada à un point tel au

---

87. Salle située sur le côté nord de la rue Prince-Arthur, entre Saint-Dominique et Coloniale.

88. Quotidien de langue yiddish fondé en 1907 par Hirsch Wolofsky. À cette époque de l'entre-deux-guerres, les bureaux de la rédaction et l'imprimerie du journal étaient situés au 4075 du boulevard Saint-Laurent.

89. HIRSCH WOLOFSKY (1876-1949). Né en Pologne dans un *shtetl* et élevé au sein d'un milieu juif traditionnel, il arrive à Montréal en 1900. Sioniste convaincu, partisan du maintien dans la ville d'une structure institutionnelle religieuse inspirée des conditions est-européennes, Wolofsky fut un des membres fondateurs du Congrès juif canadien en 1919, et un des grands leaders communautaires de la première moitié du xxᵉ siècle montréalais.

début de 1933 que les enseignants résolurent de déclencher une grève. Ils se rendirent ainsi au *Keneder Odler* et déclarèrent que certains d'entre eux souffraient de la faim et n'avaient plus la force de prendre soin des enfants. Cette grève a été une des plus émouvantes qu'il m'ait été donné de couvrir pendant ma carrière. Il s'agissait d'un arrêt de travail motivé non pas par la volonté d'arracher des salaires plus élevés, mais simplement pour obtenir le versement des montants déjà promis. En réalité, on devait à chaque membre du personnel un arrérage de plusieurs mois.

La grève des enseignants dura deux mois[90] et elle révéla le peu d'intérêt de la majorité des Juifs montréalais pour l'éducation juive proprement dite. Pendant cet arrêt de travail, toutes les activités communautaires se poursuivirent normalement, et l'on continua de recueillir des fonds soit pour les Juifs persécutés d'Europe soit pour *Eretz-Israel*, sans se soucier ce que le *talmud tora* n'offrait plus de cours à ses élèves. Seul un petit groupe d'hommes fortunés s'inquiéta sincèrement de cette situation et chercha à mettre un terme à la grève.

Le conflit se régla finalement lorsque le *va'ad ha'ir*[91] versa une somme d'argent pour couvrir une partie des salaires non payés. On remit ainsi à chaque enseignant un certain montant sur la « dette » qui lui était due.

Pour s'assurer qu'une grève de ce genre ne se reproduise plus, on réorganisa de fond en comble la gestion du *talmud tora*. De nouvelles figures prirent en charge l'administration de l'institution, dont Lazarus Phillips[92], conseiller en loi du roi, monsieur Abe Bronfman[93] et monsieur Ben Beutel[94], le président actuel de l'école.

---

90. Les enfants inscrits au *talmud tora* suivaient aussi des cours à temps plein dans les écoles publiques protestantes de la ville, si bien que la grève en question ne les privait que de leur éducation judaïque.

91. Littéralement en hébreu, le « conseil de la ville ». Organisme religieux d'inspiration orthodoxe chargé de réglementer l'abattage des animaux et le commerce de la viande cachère à Montréal. Fondé en 1922, le *va'ad ha'ir* était aussi responsable de manière indirecte du maintien et du financement des institutions d'enseignement judaïque dans la ville.

92. LAZARUS PHILLIPS (1895-1986). Né à Montréal, membre du barreau, candidat malheureux du Parti libéral contre le candidat communiste Fred Rose à l'élection provinciale de 1943 dans la circonscription électorale de Saint-Louis.

93. ABRAHAM BRONFMAN (1882-1968). Né à Winnipeg, fils d'Ekiel Bronfman, philanthrope bien connu de la communauté juive montréalaise, bienfaiteur du Sanatorium Mont Sinaï, de l'Hôpital général juif, du Young Men's – Young Women's Hebrew Association et administrateur du Congrès juif canadien au cours de la période de l'après-guerre.

94. Il est devenu président des Talmud tora unis en 1945.

L'arrivée de cette personnalité à la tête du *talmud tora* marqua un changement notable dans la façon de gérer cette école. Plus jamais les enseignants n'eurent à faire la grève pour obtenir le paiement de leurs salaires.

Au même moment, l'attitude générale face à l'éducation s'améliora dans la communauté. Les nouveaux administrateurs en effet non seulement prirent soin d'assainir les conditions de travail au *talmud tora*, mais ils s'attaquèrent aussi aux méthodes pédagogiques de l'institution, et tentèrent de développer au sein de la population juive une approche plus positive relativement à la transmission de l'héritage juif.

Au cours des années qui suivirent, on se préoccupa beaucoup plus des questions relatives à l'éducation juive. Certaines synagogues ouvrirent des écoles d'un type nouveau, liées à une congrégation en particulier. De telles maisons d'enseignement, comme celles que possèdent les synagogues Adath Israel, Young Israel ou encore Shaare-Zion[95], et qui ont pour caractéristique d'offrir un programme normal d'enseignement durant le jour, devinrent un rouage important du système scolaire visant à assurer à Montréal la perpétuation du fait juif.

L'essor de l'éducation judaïque dans la ville était d'abord dû au fait que les parents, la plupart nés au Canada, avaient maintenant une meilleure compréhension du rôle de l'école juive. De jeunes mères, dont la langue d'usage était l'anglais, menaient maintenant fièrement leurs bambins à une classe où le judaïsme était enseigné. Elles n'hésitaient plus également à débourser pour cet enseignement les frais de scolarité exigés. Quelques années auparavant, les parents n'auraient pas consenti à payer pour soutenir pareilles écoles. Les Juifs de la nouvelle génération née au pays avaient aussi plus de respect en général pour les enseignants juifs auxquels ils confiaient leurs enfants. Aux yeux des parents, ceux-ci comptaient autant que les pédagogues du réseau scolaire public.

Lorsque le Congrès juif canadien jugea qu'il n'était plus aussi pressant de secourir les Juifs d'outre-mer, comme cela avait été le cas au cours des années antérieures, ses dirigeants commencèrent à s'intéresser à la question de l'éducation juive. Le fait que la transmission du judaïsme à l'école occupe dorénavant une place plus grande au sein de l'activisme communautaire joua aussi d'un certain poids dans cette transformation. Afin de

---

95. De 1925 à 1936, cette synagogue était située au 2120 de l'avenue Claremont à Westmount, puis au 386, avenue Claremont à Westmount de 1936 à 1939.

satisfaire à la demande pour de nouveaux enseignants, le Congrès mit de plus sur pied au cours de ces années le *Faraynikte yidish lerer-seminar* (l'école normale juive unifiée), lequel permit à la pédagogie employée dans ces écoles d'être mieux adaptée aux enfants de souche canadienne.

Au cours de ces dernières années, l'organisation *Keren Hatarbut* (Association for Hebrew Education and Culture[96]) prêta aussi attention à l'éducation. Sa tâche principale a été de veiller à ce que le programme des institutions scolaires où l'hébreu était enseigné reflète des valeurs judaïques profondes. Sous son leadership, un certain nombre d'écoles hébraïques ont vu le jour dans différentes régions du Canada.

L'action soutenue de *Keren Hatarbut* au profit de l'enseignement du judaïsme commença d'abord à l'initiative du rabbin Aaron Horowitz, aujourd'hui directeur national du mouvement. Ce dernier travailla en particulier à la diffusion de l'éducation juive dans l'Ouest canadien. Dernièrement, soit depuis que le rabbin Hourvitz a été nommé à la tête de l'organisation, *Keren Hatarbut* a étendu son action à l'ensemble du Canada.

---

96. *Keren Hatarbut* est le volet culturel hébraïque de l'Organisation sioniste canadienne.

LES DIFFICULTÉS AUXQUELLES DEVAIENT FAIRE FACE LES JUIFS RELIGIEUX

Les querelles fréquentes au sein de la communauté
concernant le contrôle de la viande cachère.
Une dispute dégénère en poursuite judiciaire. Le *va'ad ha'ir*.

L E MILIEU DES JUIFS religieux traditionnels connut aussi un élan nouveau au cours des années 1920.

Pendant la grande période migratoire, quand l'ensemble de la communauté souffrait encore d'un manque de structures cohérentes, les Juifs pratiquants peinaient également à s'organiser. Les Juifs sécularisés faisaient preuve à cette époque d'un préjugé tenace à l'endroit de leurs vis-à-vis religieux. Ils croyaient en effet que l'identité juive définie sur une base nationale et le judaïsme dans son acceptation religieuse constituaient deux réalités séparées qu'il valait mieux tenir à bonne distance l'une de l'autre.

Plusieurs écrivains et publicistes juifs n'hésitaient pas alors à manifester publiquement leur opposition au sentiment religieux et à tout ce qui avait trait à la croyance judaïque. Ils unissaient ainsi d'un seul trait de plume l'athéisme, le refus de l'orthodoxie juive, le radicalisme politique et le progrès en général. Bien des gens étaient persuadés à cette époque que de se ranger du côté du socialisme signifiait aussi lutter contre le fait religieux et la tradition dans le sens fort du terme.

Les socialistes-nationalistes n'accordaient guère plus de crédit à la religion, mais ils se montraient plus tolérants envers la synagogue. Beaucoup des adeptes de ce mouvement étaient toutefois d'avis qu'il était possible, au sein de la vie communautaire juive, d'établir une distinction nette entre le sentiment religieux et le nationalisme séculier.

Lors de la période du tout début du siècle, les Juifs religieux voyaient leur situation à Montréal sous un jour sombre. Au cours de ces années, ils étaient portés à croire que le judaïsme sous sa forme de stricte orthodoxie ne trouverait pas ici de conditions favorables à son développement, et n'avait pas d'avenir au pays. Ces Juifs ne se préoccupèrent donc vraiment que de deux aspects de la pratique religieuse, à savoir consommer de la viande cachère à la maison et s'assurer que leurs enfants sachent suffisamment d'hébreu pour pouvoir prier dans cette langue lorsqu'ils se rendraient à la synagogue. Pour ce qui est des autres aspects de la tradition religieuse, ils baissèrent les bras. Ils vécurent ainsi dans la crainte que leur génération serait la dernière sur le continent américain à respecter intégralement la loi juive. Après la Première Guerre mondiale, quand se mirent à arriver à Montréal un plus grand nombre de rabbins et d'érudits (*lomdim*) d'origine européenne, et quand les religieux commencèrent à mettre en place des organisations communautaires correspondant à leur point de vue, ce sentiment de pessimisme s'évanouit.

Plus l'influence de ces cercles religieux s'étendait, plus les athées perdaient du terrain au sein des affaires communautaires. Il n'était alors plus de bon ton d'écrire dans les journaux « radicaux » ou socialistes des articles attaquant le sentiment religieux. Dans les milieux socialistes-nationalistes, on s'était réconcilié avec l'esprit du judaïsme et surtout avec les prophètes de l'époque biblique, lesquels passaient au sein de ce mouvement pour des activistes sociaux et des définisseurs de l'identité juive. C'est ainsi que l'écart entre les adeptes du sécularisme et les pratiquants orthodoxes prit une couleur nettement moins vive.

Pendant la Grande Guerre et au cours des années qui suivirent le conflit, le Canada vécut des années de vaches grasses. La prospérité économique qui s'est ainsi fait sentir au pays a suscité l'apparition d'une importante classe de commerçants parmi les Juifs pratiquants.

Le quartier juif, qui se trouvait en gros situé dans la partie la plus défavorisée socialement de la ville, se déplaça alors vers des rues plus élégantes du *uptown*. Des synagogues de dimensions importantes furent construites. Ces tendances nouvelles donnèrent un certain prestige et une influence plus grande aux Juifs religieux au sein de la communauté.

De graves problèmes continuaient toutefois de hanter le judaïsme orthodoxe à Montréal, et étaient la cause de frictions et de querelles sérieuses. Il s'avérait en effet très difficile de réunir sous un seul parapluie organisationnel tous les Juifs pratiquants.

Les rabbins, les abatteurs rituels (*shokhtim*) et les propriétaires de boucherie se disputaient souvent entre eux au sujet du contrôle de la viande cachère. Parfois ces désaccords dégénéraient en guerre ouverte et provoquaient des dissensions profondes dans la communauté. Chaque faction possédait en effet ses collaborateurs et ses partisans. À cette époque, la validation de la viande cachère était de plus une source de revenus importante pour les rabbins. Les synagogues ne versaient en effet pas des salaires très intéressants aux rabbins, et pour cette raison leur position comme leaders spirituels n'était en soi guère enviable sur le plan strictement économique.

En 1922, plusieurs synagogues et organisations religieuses se regroupèrent au sein d'une institution appelée *kehila*[97]. Leur but était de rendre plus systématique et plus normalisée l'accréditation de la nourriture cachère. Cette *kehila*, qui fut plus tard élargie sous l'appellation de *va'ad ha'ir*, ne réussit pas au cours de ses premières années d'existence à réaliser ses objectifs. L'institution possédait en effet des opposants qui se refusaient à lui reconnaître une quelconque autorité dans le domaine de la *kachrout*[98]. Des querelles fréquentes éclataient à ce sujet. Parfois les propriétaires de boucherie se mêlaient eux-mêmes de résoudre les disputes. Dans d'autres cas on alla jusqu'à faire appel à des rabbins américains bien connus pour arbitrer les conflits. Il arriva même que la question de la viande cachère soit débattue devant une cour de justice civile.

J'ai eu l'occasion personnellement de suivre à Montréal un procès de ce genre. Sans mentionner le nom des parties en cause, il serait tout de même intéressant de rappeler les grandes lignes du débat de part et d'autre.

Le *va'ad ha'ir* avait accusé un boucher de vendre de la viande non certifiée (*treyf*) comme s'il s'agissait d'un produit cachère. La plainte était basée spécifiquement sur une loi qui interdisait la publicité mensongère. Dans ce cas précis, le boucher avait prétendu dans une annonce qu'il offrait de la viande cachère à ses clients, alors que le *va'ad ha'ir* ne lui en avait pas donné formellement l'autorisation.

---

97. En Europe de l'Est, désigne l'ensemble de la structure institutionnelle juive au sein d'une localité donnée. Dans la diaspora yiddishophone nord-américaine, le terme réfère plutôt spécifiquement au domaine considéré comme d'allégeance religieuse orthodoxe par rapport aux volets plus séculiers de la vie communautaire.

98. Ensemble des lois mosaïques relatives à la préparation et à la consommation de nourriture.

Les deux parties avaient retenu les services d'avocats bien connus. La défense avança que la publicité respectait en tous points les critères de transparence habituels, et que la viande était conforme aux exigences de la loi juive.

Les plaignants firent témoigner un expert en matière de *kachrout*. Ce dernier, qui était un rabbin réputé, expliqua les principes de base du judaïsme sur le plan de sa pratique, et précisa à quel point le respect de ces normes importait à la communauté orthodoxe.

Les avocats du boucher appelèrent aussi à la barre un spécialiste, lequel possédait également le titre de rabbin et jouissait d'une excellente réputation dans les milieux religieux. Celui-ci précisa que l'accusé respectait à la lettre toutes les règles de la *kachrout*, et qu'il se soumettait régulièrement à des inspections de la part de *mashgikhim*[99] compétents.

La partie demanderesse soumit ensuite que le *va'ad ha'ir* s'exprimait au nom de toute la communauté, d'autant plus que la plupart des synagogues dans la ville reconnaissaient son autorité. L'accusé affirma alors que le principe *Akhare rabim lehatot*[100] s'appliquait seulement s'il y avait un doute raisonnable, et que tel n'était pas le cas ici puisqu'il suivait le code de loi juif à la lettre.

Les experts des deux parties s'étaient présentés en cour munis de livres saints. Ils avaient puisé dans ces volumes des citations au sujet de la *kachrout* et concernant le crédit favorable qu'il convenait d'accorder aux organisations juives constituées. Le juge de la cour montra beaucoup de respect pour ces volumes et pour les opinions que les sages d'autrefois avaient exprimées dans leurs pages. Il fit également savoir qu'il n'avait pas l'intention de prendre part à des discussions aussi ardues concernant les éléments de doctrine religieuse juive. Le président du tribunal demanda plutôt aux avocats de chaque partie de tout mettre en œuvre pour convaincre leurs clients de régler ce différend à l'extérieur du système judiciaire civil.

Les mandataires de l'accusé et des plaignants tentèrent de conclure une entente à l'amiable. Des bouchers restés neutres dans le conflit en

---

99. Fonctionnaires religieux chargés de l'application des lois de la *kachrout* ou relatives à la pureté des aliments (singulier : *mashgiakh*).

100. Littéralement « d'après ce que la majorité suit ». Selon la loi judaïque, en cas d'incertitude ou de doute dans l'application d'un précepte, il vaut mieux se rallier à l'usage général au sein de la communauté.

question cherchèrent aussi de leur côté à jouer un rôle de médiateurs dans la dispute en cours. Même des leaders communautaires, autant religieux que séculiers, firent des efforts pour réorganiser la *kehila* de telle sorte que des querelles de ce genre ne se produisent plus. En fin du compte, les mentalités changèrent peu à peu et le *va'ad ha'ir* gagna en influence et en autorité. Grâce à cette institution, la vie religieuse se structura convenablement et le judaïsme traditionnel connut un essor au sein de la communauté.

LES TRAVAILLISTES-SIONISTES

Le rôle du *Poale-Zion* et du *Farband* dans l'organisation de la vie juive.
L'activisme en faveur d'*Eretz-Israel*. L'opposition au sionisme.
L'influence de la centrale syndicale *Histadrut*.

L E *POALE-ZION* a joué un rôle fort important au cours des années 1920 dans la communauté. Les travaillistes-sionistes ont en effet été présents à cette époque, tout comme aujourd'hui d'ailleurs, dans tous les milieux intéressés au nationalisme et à la culture juives. Leur influence s'est exercée soit directement, par leurs propres activités, soit par l'ascendant qu'ils ont eu sur d'autres groupes en les amenant à participer au travail de mobilisation en faveur du maintien à Montréal d'une identité juive.

Le mouvement travailliste-sioniste réunissait aussi à cette époque en son sein une part importante de l'intelligentsia juive, laquelle se souciait beaucoup de la question nationale.

Le milieu propre au *Poale-Zion* s'est élargi considérablement au cours des années 1920, grâce à l'existence du *Yidish Natsyonaler Arbeter Farband*[101] (l'Union nationale juive des travailleurs). Cette organisation attirait certes des travaillistes sionistes, mais aussi des personnes qui n'appartenaient pas dans un sens strict au parti, et des gens simples issus des couches populaires.

---

101. Organisation fraternelle de secours mutuel fondée au tout début du XXᵉ siècle aux États-Unis et défendant les principes du travaillisme-sionisme. D'après Simon Belkin, la première section montréalaise vit plutôt le jour vers 1908-1909. Voir à ce sujet *Le Mouvement ouvrier juif au Canada, 1904-1920 (Di Poale-Zion Bavegung in Kanade, 1904-1920)*, Sillery, Éditions du Septentrion, 1999, p. 147 et suivantes.

Le *Farband* vit le jour en 1913, suite à une décision prise lors d'une assemblée nord-américaine du *Poale-Zion* tenue à Montréal. Le but de l'organisation était d'offrir une plate-forme plus large au parti, qui n'était à ses débuts qu'un simple groupuscule politique. L'assemblée en question, laquelle se réunit en 1910, considéra que la création d'un vaste mouvement était nécessaire pour intervenir dans la vie communautaire d'un point de vue nationaliste et aussi dans le domaine culturel. Les fondateurs du *Farband* visaient d'abord à influencer tout ce qui touchait l'éducation juive, et ensuite à développer une attitude positive au sein des masses populaires pour ce qui concernait *Eretz-Israel*.

À Montréal, le *Poale-Zion* et le *Farband* s'attelèrent à la tâche de créer des institutions culturelles juives, puis de les soutenir une fois cette étape initiale franchie. Leur but ultime était bien sûr d'insuffler l'esprit du sionisme à l'ensemble de la population juive, laquelle se trouvait composée essentiellement à cette époque de travailleurs engagés dans l'industrie du vêtement. Beaucoup d'ouvriers étaient d'autre part attirés par des idéologies socialistes généralement hostiles aux objectifs du sionisme, même si les travaillistes-nationalistes militaient eux aussi pour la justice sociale. Les adversaires du *Poale-Zion* prétendaient en effet qu'il n'était pas utile de bâtir un foyer national juif en Palestine, quand il suffisait aux Juifs adeptes du socialisme de militer pour ces idées dans leur propre pays et tout autour d'eux. Le sionisme et le nationalisme, répétaient-ils, ne faisaient pas bon ménage avec le marxisme et la lutte des classes.

Les travaillistes-sionistes menèrent une campagne de tous les instants pour surmonter cet obstacle. Aujourd'hui, les militants du *Poale-Zion* ne sont plus obligés d'investir du temps et de l'énergie en ce sens, car ce type d'argumentation n'a plus cours. Il y a longtemps en effet que l'on ne raisonne plus de cette manière au sein de la communauté, au point que ce genre d'objection est complètement oublié.

Parmi les facteurs qui contribuèrent le plus nettement à éliminer les réticences des socialistes juifs à l'endroit du *Poale-Zion* et du *Farband*, figure la militance de ces organisations au profit de la centrale syndicale *Histadrut* en *Eretz-Israel*.

Les travaillistes sionistes montréalais commencèrent à soutenir la *Histadrut* en 1923, soit quelques années seulement après la fin de la Première Guerre mondiale. Il était en effet difficile pour les travailleurs juifs de trouver de l'emploi auprès des propriétaires d'exploitations agricoles privées en *Eretz-Israel*. Pour cette raison, peu importe que les salaires soient déjà très bas pour les ouvriers engagés dans l'agriculture, ces derniers devaient vendre leur force de travail à un prix ridicule.

À cette époque du début des années 1920, les travailleurs juifs en *Eretz-Israel*, dont la plupart étaient des *haloutsim* remplis d'idéalisme, devaient mener un dur combat pour obtenir des conditions de vie décentes. Lorsqu'ils réalisèrent qu'ils ne pourraient pas surmonter facilement tous les obstacles réunis contre eux, un groupe de travaillistes-sionistes, dont Ben-Gourion[102], fondèrent l'organisation qui porte aujourd'hui le nom de *Histadrut*. Leur but était de se créer eux-mêmes leurs propres emplois, sans interférence de la part des propriétaires fonciers. Au départ la centrale syndicale connut une croissance modeste. D'abord, on commença par produire des céréales sur une base coopérative puis, toujours dans un esprit collectiviste, on s'affaira à vendre ces grains. Plus tard, les membres de l'organisation construisirent des routes pour relier entre elles les colonies agricoles patronnées par la Histadrut. Peu à peu la centrale syndicale prit de l'ampleur, jusqu'à devenir de nos jours la plus importante institution civile en Israël et l'épine dorsale du pays sur le plan économique.

Avant de lancer aux États-Unis et au Canada une collecte de fonds au profit de la *Histadrut*, les travaillistes sionistes cherchèrent plutôt à recueillir des sommes modestes pour les *haloutsim* en *Eretz-Israel*. Pendant une certaine période on réunit pour eux de manière systématique des outils aratoires de toutes sortes. Ces gestes toutefois avaient une portée assez limitée car on ne rejoignait ainsi qu'un petit cercle de militants déjà acquis à cette cause.

La situation changea quand la campagne en faveur de la *Histadrut* se mit en branle. On atteignit alors une masse plus grande de travailleurs et même l'ensemble de la population juive. La *Histadrut* projetait l'image d'une organisation d'esprit socialiste, et qui mettait en application les grands principes de cette idéologie. Au sein des syndicats de la confection, là où les ouvriers juifs se trouvaient concentrés, la *Histadrut* était très respectée.

La collecte de fonds en faveur de la *Histadrut* ne servit pas qu'à amasser d'importantes sommes au profit d'*Eretz-Israel*. La mobilisation

---

102. DAVID BEN-GOURION (1886-1973). Né en Pologne, émigré en Palestine en 1917, il milite au sein des mouvements socialistes et devient le leader du Parti social-démocrate juif sous le mandat britannique. Il est premier ministre de l'État d'Israël de 1948 à 1953, puis à nouveau de 1955 à 1963.

entreprise permit aussi d'introduire le programme politique des travaillistes sionistes dans des milieux qui jusque-là étaient restés indifférents à cet idéal, ou qui ne voyaient pas d'un bon œil le développement des activités menées pour soutenir la Palestine juive.

En parallèle de ces efforts en vue d'appuyer la *Histadrut*, on convoqua d'importantes réunions au Prince Arthur Hall, ou dans d'autres salles de grande ampleur, où l'on invitait des dirigeants des syndicats de métier, comme Joseph Schlossberg[103], secrétaire trésorier de l'Amalgamated, l'un des leaders ouvriers les plus brillants et les plus idéalistes de son époque; Abe Shiplacoff[104] et Max Zaritsky[105], le président du syndicat des chapeliers. Ces leaders ouvriers, qui étaient aussi des chefs de file du socialisme, impressionnaient fortement les travailleurs du vêtement. Se présentaient aussi pour prendre la parole, lors de ces rassemblements, des personnalités bien en vue du mouvement travailliste-sioniste, comme Itskhak Ben-Zvi[106], le président récemment décédé de l'État d'Israël; Zalman Shazar[107], le président actuel de l'État d'Israël; Barukh Zuker-man[108]; Golda Meyerson[109] (Meir), aujourd'hui ministre des Affaires étrangères de l'État d'Israël, et quelques autres.

---

103. JOSEPH SCHLOSSBERG (1875-1971). Né en Biélorussie, immigré aux États-Unis au cours des années 1880, il s'illustra à New York comme syndicaliste radical et devint, en 1914, cofondateur de l'Amalgamated Clothing Workers Association (ACWA) et pendant plusieurs années son secrétaire trésorier.

104. ABRAHAM ISAAC SHIPLACOFF (1877-1934). Chef de file du mouvement ouvrier américain, émigré au États-Unis en 1891, il a été le premier socialiste élu à l'assemblée de l'État de New York (1915-1918). Il a aussi été administrateur du New York Joint Board of the Amalgamated Clothing Workers et en cette qualité a organisé la grève générale des tailleurs de 1920-1921.

105. MAX ZARITSKY (1885-1959). Né en Russie et émigré aux États-Unis en 1905, il devient un des principaux leaders ouvriers américains dans le domaine de la confection. Militant du *Poale-Zion*, il est membre après 1945 de l'American Jewish Trade Union Committee for Palestine. En 1936 il est un des fondateurs de l'American Labor Party.

106. ITSKHAK BEN-ZVI (1886-1973). Né en Ukraine, leader et fondateur du socialisme sioniste et du mouvement travailliste, autant en Russie qu'en Palestine. Il occupa deux mandats à la présidence de l'État d'Israël, soit de 1952 à 1962.

107. Troisième président de l'État d'Israël de 1963 à 1973.

108. BARUKH ZUKERMAN (1887-1943). Né en Russie, arrivé aux États-Unis en 1903, il fut un des fondateurs du *Poale-Zion* américain et un de ses principaux leaders.

109. GOLDA MEIR (1898-1978). Émigrée aux États-Unis en 1906, elle milita activement dans ce pays en faveur de la cause sioniste, jusqu'à son émigration en Palestine en 1921. Membre du Parti Mapaï, elle occupa à partir de 1949 différents postes au sein de gouvernements de gauche israéliens, dont celui de premier ministre de 1969 à 1974.

Lors de ces rencontres, l'on décrivait avec force détails comment les *haloutsim* concassaient des pierres de leurs mains pour bâtir des routes en Palestine juive, desséchaient des marais, érigeaient des kibboutz et jetaient ainsi les bases de coopératives agricoles; tout cela pour s'assurer qu'apparaisse en *Eretz-Israel* une société d'inspiration véritablement socialiste.

* * *

Au cours des années 1920 et 1930, les travaillistes-sionistes eurent une grande influence au sein des activités menées par le Congrès juif canadien en vue de secourir les Juifs d'outremer, et aussi pour ce qui est de la lutte contre l'antisémitisme. Des représentants du *Poale-Zion* et du *Farband* s'engagèrent aussi au sein du *va'ad ha'ir* pour être bien certains que cette organisation communautaire traditionaliste soutienne l'éducation juive et les institutions à vocation culturelle.

Lors des années 1930, le mouvement travailliste-sioniste dut, pour ce qui concernait la Palestine juive, s'employer prioritairement à des tâches d'ordre pratique. Deux raisons principales justifiaient ce choix. Au premier chef, il fallait maintenant tenir compte de ce que la *Histadrut* avait grandement élargi ses rangs, et avait besoin du soutien constant des regroupements travaillistes-sionistes établis dans les pays démocratiques d'Europe ou d'Amérique du Nord. Il y avait aussi en deuxième lieu le fait que la question des attaques terroristes contre les établissements juifs en Palestine était devenue beaucoup plus préoccupante. Ceci a forcé toutes les organisations sionistes, incluant le *Poale-Zion*, à porter une plus grande attention à ce qui se passait au jour le jour en Palestine juive.

Au début des années 1930, les sionistes durent faire face à des difficultés croissantes, autant en ce qui a trait à la conduite du mouvement, que pour ce qui est du contexte externe au sein duquel il évoluait. Des tensions sérieuses apparurent entre des factions plus idéalistes et d'autres intéressées de près aux conditions politiques concrètes, notamment au sujet des moyens devant mener à la création d'un foyer national juif. Certains croyaient en effet que la Palestine juive devait refléter des valeurs socialistes, pendant que d'autres défendaient un parti pris capitaliste. Cette lutte idéologique eut lieu avant tout entre les militants travaillistes-sionistes et ceux du camp révisionniste.

De telles frictions se répercutèrent jusqu'au Canada. De temps à autre, un des dirigeants du sionisme révisionniste venait à Montréal ou à Toronto pour parler à des rassemblements de masse contre le projet d'établir une société socialiste en Palestine juive. Les révisionnistes comptaient parmi leurs adeptes des Juifs traditionalistes issus des couches populaires, et que les idées socialistes effrayaient. Toutes les variétés de socialisme semblaient à leurs yeux un abandon du nationalisme juif.

Les révisionnistes n'attiraient pas un grand nombre d'adhérents. Certains de leurs chefs possédaient toutefois des talents remarquables et ils savaient émouvoir leurs auditeurs. Le plus connu d'entre eux s'appelait Vladimir Jabotinsky[110]. C'était un des adversaires les plus acharnés du sionisme à tendance socialiste.

Vladimir Jabotinsky visita Montréal en 1935 et il participa à une importante rencontre tenue au théâtre His Majesty's qui fit salle comble. Au cours de cette assemblée, Jabotinsky, qui était un tribun exceptionnel, se lança dans une diatribe contre la *Histadrut* et contre le travaillisme-sionisme en général. Si le socialisme devait l'emporter en *Eretz-Israel*, prétendit-il, la classe moyenne juive et les entrepreneurs capitalistes refuseraient d'y émigrer, et cela empêcherait le futur État juif de s'établir des deux côtés du Jourdain.

Comme cette assemblée avait remporté un certain succès, et que l'on y avait chaleureusement applaudi Jabotinsky, les travaillistes-sionistes annoncèrent qu'ils invitaient Zalman Shazar à Montréal pour répliquer aux insinuations du camp révisionniste.

Shazar, aujourd'hui président de l'État d'Israël, prit la parole devant une foule encore plus importante rassemblée à l'Hôtel Mont-Royal[111]. Dans son discours, il rappela que l'allégeance socialiste de la *Histadrut* avait inspiré les travailleurs et les *haloutsim* en *Eretz-Israel*, lesquels construisaient la future société juive en Palestine animés par le plus grand idéalisme. Seul un effort collectiviste, avertit Shazar, parviendrait à transformer la Palestine juive en une société florissante et hautement productive.

Plusieurs Juifs qui avaient entendu Jabotinsky s'étaient aussi rendus à la conférence donnée par Shazar. Longtemps on discuta des mérites de l'une et de l'autre position. Les travaillistes-sionistes croient aujourd'hui que l'histoire elle-même a finalement donné raison à Shazar.

---

110. VLADIMIR JABOTINSKY (1880-1940). Il fut le fondateur en 1925 de l'Union mondiale des sionistes révisionnistes, mouvement qui proposait une lutte ferme et active, sinon violente, contre les politiques mises en place en Palestine par les Britanniques, notamment en ce qui concerne les restrictions sur l'immigration juive.

111. Hôtel inauguré en 1922 au coin de la rue Peel et du boulevard de Maisonneuve, et qui était à l'époque fréquenté par la haute société montréalaise.

* * *

Les difficultés externes à la société juive de Palestine, soit la lutte contre les terroristes arabes et contre les autorités mandataires, gardèrent fort occupés les travaillistes-sionistes des États-Unis et du Canada. Les militants du *Poale-Zion* ont ainsi très fréquemment protesté à cette époque auprès du Parti travailliste britannique, parce que le ministre responsable du Colonial office, d'ailleurs souvent dirigé par un socialiste (comme lord Passfield[112] et plus tard Ernest Bevin[113]), manifestait le plus souvent beaucoup d'hostilité envers le sionisme. Au cours des années 1930, les dirigeants travaillistes-sionistes se querellèrent fréquemment avec leurs vis-à-vis des autres partis travaillistes dans le monde, du fait qu'ils n'accordaient pas un appui assez soutenu au leadership socialiste de la *Histadrut*.

Pendant ces années, la mouvance travailliste-sioniste canadienne n'a cessé de s'élargir, et de nouvelles sections du parti furent créées. Le *Farband* d'autre part s'est développé au point de devenir une grande organisation, de même que les Femmes pionnières (*Pyonirn Froyen*), qui a pris la forme d'une association féminine liée au mouvement. Suite à ces changements, les militants mirent sur pied l'*Aktsyons Komitet* (le comité de direction national), dont le rôle était de réunir en une seule instance tous les regroupements sionistes canadiens à tendance ouvrière. Moshe Dickstein[114] fut celui qui se chargea de fonder l'*Aktsyons Komitet foun der Zionistisher Arbeter Bavegung in Kanade*[115] (Actions Committee of the Labor Zionist Movement in Canada) et il en fut le premier président à l'échelle nationale. Grâce à cet organisme fédérateur, le travaillisme-sionisme exerça une influence décisive au sein de la vie communautaire canadienne. Isidor Bobrove, conseiller en loi du roi, et le docteur Hurwich de Toronto

---

112. SIDNEY WEBB, Lord PASSFIELD (1859-1947). Élu pour la première fois comme député du Parti travailliste britannique en 1922, il est président du Board of Trade en 1924 et Colonial Secretary de 1929 à 1932 dans le gouvernement Macdonald.

113. ERNEST BEVIN (1887-1951). Syndicaliste d'origine sociale modeste, il fut ministre des Affaires étrangères dans le gouvernement travailliste de Clement Atlee de 1945 à 1951.

114. MOSHE DICKSTEIN (1890-1956). Né à Varsovie, arrivé à Montréal en 1912, il travaille d'abord comme journaliste et comme enseignant à la *Folks Shule*. Dickstein fut un des fondateurs du réseau scolaire yiddishophone, du *Poale-Zion* à Montréal et du Congrès juif canadien.

115. Instance au sein de laquelle se rencontraient des représentants des travaillistes-sionistes et des mouvements syndicaux juifs au Canada. L'*Aktsyons Komitet*, fondé en 1944, était affilié au Co-operative Commonwealth Federation (CCF).

occupèrent aussi ce poste. À mi-course de son mandat, le docteur Hurwich décida de s'installer en Israël et Leon Kronitz fut élu à sa place. Kronitz détient d'ailleurs toujours aujourd'hui la présidence de l'organisme.

L'*Aktsyons Komitet* du mouvement sioniste ouvrier canadien est affilié au *Ihud Olami*[116] (l'unité mondiale) de Jérusalem, qui réunit les regroupements travaillistes juifs de toute la planète, et participe aussi aux structures du Parti Mapaï[117] israélien.

---

116. Organisation fédérative mondiale de tous les mouvements socialistes sionistes, créée aux États-Unis en 1907, et dont le rôle était surtout d'établir un réseau d'institutions scolaires, culturelles et mutualistes partout à travers la diaspora. Après 1948, Ihud Olami compte en son sein le Parti travailliste israélien.

117. Acronyme de Mifleget Po'alei Eretz Israel. Parti de tendance socialiste réformiste fondé en 1930 et qui devient le mouvement politique dominant de la Palestine juive. De 1948 à 1965, le Mapaï détient la majorité absolue au Parlement israélien et dans tous les gouvernements qui se succèdent à la tête de l'État hébreu. David Ben-Gourion en fut le président de 1930 à 1948.

LE SIONISME APRÈS
LA DÉCLARATION BALFOUR

Les conséquences de la déclaration Balfour sur le mouvement sioniste.
Une réunion houleuse des dirigeants sionistes au sujet du projet
de Ussishkin concernant la vallée de Hefer.

Peu après la fin de la Première Guerre mondiale, le mouvement sioniste canadien gagna beaucoup d'influence sous le leadership d'A. J. Freiman, qui en était le directeur à l'échelle nationale, et de madame Freiman, présidente fondatrice au Canada de l'organisation Hadassa.

Suite à la déclaration Balfour, qui souleva de grands espoirs, on crut que le sionisme réaliserait lentement mais sûrement ses objectifs. Les plus optimistes au sein de l'organisation sioniste s'imaginèrent même que l'heure de la libération nationale (*gule*) était enfin arrivée. Au Canada, les sionistes n'avaient pas hésité à créer un *Gule fund* (fonds en vue du salut national), afin que s'accomplisse dans un esprit de messianisme le rachat du sol sacré d'*Eretz-Israel*. Les propriétaires fonciers de la Palestine juive étaient en effet à cette époque des Arabes, et ils semblaient disposés à vendre leurs terres pour un prix raisonnable.

Malgré cela, il n'était pas simple dans un tel contexte de faire avancer la cause de la Palestine juive. Grâce à la déclaration Balfour, le prestige du sionisme avait certes été grandement rehaussé, et son idéal atteignait maintenant des couches de plus en plus vastes au sein de la population juive. Il restait toutefois des milieux très influents, composés surtout de Juifs fortunés, qui ne se souciaient aucunement des établissements en *Eretz-Israel*, ou même qui exprimaient des opinions négatives au sujet des buts et des aspirations du sionisme.

Autant aux États-Unis qu'au Canada, les dirigeants sionistes consentirent de grands efforts pour éveiller leurs co-religionnaires à la cause de la Palestine juive. On réunit ainsi certains de ces tièdes au sein d'un comité dont Louis Marshall[118] assumait la présidence. On appelait ces gens les « sionistes non sionistes ». Un nombre encore plus important de Juifs américains bien nantis, qui siégeaient avec Marshall au sein d'autres instances, surtout philanthropiques, demeuraient toutefois assez mal disposés envers le projet d'ériger un foyer national juif en *Eretz-Israel*.

Pendant les années 1920, lorsqu'une assemblée ou une conférence sioniste était réunie, la majorité des orateurs s'en prenaient aux Juifs riches qui refusaient de prendre part à la mobilisation en faveur de la Palestine juive. Le même phénomène se produisait au Canada. En 1927, le docteur Weizmann visita Montréal dans le but de lancer une campagne au profit de l'organisation *Keren Hayesod*[119] (Fonds en vue de la fondation de la Palestine). Il prit la parole devant une foule et les Juifs montréalais répondirent généreusement à son appel.

À cette époque, le docteur Weizmann était la figure dominante du sionisme politique. Son passage à Montréal fut salué comme un grand jour par cette partie de la population juive dans la ville qui appuyait cette idéologie. Weizmann prononça une conférence sur l'heure du midi au Club Montefiore[120], devant des leaders respectés des sociétés philanthropiques juives qui n'appartenaient pas aux cercles sionistes. Le docteur Weizmann réaffirma dans son allocution que les idéaux du sionisme seraient certainement réalisés, malgré les obstacles qui se dressaient sur son chemin, et malgré les difficultés causées par les Arabes. Il insista même pour rappeler entre autres que si un foyer national juif autonome n'apparaissait pas à notre époque, ni à celle de nos enfants, alors assurément il reviendrait à nos petits-enfants d'être témoins de la fondation d'un État juif. En 1927, le docteur Weizmann ne parvenait toujours pas

---

118. LOUIS MARSHALL (1856-1929). Avocat et leader communautaire juif américain d'origine allemande. Il fut président de l'American Jewish Committee de 1912 à 1929.
119. Bras financier de l'Organisation sioniste mondiale, fondé à Londres en 1920 et enregistré dans cette ville en 1921. En 1926, le siège social de *Keren Hayesod* était transféré à Jérusalem.
120. Il s'agit d'un club privé juif situé au 1195 de la rue Guy, juste au sud de la rue Sainte-Catherine, et qui est toujours actif aujourd'hui.

à entrevoir que dans un avenir rapproché les Juifs créeraient leur propre pays au Moyen-Orient, et qu'il en serait le premier président.

* * *

C'est à cette époque que Menahem Mendl Ussishkin[121] vint présenter un projet d'envergure aux sionistes canadiens. Ussishkin espérait que les Juifs installés au Canada mettent sur pied une campagne en vue de recueillir des fonds pour l'organisation appelée *Keren Kayemet*[122], avec lesquels il serait possible d'acquérir la vallée de Hefer[123] d'une superficie de 50 000 dunams[124]. Il s'agissait là d'une région essentiellement marécageuse qu'il faudrait ensuite assécher.

Au départ, les dirigeants de l'Organisation sioniste canadienne n'eurent guère envie de se lancer dans une pareille aventure. Il semblait bien en effet qu'un tel projet n'était guère réalisable. La proposition de Ussishkin entraîna toute une série de discussions et de débats. Les Juifs canadiens hésitaient d'autre part à rejeter la suggestion d'Ussishkin, lequel était le président de *Keren Kayemet*, et l'un des leaders les plus réputés du mouvement sioniste mondial. Cela aussi se passait en 1927.

L'exécutif de l'Organisation sioniste se réunit à Ottawa à ce sujet, et j'eus l'occasion d'assister à cette rencontre à titre de journaliste du *Keneder Odler*.

La réunion eut lieu au Château Laurier. M. Freiman, le président national des sionistes canadiens, souffrait alors d'une maladie sérieuse, et il était resté alité dans sa chambre en compagnie d'une garde-malade. Les délibérations se tinrent dans une petite salle attenante.

La rencontre débuta en après-midi et se poursuivit jusque tard dans la nuit. Elle fut ponctuée de retournements dramatiques. Presque toutes

---

121. MENAHEM MENDL USSISHKIN (1863-1941). Né en Russie, immigré en Palestine en 1919, il fut le directeur de 1923 à 1941 de la Banque nationale juive. Il fut également chargé de la mise en place d'une infrastructure économique capable d'accueillir les immigrants juifs.

122. Nom hébraïque du Fonds national pour le rachat des terres en Palestine, fondé en 1901 à Bâle à l'occasion du 5ᵉ congrès sioniste, et partie constituante de l'Organisation sioniste mondiale.

123. L'acquisition de la vallée de Hefer eut lieu en 1928-1929 par *Keren Kayemet* et elle reçut ses premiers villages juifs permanents en 1931. Cette vallée est située à l'est et au nord de la ville côtière de Netanyah.

124. Quatre dunams équivalent à une acre de superficie.

les personnes présentes se prononcèrent contre le projet d'Ussishkin. Leur point de vue était que l'on ne pouvait investir les sommes importantes, recueillies auprès de simples travailleurs juifs, pour faire l'acquisition d'une zone marécageuse, quand on pouvait tout aussi bien obtenir des propriétés immédiatement exploitables. L'on craignait qu'Ussishkin ne réalise pas le danger qu'il y avait à agir ainsi. Le projet avait tout de même été fermement défendu par Hirsch Wolofsky, l'éditeur du *Keneder Odler*. Tard dans la soirée, les Freiman finirent par se rallier à l'idée d'Ussishkin. Les discussions en cours secouèrent profondément Mme Freiman. D'une part celle-ci était d'accord avec les individus qui soutenaient que l'on ne pouvait engloutir l'argent obtenu de la population juive canadienne dans un projet aussi incertain. Mme Freiman comprenait aussi d'autre part le point de vue de ceux qui pensaient que l'établissement d'une société nouvelle exigeait que certains risques soient encourus. Elle partageait notamment l'avis d'Ussishkin selon lequel l'achat de cette vallée n'était pas un geste insensé, car il se trouvait des travailleurs en *Eretz-Israel* qui ne reculeraient pas devant une tâche aussi difficile que celle d'assécher une région entière.

Une fois que le comité exécutif de l'Organisation sioniste eut finalement décidé d'entériner le projet présenté par Ussishkin concernant la vallée de Hefer, l'ensemble de la proposition fut déposé lors du 21e congrès sioniste tenu à Winnipeg. L'Organisation sioniste sollicita ensuite un prêt de 200 000 $ auprès d'une banque afin que l'on puisse au plus tôt enclencher le processus d'achat des terres. Il s'agissait là d'une des réalisations les plus remarquables des Juifs canadiens en faveur d'*Eretz-Israel*. Aujourd'hui la vallée de Hefer est une des régions agricoles les plus fertiles de l'État d'Israël.

Grâce à des interventions de ce genre, le prestige du mouvement sioniste s'accrut nettement au sein du judaïsme canadien, et cela contribua à élargir de beaucoup son influence dans la communauté juive en général.

LE SIONISME RELIGIEUX

L'influence du Mizrachi sur l'ensemble du mouvement sioniste.
Le Mizrachi autrefois et aujourd'hui. L'Université Bar-Ilan en Israël.

L'HISTOIRE DU MIZRACHI[125] au Canada remonte à des temps assez reculés. L'organisation s'est en effet implantée en ce pays à peu près au même moment qu'en Europe de l'Est, c'est-à-dire au tout début du XXe siècle.

Le premier à défendre les idéaux du Mizrachi, ou du moins à s'y intéresser, fut le rabbin de Lida, Isaac Jacob Reines[126], lequel s'était gagné une notoriété dans toute la mouvance sioniste du fait qu'il participait fréquemment aux congrès internationaux de l'organisation. Reines était le fondateur de la *yeshiva* de Lida et l'auteur d'un grand nombre d'ouvrages savants consacrés au judaïsme vu sous un angle religieux traditionnel.

Le rabbin Reines développa le concept, novateur à l'époque, que le nationalisme juif et la pratique stricte du judaïsme (*emouna*) étaient étroitement liés, et ne pouvaient être dissociés dans la vie juive en général. Reines critiqua donc les sionistes de tendance plus moderne, qui croyaient pouvoir être des nationalistes ardents et sincères, même sans entretenir de rapports quelconques avec la tradition religieuse juive. Au même moment,

---

125. Mouvement sioniste d'inspiration religieuse fondé en Europe de l'Est en 1902 par le rabbin Isaac Reines, et qui représentait l'aile la plus traditionaliste de l'Organisation sioniste mondiale.

126. ISAAC JACOB REINES (1839-1915). Rabbin de Lida, en Lituanie, de 1885 à sa mort et premier leader du Mizrachi en 1904. Reines fut un des premiers rabbins est-européens à se joindre au mouvement sioniste créé par Theodor Herzl et il participa au premier congrès sioniste de Bâle en 1897.

il s'éleva contre l'idée que la judéité ne puisse refléter qu'une quête de spiritualité, et qu'il soit possible d'en retrancher tous les aspects culturels et politiques incarnés dans le nationalisme.

Comme je l'ai affirmé plus haut, le rabbin Reines doit être considéré comme un des tout premiers inspirateurs (*rishonim*) du Mizrachi. À l'époque où il se fit connaître à l'intérieur du mouvement sioniste, c'est-à-dire avant la Première Guerre mondiale, il se trouvait déjà des adeptes de son approche au Canada.

Je tiens à rappeler à cette occasion que j'ai eu le plaisir de rencontrer à Montréal trois individus qui avaient étudié à la *yeshiva* de Lida à peu près en même temps que moi. Tous les trois étaient d'excellents hébraïstes et maîtrisaient très bien le corps de doctrine du judaïsme traditionnel (*khokhmes-yisroel*). Il s'agit de Mordecai Mendelsohn, le directeur de l'école Adath Israel, de Chaim Maisel, une des figures dirigeantes de *Keren Hatarbut* et aussi le vice-président de l'Organisation sioniste canadienne et de L. Yalofski, un professeur d'hébreu.

* * *

Parmi les principaux leaders (*manhigim*) du Mizrachi se trouvait le *rav* Abraham Isaac Kook[127], qui a été pendant quelques années le grand rabbin de la Palestine juive. Celui-ci dirigeait une yeshiva à Jérusalem et était reconnu partout à travers le monde comme un homme brillant (*gaon*) et un grand penseur.

Au début des années 1920, le *rav* Kook a visité Montréal[128] en compagnie de deux autres esprits exceptionnels, soit le *rav* Shapira[129], rabbin de Kovno, et le *rav* Moishe Mordecai Epstein[130]. Ces personnalités effectuaient alors une tournée des communautés juives nord-américaines, dans

---

127. RABBIN ABRAHAM ISAAC KOOK (1865-1935). Né en Latvie, il fut le premier grand rabbin de rite ashkénaze de la Palestine juive moderne. Kook émigra dans la région en 1904 pour devenir rabbin de la ville de Jaffa. Sioniste convaincu, contrairement à la plupart des rabbins ashkénazes de son temps qui habitaient la Palestine, et mystique de premier ordre, Kook ne dédaignait pas se mêler des questions politiques touchant la vie juive à Jérusalem et ailleurs en *Eretz-Israel*.

128. Cette visite eut lieu au début du mois de mai 1924.

129. Il s'agit du rabbin Avraham Dov Ber Kahane Shapira.

130. RABBIN MOISHE MORDECAI EPSTEIN (1866-1933). Talmudiste de renommée et adepte tôt dans sa vie du mouvement sioniste, il est nommé en 1893 directeur de la *yeshiva* de Slobodke, en Lituanie, poste qu'il occupa jusqu'à sa mort.

le but de soutenir les fondements institutionnels de la connaissance religieuse juive traditionnelle.

Le rabbin Meir Berlin[131] était aussi considéré comme l'une des sommités du Mizrachi. Il appartenait à une famille lituanienne qui comptait en son sein un grand nombre d'érudits dans le domaine religieux. Son père, le rabbin Naphtali Zvi Judah Berlin[132], avait fondé la yeshiva de Volozhin, qui était à cette époque l'une des plus réputées de Russie.

Au nombre des piliers du Mizrachi il y avait aussi le rabbin Yehuda Leib Fishman[133]. Ce dernier s'est illustré en particulier dans deux domaines, soit la sphère culturelle et le monde de la politique. Le rabbin Fishman comptait parmi les plus talentueux de sa génération et avait signé un grand nombre de livres consacrés au judaïsme. Il intervenait aussi fréquemment pour ce qui est des questions relevant de la mobilisation politique autour du sionisme. Membre de l'Agence sioniste[134], il prit part à la lutte intense contre le mandat britannique et contre les politiques anti-sionistes que cette administration avait mises en place avant la naissance de l'État d'Israël.

* * *

Au cours des années qui ont suivi la grande migration, les Juifs religieux n'avaient pas été très actifs au sein de la communauté. Il ne se trouvait en

---

131. RABBIN MEIR (BAR-ILAN) BERLIN (1880-1949). Né à Volozhin, en Russie, il se joint au Mizrachi en 1905. Secrétaire général du mouvement en 1911, il émigre aux États-Unis en 1915, puis à Jérusalem en 1926. L'Université Bar-Ilan, près de Tel-Aviv, fut fondée par la branche américaine du mouvement Mizrachi en 1955 en son honneur.

132. RABBIN NAPHTALI ZVI JUDAH BERLIN (1817-1893). L'un des plus grands rabbins de sa génération, né à Mir en Biélorussie, et directeur de la *yeshiva* de Volozhin pendant près de 40 ans, dont il fit un des plus grands centres intellectuels de la Russie juive. Sioniste de la première heure et partisan dès la fin du XIXᵉ siècle de l'établissement de colonies agricoles juives en Palestine.

133. RABBIN YEHUDA LEIB FISHMAN (1875-1962). Né en Bessarabie, il se joint au Mizrachi en 1906 et émigre en Palestine juive en 1913. Un des fondateurs, en 1921 avec le rabbin Kook, du rabbinat de Palestine et auteur de nombreux ouvrages savants de nature religieuse. Fishman fut ministre des Affaires religieuses dans le premier gouvernement israélien de 1948.

134. Organisation internationale basée à Jérusalem, créée en 1929 selon les termes du mandat accordé en Palestine à la Grande-Bretagne par la Société des Nations. Son objectif principal était de canaliser les efforts des Juifs partout à travers le monde en vue de permettre la création d'un foyer national juif en *Eretz-Israel*.

effet dans leur cas pas suffisamment d'enjeux immédiats autour desquels articuler des interventions précises. Le souci principal des pratiquants résidait en ce que les événements sionistes organisés à Montréal ne soient pas détachés complètement de la tradition religieuse. Ces derniers combattirent en particulier la tendance manifestée par certains groupes de vouloir séparer le judaïsme et le nationalisme juif, ou si l'on préfère le sionisme.

Le rabbin Zvi Cohen, qui était le président du rabbinat montréalais (*yoysher-rosh*), comptait lors des années 1920 et 1930 parmi les adeptes les plus fervents du Mizrachi au Canada. Des rabbins importants de Toronto et Winnipeg siégeaient aussi au sein des instances dirigeantes de ce mouvement.

Les leaders du Mizrachi se préoccupaient avant tout de mobiliser les synagogues en vue de l'érection d'un foyer national juif en Palestine. Plusieurs administrateurs et présidents de ces congrégations religieuses militaient d'ailleurs au sein du Mizrachi et occupaient des postes de haut niveau dans le mouvement. Ils formaient ainsi la majorité des délégués lors des assemblées générales du Mizrachi, auxquelles se rendaient aussi des rabbins venus des grandes villes canadiennes et aussi des leaders de premier plan résidant aux États-Unis. L'invité de marque à ces rencontres était souvent le rabbin Meir Berlin ou encore le rabbin Ze'ev Gold[135]. Ces individus avaient l'habitude de parler devant de grandes foules et leurs discours, prononcés dans un yiddish très près du peuple, soulevaient un enthousiasme fou auprès des simples gens qui appartenaient à la tendance religieuse de la communauté.

Lors d'activités concrètes en faveur d'*Eretz-Israel*, ou pour ce qui concernait les collectes de fonds, les partisans du Mizrachi avaient l'habitude de travailler en étroite collaboration avec les sionistes dits modernes. En de pareils cas, les religieux n'hésitaient pas à faire front commun avec tous ceux qui avaient à cœur le développement de la Palestine juive. On voyait souvent aux congrès sionistes de la tendance dominante des militants du mouvement Mizrachi, et on les considérait alors parmi les délégués les plus respectables. Ces derniers se distinguaient surtout des autres adeptes de la Palestine juive du fait qu'ils étaient issus des couches

---

135. RABBIN ZE'EV GOLD (1889-1956). Né en Pologne, émigré aux États-Unis en 1907, il est un des principaux organisateurs du mouvement Mizrachi américain. Il s'installe en Palestine juive en 1935.

populaires et s'exprimaient avant tout en yiddish. Au nombre des publicistes les plus appréciés à cette époque parmi les *Mizrachim* se trouvait Gedaliah Bublick[136], qui écrivait dans le *Yidishes Tageblat*[137] (*Le Quotidien juif*), et qui était une des personnalités les plus actives au sein du mouvement.

À la fin des années 1930 et au cours de l'après-guerre immédiate, le Mizrachi gagna beaucoup en notoriété et en influence. Le rabbin Meir Berlin, un des dirigeants du mouvement, vit son nom associé de très près à la construction de l'Université Bar-Ilan en Israël. La création de cette institution de haut savoir, dont la réputation ne cesse de grandir, constitue un des accomplissements marquants du Mizrachi, auquel prirent part d'une manière déterminante ses adeptes canadiens.

Chaque fois que l'influence des Juifs pratiquants augmentait au sein de la communauté montréalaise, il en allait de même pour ce qui était du rayonnement du Mizrachi. Cette organisation représente aujourd'hui, sous le leadership de Joel Sternthal, président national, et du rabbin Tsemach Zambrowsky, directeur général, une composante importante de la mouvance sioniste canadienne.

---

136. GEDALIAH BUBLICK (1875-1948). Journaliste et leader sioniste orthodoxe né en Russie et émigré aux États-Unis en 1904. Un des fondateurs de l'American Jewish Congress et du mouvement Mizrachi américain.

137. Quotidien de langue yiddish fondé à New York en 1885. Le *Yidishes Tageblat* représentait le point de vue de l'orthodoxie religieuse, tout en défendant l'idéal sioniste.

QUERELLES AU SEIN DE LA COMMUNAUTÉ

Une dispute concernant la question scolaire surgit au moment
de la fondation du Congrès juif canadien. Une campagne électorale
qui a sème la division dans la communauté.

L A PREMIÈRE ASSEMBLÉE DU CONGRÈS JUIF CANADIEN eut lieu dans le
but d'unifier tous les Juifs du pays, en vue de résoudre des questions
importantes auxquelles la communauté devait faire face. Cette solidarité
cependant ne dura que quelques années puis s'estompa peu à peu.

Le Congrès réunit la population juive autour d'objectifs comme le
développement d'*Eretz-Israel* et le secours à apporter aux communautés
victimes de graves difficultés en Europe de l'Est. La volonté de soutenir
la Palestine juive n'était toutefois pas unanime. Certains cercles en effet
manifestaient toujours une réticence à entretenir des rapports positifs
avec le mouvement sioniste, mais ils ne faisaient pas obstruction non plus
au travail de mobilisation entrepris par la majorité. Simplement ils restaient à l'écart et laissaient les sionistes poursuivre les buts qu'ils s'étaient
fixés. Parfois, ces opposants consentaient même à poser un geste amical et
contribuaient aux collectes de fonds au profit d'*Eretz-Israel*. Ces Juifs par
contre refusaient de joindre les rangs de la mouvance sioniste et ne s'iden-
tifiaient pas non plus à la lutte pour l'établissement d'un foyer national en
Palestine.

Toute la population juive canadienne faisait par ailleurs front commun
pour voler au secours de leurs co-religionnaires est-européens. Quels que
soient leurs opinions politiques ou leurs choix idéologiques, les Juifs de
toutes tendances appuyaient avec la dernière énergie les efforts consentis
en faveur des victimes de la guerre, ou ceux ayant subi des pogroms,

même si sur le terrain cette responsabilité était prise en charge par différentes organisations.

Lorsque la question des écoles fit surface, la communauté se scinda autour de cet enjeu en plusieurs factions opposées. Il en résulta un climat d'affrontement prononcé qui mit à mal l'unité réalisée par le Congrès et finit par nuire à son action, à telle enseigne que l'organisation cessa pratiquement d'exister.

Les Juifs de Montréal étaient divisés en trois clans pour ce qui est de l'attitude à adopter face à la question scolaire. Un premier groupe était d'avis que la communauté devait se saisir de cette occasion pour créer son propre réseau d'écoles juives. Dans ces institutions contrôlées par des Juifs, on pourrait offrir aux enfants un nouveau programme centré sur l'étude du judaïsme. Serait ainsi formée une nouvelle génération tôt sensibilisée à son identité nationale juive et consciente de ses origines.

Les adversaires d'une commission scolaire juive avançaient pour leur part que les Juifs n'avaient pas les ressources matérielles pour administrer leur propre réseau d'écoles. Un deuxième groupe d'opposants craignaient que les élèves éduqués dans ces maisons d'enseignement strictement judaïques rencontreraient ensuite des difficultés à s'intégrer à la société canadienne, car leur anglais laisserait à désirer et cela nuirait à leur cheminement de carrière.

Au départ, la dispute, qui avait pris des proportions inattendues, tournait autour de questions techniques. Plus tard cependant, le conflit revêtit une couleur nettement plus idéologique, qui tenait à différentes façons de concevoir l'identité juive et le futur du peuple juif.

Finalement, des camps se formèrent qui défendaient chacun une idéologie bien précise. D'une part il y avait les nationalistes, qui ne voyaient aucune contradiction à défendre à la fois l'expression d'une identité juive forte et l'appartenance au Canada ; et de l'autre des gens qui croyaient que la création d'un réseau d'écoles juives séparées mènerait à l'apparition de ghettos au beau milieu de la société canadienne. Ces derniers considéraient l'option des premiers comme une sorte de « séparatisme culturel » qui, pensaient-ils, allait contre la tendance dominante au sein de la vie canadienne en général.

Ce débat se déroula de manière passionnée et laissa beaucoup d'aigreur de part et d'autre. Plusieurs assemblées importantes et des conférences furent tenues à ce sujet au Prince Arthur Hall, qui était alors la salle la plus utilisée à Montréal pour des réunions à caractère populaire et pour les mariages. La querelle culmina à l'occasion d'une élection provinciale, en particulier pendant la lutte que se livrèrent différents candidats dans la circonscription de Montréal–Saint-Louis, laquelle était peuplée essentiellement de Juifs.

Pendant cette campagne[138], les partisans d'un réseau scolaire juif séparé soutinrent la candidature de Louis Fitch, qui se présentait contre Peter Bercovitch. Celui-ci était considéré comme une des figures dominantes du groupe qui s'élevait contre la position dite « séparatiste ». Bercovitch appartenait de plus au Parti libéral et était un des députés les plus en vue du gouvernement Taschereau. Il avait aussi été le premier Juif à être élu à la législature provinciale par un électorat composé en majorité de Juifs récemment immigrés. Le parti pris de Bercovitch contre les écoles juives autonomes choqua profondément les milieux nationalistes, qui décidèrent de lui faire la lutte sur ce thème.

Peter Bercovitch était un avocat fort compétent. Il était actif au sein de la structure communautaire juive montréalaise, où il prenait part avec courage à la lutte contre l'antisémitisme, et se dépensait sans compter en faveur des Juifs victimes en Europe de discrimination. Bercovitch, de plus, était le défenseur attitré des syndicats de la confection, ce qui l'avait rendu populaire auprès des travailleurs et des petites gens.

Louis Fitch possédait quant à lui une réputation d'intellectuel et avait été éduqué dans un milieu religieux orthodoxe. Il était de plus l'un des principaux animateurs du mouvement sioniste canadien. Sur le plan politique, il penchait plutôt du côté du Parti conservateur.

Les rencontres qui eurent lieu en faveur de Fitch prirent un caractère plus culturel que politique. Y prirent part des orateurs qui étaient connus comme activistes culturels et aussi des nationalistes juifs convaincus. Les personnes qui s'exprimèrent dans ce contexte insistèrent sur l'importance de créer sur le continent américain un réseau scolaire complètement sous le contrôle des communautés juives locales. Parmi les personnalités qui vinrent appuyer Fitch se trouvaient le rabbin Cohen et Reuben Brainin, qui tous deux ne se mêlaient habituellement sous aucun prétexte de questions politiques. Ces deux esprits crurent toutefois bon de faire exception à la règle dans le cas d'un enjeu aussi important que l'établissement

---

138. Fitch et Bercovitch s'affrontèrent lors de l'élection générale du 16 mai 1927. La majorité de Bercovitch sur Fitch avait été de 436 voix, ce qui à l'époque était considéré comme un score respectable.

de maisons d'enseignement juives séparées. Dans leurs discours respectifs, Cohen et Brainin s'en prirent violemment au penchant de certains à prôner l'assimilation des Juifs au milieu ambiant. Ils avancèrent aussi que des Juifs bien au fait de leurs origines culturelles, et possédant la somme des savoirs judaïques, deviendraient de meilleurs citoyens canadiens que ceux dont l'éducation sous cet aspect restait déficiente, ou qui ignoraient tout du judaïsme. Lors des assemblées en faveur de Bercovitch, les orateurs tentaient plutôt de convaincre l'auditoire qu'il serait illusoire de penser pouvoir administrer un réseau scolaire autonome, dans une ville où les Juifs ne formaient qu'une minorité négligeable.

Dans les milieux chrétiens on n'exprimait guère de réticence à l'idée de créer un système d'écoles juives séparées. Les cours canadiennes[139] avaient d'ailleurs reconnu que les Juifs étaient en droit de réclamer un tel arrangement. Le premier ministre Taschereau[140] déposa même une loi[141] selon laquelle les Juifs pouvaient, si tel était leur bon vouloir, mettre sur pied une commission scolaire juive.

Bercovitch sortit vainqueur de cette campagne électorale. Les partisans d'institutions scolaires juives autonomes se réjouirent toutefois de ce que les cours de justice leur avaient donné raison. Avec le temps, le conflit autour de cet enjeu finit par s'atténuer peu à peu.

---

139. La Cour suprême du Canada confirma en février 1926 un jugement émis par la Cour d'appel du Québec l'année précédente, et qui validait la possibilité pour le gouvernement québécois de créer un fonds de taxation scolaire spécifiquement réservé aux Juifs. En février 1928, le Conseil privé de Londres avalisait la décision rendue publique en 1926 par la plus haute cour canadienne.

140. LOUIS-ALEXANDRE TASCHEREAU (1867-1952). Avocat, membre du Parti libéral et premier ministre du Québec de 1920 à 1936.

141. Il s'agit de la loi David adoptée le 4 avril 1930 au Parlement de Québec. Cette loi fut abrogée exactement un an plus tard par le même gouvernement.

LE KRACH DE 1929

Le passage subit de la prospérité à la dépression économique.
Des magnats de la bourse se retrouvent sans le sou.
Comment la situation finit par se « normaliser ».

AU COURS DES ANNÉES 1920, tandis qu'en Europe on se relevait à peine des terribles destructions laissées par le premier conflit mondial, ici sur le continent américain l'ensemble de la population avait le bonheur de connaître la prospérité économique. Les gens dépensaient beaucoup d'argent et menaient une vie facile. C'était la période où le jazz régnait en maître et où les théâtres accueillaient les premières grandes comédies musicales. Les « stars » prenaient d'assaut Hollywood et le nombre des citoyens à l'aise financièrement ne cessait de croître.

Tous naturellement ne tiraient pas parti du climat de prospérité. Des couches importantes de la société étaient toujours privées de richesses, surtout les travailleurs manuels. Ceux-ci croyaient malgré tout que leur pauvreté matérielle n'était que temporaire, et que tôt ou tard eux aussi verraient la chance leur sourire. Bientôt ils seraient entraînés dans cette ronde de prospérité qui apportait l'aisance et la joie de vivre à tant de gens.

Une des façons les plus courantes à l'époque de s'enrichir consistait à investir sur le marché de la bourse. N'importe qui pouvait détenir des actions et s'intéresser à ce qui se passait sur Wall Street. Même le premier venu avait la possibilité d'entrer dans la ronde, soit acheter des parts et gagner beaucoup d'argent sans aucun problème.

La bourse attirait riches comme pauvres. Les puissants investissaient de grosses sommes, et les simples travailleurs, des économies s'élevant à peine à quelques centaines de dollars, montant qu'ils avaient mis de côté en vue de jours plus difficiles.

Les commerçants passaient plus de temps dans les bureaux de leur courtier en valeurs mobilières qu'auprès de leurs propres clients. D'autres étaient allés encore plus loin. Certains marchands avaient même liquidé toutes leurs affaires, vendu leur magasin ou leur atelier de confection, et avec cet argent s'étaient procuré encore plus d'actions en bourse. Ils faisaient ainsi des profits bien plus rapidement, sur papier, que s'ils avaient gardé leur entreprise. Le marché boursier progressait à un rythme tel que certains titres étaient cotés vingt ou trente fois plus que leur valeur réelle. Il était inévitable qu'une telle situation ne puisse durer bien longtemps.

Un jour, la bourse s'est effondrée[142]. Les richesses accumulées par beaucoup de gens s'envolèrent en fumée du jour au lendemain.

La chute brusque des valeurs mobilières accula à la faillite un grand nombre d'entreprises. Aux États-Unis, même des banques et des conglomérats financiers durent fermer leurs portes. Les banques à charte canadiennes par contre furent protégées grâce à l'intervention du gouvernement. Bien peu de personnes au pays toutefois purent échapper aux conséquences de cette crise qui allait atteindre toutes les couches de la société. Des manufacturiers cessèrent de produire et bien des travailleurs perdirent leur emploi. De ce nombre, les entreprises appartenant à des Juifs, autant dans le domaine de la confection que dans celui du textile, furent les plus touchées.

Dans les circonstances, les organismes de charité n'avaient plus assez de ressources pour venir en aide à tous ceux qui se trouvaient dans le besoin. Les contributeurs d'hier étaient maintenant ruinés à tel point qu'ils ne valaient guère plus que les pauvres qu'ils soutenaient de leurs dons il n'y a pas si longtemps. Un commerçant qui possédait une automobile devait dorénavant se soucier de dénicher suffisamment d'argent pour pouvoir se payer quelques gallons d'essence.

Un grave problème se développa au niveau du chômage. Beaucoup de gens arpentaient les rues en quête d'emplois qui n'existaient nulle part. Au même moment, d'autres travailleurs désœuvrés se rendaient à l'hôtel de ville pour réclamer du pain. C'est ainsi que l'administration municipale dut dans ce contexte organiser des secours immédiats.

---

142. Cet événement se produisit le 24 octobre 1929 à New York.

Les quelques faits qui suivent suffiront au lecteur pour prendre toute la mesure de la détresse qui s'étendit à ce moment au sein de la population juive montréalaise.

Le *Keneder Odler* lança un appel à ceux qui avaient réussi à se soustraire aux effets de la crise, afin qu'ils contribuent à un fonds destiné à venir en aide aux victimes de la dépression économique. Les sommes ainsi recueillies serviraient non pas à soutenir les pauvres de longue date, mais ceux que les événements des dernières semaines avaient jetés à la rue et qui étaient jusque-là des commerçants établis et des propriétaires. Le partage des sommes avait lieu dans les bureaux du *Keneder Odler*, et était fait par quelques personnes bien en vue qui géraient cette collecte de fonds. On apportait d'ailleurs la plupart des contributions directement au *Keneder Odler*. J'avais l'occasion comme employé du journal de venir en aide aux membres de ce comité et de voir à ce que la distribution ait lieu dans le calme, c'est-à-dire que les personnes secourues ne se bousculent pas au moment de recevoir leur part. Le problème aussi était d'être bien assuré que l'aide consentie reste secrète.

Cela n'était guère possible toutefois. L'on répétait souvent par ailleurs que des gens ne mangeaient pas à leur faim dans le quartier juif. Un mouvement prit donc forme pour ouvrir une soupe populaire, auquel prirent part les dirigeants du *Poale-Zion*, du *Farband* et de l'*Arbeter Ring*. H. Hershman fut le principal responsable de cette initiative qui s'étendit sur environ deux ans, soit jusqu'à ce que la situation économique se rétablisse.

Aux États-Unis, le président Roosevelt[143] profita de l'occasion pour proclamer le New Deal et ainsi venir en aide à une économie victime d'un effondrement complet. Dans ce pays, la crise fut ressentie plus profondément qu'au Canada. D'importantes banques durent déclarer faillite, ce qui causa la perte d'entreprises pourtant bien établies. Voyant cela, Roosevelt confia la direction des affaires à un *brain-trust* composé d'économistes réputés, dont la tâche n'était rien de moins que d'assainir la structure financière américaine.

---

143. FRANKLIN DELANO ROOSEVELT (1882-1945). Élu en 1933, au plus fort de la crise économique qui secouait son pays et le monde entier, il mit en place des mesures qui éloignaient la société américaine du libéralisme étatique pratiqué jusque-là. Il resta à la tête des États-Unis jusqu'à son décès, soit au cours des dernières semaines de la Deuxième Guerre mondiale.

L'économie reprit du mieux quand les pays se préparèrent de nouveau à la guerre. Une fois de plus la scène politique européenne fut bouleversée par une série de retournements dramatiques. Hitler[144] mit fin au régime de Weimar en Allemagne et commença à réarmer son pays sur une grande échelle. Les Alliés perdirent alors l'emprise qu'ils avaient sur le peuple allemand et le traité de Versailles ne tarda pas à être renié par les vaincus. En Italie, Mussolini[145] gouvernait appuyé des chemises noires fascistes, pendant qu'en Allemagne les nazis répandaient la terreur grâce aux manœuvres des chemises brunes. Pendant ce temps, Hitler menaçait de déclarer la guerre au monde entier afin de briser l'élan du communisme et la domination des Juifs. À cette époque, on ignorait encore si Hitler prévoyait attaquer d'abord les communistes à l'est ou les démocraties à l'ouest.

Au moment de la crise économique, les gouvernements avaient dépensé d'importantes sommes d'argent pour soutenir l'emploi, en bâtissant par exemple des routes et en lançant d'autres projets d'intérêt commun. On tentait ainsi de réduire substantiellement le nombre des chômeurs. Les pouvoirs publics se tournèrent ensuite du côté des industries à vocation militaire et peu à peu l'économie se redressa.

---

144. ADOLF HITLER (1889-1945). Arrivé sur le devant de la scène politique à la suite d'un putsch mené en novembre 1923, à Munich, qui lui permit de faire connaître ses idées au public allemand, il profita des conditions économiques très difficiles des années 1929-1933 pour propulser un parti marginal d'extrême droite au cœur du Parlement de Weimar. Choisi chancelier en janvier 1933, Hitler suspendit au cours des mois qui suivirent les libertés fondamentales et établit sa dictature personnelle. Les historiens lui reconnaissent une responsabilité directe dans le déclenchement en septembre 1939 de la Deuxième Guerre mondiale, qui allait aboutir en mai 1945 à la défaite militaire de son pays et à l'élimination de six millions de Juifs européens.

145. BENITO MUSSOLINI (1883-1945). Fondateur en 1919 d'un mouvement politique antiparlementaire, réactionnaire et totalitaire appelé « Faisceaux italiens de combat ». Appelé en 1922 par le roi d'Italie à prendre la tête du gouvernement, il imposa sa dictature en 1926 et un régime de parti unique en 1928. Allié aux nazis en 1936 par un pacte formel, Mussolini rangea son pays du côté de l'Allemagne pendant la Deuxième Guerre mondiale. Il fut exécuté en 1945 par des partisans en tentant de fuir l'Italie.

LES PREMIERS AVERTISSEMENTS
EN PROVENANCE D'ALLEMAGNE

Hitler lance ses attaques contre les Juifs, le traité de Versailles
et la constitution de la république de Weimar. Son alliance
avec Ludendorff. Le putsch imaginé par les nazis échoue.

L'ON ENTENDIT PARLER DE HITLER pour la première fois au tout début
des années 1920. Au départ, on le considéra comme un imbécile
qu'il ne convenait pas de prendre trop au sérieux.

Après un certain temps toutefois, on commença à se rendre compte
que son nom figurait plus souvent dans l'actualité, que les rencontres
politiques auxquelles il prenait part attiraient l'attention et qu'il se trouvait
parmi ses partisans des officiers et des soldats. C'est alors que l'on se mit
à craindre l'agitation antisémite qu'il se faisait fort de déployer sur la place
publique.

Adolf Hitler entreprit sa carrière de chef de parti à Munich, en
Bavière, une région qui était alors secouée par des manifestations de rues
et des troubles politiques. Ces difficultés découlaient de l'application du
traité de Versailles, lequel imposait de lourdes pénalités à l'Allemagne
vaincue par les Alliés. Un peu partout, les Allemands protestaient et se
révoltaient contre les réparations que leur pays devait maintenant payer.
Ces démonstrations étaient particulièrement aiguës en Bavière, à tel point
que le gouvernement provisoire de cette région s'insurgea contre l'autorité
centrale basée à Berlin, et qui était entre les mains de sociaux-démocrates,
soit le président Friedrich Ebert[146] et le chancelier Philipp Scheidemann[147].

---

146. FRIEDRICH EBERT (1871-1925). Premier président de la république de Weimar, de
1919 à 1925.
147. PHILIPP SCHEIDEMANN (1865-1939). Premier ministre de la république de
Weimar lors de sa proclamation en 1919.

Les dirigeants des pays alliés n'avaient eu aucun remords à imposer à Versailles des conditions très dures à l'Allemagne. Ils avaient de plus insisté pour chasser du pouvoir le kaiser et la noblesse militariste allemande. Ce dernier dut donc abdiquer et il s'exila en Hollande. On permit toutefois aux généraux Ludendorff[148], Hindenburg[149] et à quelques autres de rester en Allemagne, mais pas d'entrer au gouvernement. Ce sont plutôt les socialistes qui prirent en main à cette époque la gestion du pays, et qui rédigèrent une constitution libérale et démocratique, mieux connue sous le nom de régime de Weimar.

Les Allemands obtinrent ainsi un climat de libertés et de gouverne démocratique auquel le régime du kaiser ne les avait pas habitués, et ils se détachèrent du militarisme de l'ancienne élite possédante. Sans doute cela ne leur manqua-t-il pas beaucoup. Il en alla tout autrement cependant quand l'économie de l'Allemagne entra dans une phase de grande instabilité. Les Alliés s'emparèrent de l'industrie lourde et mirent fin à la production d'armements, qui était très développée dans ce pays. L'Allemagne devint tout à coup une société privée de tout sur le plan matériel, et profondément marquée par la pauvreté. Un grand nombre de citoyens se retrouvèrent sans travail, dont plusieurs anciens soldats et officiers respectables.

Cette situation rendit les Allemands très amers. Ils prêtèrent alors l'oreille à des agitateurs qui prônaient la révolte contre les Alliés et le rejet des dispositions du traité de Versailles. Apparurent aussi des regroupements communistes, lesquels poussaient les travailleurs à la grève et à la rébellion sociale. Souvent des rixes éclataient entre les ouvriers qui militaient en faveur des communistes et d'autres qui appuyaient les socialistes.

Voilà le contexte qui permit la montée d'Adolf Hitler, celui par lequel s'ouvrit dans l'histoire du monde une nouvelle période remplie d'événements tragiques.

---

148. ERICH LUDENDORFF (1865-1937). Général allemand au cours de la Première Guerre mondiale, il participa en novembre 1923, avec Hitler et d'autres conjurés, au putsch de Munich contre la république de Weimar.

149. PAUL VON HINDENBURG (1847-1934). Nommé chef du Grand État Major général allemand en 1916, il resta à la tête de l'armée au moment de l'Armistice de 1918. Élu à la présidence de la république de Weimar en 1925, puis encore en 1932, il fut celui qui appela au pouvoir Adolf Hitler en 1933.

Hitler entreprit de s'adresser à des gens laissés sans ressources et réduits au désespoir, à des chômeurs et à tous ses compatriotes déçus par les circonstances. Ses discours attirèrent un grand nombre d'auditeurs.

Hitler s'en prit aux communistes et aux socialistes comme des adeptes d'une doctrine issue de Karl Marx[150], qu'il décrivit comme un Juif[151].

L'Allemagne, ne cessait-il de répéter, était menacée par la Russie d'un côté, et par la France et la Grande-Bretagne de l'autre. La Russie avait à sa tête Léon Trotski, un Juif, tandis que la France et la Grande-Bretagne se trouvaient sous le joug des Rothschild[152], tout aussi juifs.

Les Juifs, prétendit-il, étaient à la source de tous les maux de l'Allemagne et avaient fini par s'accaparer tout l'or du pays, c'est-à-dire les banquiers qui administraient les institutions financières de Paris, Londres et Wall Street.

Hitler finit par attirer l'attention des militaristes et des magnats de l'industrie allemande. Ils virent en lui une force qui pourrait leur être utile dans le combat qu'ils menaient contre les communistes qui les effrayaient tant, et contre la constitution démocratique de la république de Weimar qu'ils détestaient. Voilà comment Hitler obtint pour son mouvement l'appui de personnalités importantes.

Parmi ses proches amis on comptait le chef estimé de l'ancienne armée impériale, le général Ludendorff.

Comme je l'ai mentionné plus haut, dans les premiers temps on ne prit guère Hitler au sérieux. On crut que son pouvoir resterait limité et que son agitation serait sans conséquence. Les observateurs ne tardèrent pas à noter cependant que son influence allait grandissante, qu'il recevait un soutien financier considérable, entre autres en sous-main de groupes très puissants qui étaient fortement opposés à la république de Weimar.

---

150. KARL MARX (1818-1883). Philosophe et économiste allemand, il développa la théorie du matérialisme historique qui se voulait une explication du développement du capitalisme. Il joua un rôle déterminant au sein de la première Internationale et prôna la mise en œuvre de moyens révolutionnaires pour modifier les rapports de force au sein de la société.

151. Les origines juives de Karl Marx doivent être relativisées du fait qu'il ne reçut pas une éducation judaïque au sens strict du terme, et resta toute sa vie à l'écart des grands débats internes à cette tradition.

152. Famille de banquiers juifs originaires de Francfort en Allemagne au début du XIXe siècle, et dont la fortune était une des plus considérables d'Europe. Les Rothschild étaient perçus à l'époque par les antisémites comme l'archétype même d'une force occulte au service des seuls intérêts du peuple juif.

On se mit aussi à redouter qu'il se passe en Allemagne ce que l'Italie avait connu en 1922 quand Benito Mussolini, autrefois rédacteur d'une revue socialiste, avait marché sur Rome pour installer au pouvoir la dictature fasciste.

Plusieurs Juifs allemands s'inquiétèrent du contexte ambiant et sentirent que leur vie était en danger. Une partie des membres de la communauté se décidèrent ainsi à quitter le pays et à chercher une nouvelle patrie.

À cette époque, il arriva que beaucoup de familles juives assimilées retrouvent le sens de leurs origines juives et s'intéressent même au sionisme. Un certain nombre de Juifs allemands s'établirent ainsi en *Eretz-Israel*.

Les répercussions des idées hitlériennes se firent aussi sentir fortement dans d'autres pays, et des Juifs qui ignoraient tout de leurs racines se tournèrent dans ce contexte vers le nationalisme juif.

Le nazisme naturellement interpella vivement, sur le plan psychologique, la jeunesse et l'intelligentsia juive.

Une part importante des intellectuels d'origine juive s'engagèrent au sein de mouvements qui combattaient le fascisme et l'hitlérisme. Le but ultime de ces regroupements était de réunir en un front commun, contre l'influence fasciste qui prenait de l'ampleur dans certains milieux, toutes les forces libérales et démocratiques allemandes. Les intellectuels juifs restaient en effet persuadés que le courant de pensée nazi faisait courir un grave danger au peuple juif, même au sein des pays respectueux des libertés.

Les circonstances en Allemagne déclenchèrent une intensification de la mobilisation en faveur d'*Eretz-Israel* et un durcissement des efforts de la part des sionistes. De plus en plus, l'impression se répandit que les Juifs n'étaient plus en sécurité, même dans les pays accueillants à leur endroit. Dans la plupart des cercles juifs l'on peinait à comprendre comment un antisémitisme aussi grossier et vulgaire avait pu se développer dans un pays reconnu en Europe pour sa haute tradition culturelle. Si l'Allemagne était le théâtre d'événements porteurs d'une pareille signification, pourquoi le mal ne s'étendrait-il pas aussi à d'autres pays civilisés ?

À peine quelques années plus tôt, voire jusqu'au déclenchement de la Grande Guerre, plusieurs Juifs originaires de différents pays étaient encore persuadés que l'Europe demeurait un continent libre de toute forme d'antisémitisme. L'opinion générale au sein des diverses communautés était, qu'au fur et à mesure que les socialistes seraient portés au pouvoir dans les différentes régions de l'Europe, de même l'ensemble des droits et des libertés seraient accordés aux Juifs. Les partis politiques défendant le socialisme avaient en effet gagné du terrain non seulement dans les pays vaincus, comme l'Allemagne et l'Autriche, mais également en France, en Grande-Bretagne et en Scandinavie. On s'était aussi convaincu que les Juifs russes n'avaient rien à craindre de leur gouvernement, tellement il se trouvait de noms à consonance juive au sein de la classe dirigeante soviétique. Aucun doute, croyait-on, que dans une telle société les Juifs oublieraient vite les souffrances de l'exil.

Dans les cercles juifs où l'on croyait assuré sur le continent européen un avenir marqué par les valeurs démocratiques et le socialisme, l'on ne prêtait guère attention aux aspirations des sionistes. Pour ces gens, l'expression *goles* (exil douloureux) ne convenait plus pour décrire la vie juive contemporaine. Ce genre d'illusion fut brisé quand Mussolini prit le pouvoir en Italie et quand Hitler apparut en Allemagne. Sans doute Mussolini ne se présentait-il pas sous les traits d'un antisémite, mais il réduisit tout de même à néant l'idée que l'Europe se dirigeait unanimement vers des régimes défendant la démocratie et le socialisme.

Il se trouvait d'autre part des Juifs pour penser que Hitler ne connaîtrait pas une longue carrière politique, et que son Parti national-socialiste s'effondrerait.

En 1923, Hitler, appuyé de sympathisants nazis, tenta un putsch contre le gouvernement provisoire installé en Bavière. L'affaire se termina par un fiasco. Hitler fut écroué et poursuivi en justice en compagnie de dix autres conjurés, dont l'ex-général Ludendorff. Ce dernier fut libéré sans condition, tandis que Hitler était déclaré coupable de haute trahison et condamné à cinq ans de prison. Cette sentence fut jugée fort clémente, ce qui donnait à penser que les juges partageaient les idées politiques du prévenu. Finalement Hitler ne resta derrière les barreaux que huit ou neuf mois, et on le relâcha sur la foi de sa bonne conduite.

Lorsque Hitler se retrouva à nouveau libre, le Parti nazi avait régressé dans l'opinion publique. La situation économique en Allemagne s'était notablement améliorée, grâce entre autres à des arrangements d'ordre financier auxquels les Alliés, dont surtout les États-Unis, avaient consenti relativement au paiement des réparations de guerre.

Quand les nazis perdirent leur visibilité politique, et que Hitler cessa de mener son agitation concernant la destruction par la force de la république de Weimar, plusieurs Juifs allemands eurent l'impression que la menace était disparue et qu'il n'y avait plus de raisons de s'inquiéter de la carrière de cet individu. De toute évidence, ces gens ne se doutaient pas que, quelques années plus tard, le Parti national-socialiste se retrouverait à la tête de l'Allemagne.

LA MONTÉE D'ADOLF HITLER

L'effondrement de l'économie allemande après le krach financier
de 1929. Comment les nazis prirent le pouvoir. L'impression pénible
laissée par cet événement au sein de la communauté juive.

L E KRACH DE WALL STREET, qui eut lieu en 1929, et dont nous avons
déjà traité dans un chapitre précédent, eut des conséquences sur un
grand nombre de pays européens, surtout ceux qui étaient liés de très près
à la structure économique américaine.

Cette débâcle boursière conduisit à la ruine plusieurs entreprises et
institutions financières, dont certaines étaient situées en Angleterre, en
France et en Allemagne.

Dans ce dernier pays, les événements de 1929 provoquèrent une crise
économique grave et déstabilisèrent la vie politique. Grâce à ce climat,
l'étoile d'Adolf Hitler se mit à briller de nouveau. Le Parti national-
socialiste devint le plus important du Reichstag[153] et son influence en vint
à dominer l'Allemagne.

Après le krach de 1929, des nouvelles alarmantes parvinrent une fois
de plus d'Allemagne à propos des agissements des nazis, lesquels se
montraient agressifs comme jamais et dont l'audace grandissait de jour en
jour. Au sein des communautés juives américaine et canadienne, l'on
pouvait facilement observer que les Juifs allemands couraient désormais
un grand péril. Il en allait de même dans toute l'Europe.

---

153. Nom donné à la chambre basse du Parlement dans le régime démocratique de la
république de Weimar, soit de 1919 à 1933.

Pour comprendre le retour de Hitler sur l'avant-scène politique, il convient de se reporter quelques années en arrière, lorsque le leader nazi avait été mis aux arrêts suite à son putsch manqué à Munich.

Après cette tentative infructueuse, Hitler était resté quelques mois en prison, peut-être moins d'un an, et lorsqu'il avait été libéré déjà les tensions politiques en Allemagne s'étaient apaisées et l'économie avait repris du mieux.

Le président Ebert mourut en 1925 et c'est le général Hindenburg qui le remplaça. Ebert symbolisait par sa personne la société égalitaire du futur, et Hindenburg le retour aux valeurs militaristes du passé.

Un nouveau chancelier fut également élu, Gustav Stresemann[154]. Sous sa gouverne, l'économie connut une embellie, et grâce aux plans Dawes[155] et Young[156] l'inflation fut enfin contenue. Les capitaux cessèrent ainsi de fuir l'Allemagne vers les États-Unis. À Washington et à Londres, la décision fut prise de voler au secours de l'économie allemande. Deux raisons furent évoquées pour justifier cette ligne de conduite, soit appuyer l'application de la constitution de Weimar, que menaçaient les nazis et les communistes, et ensuite permettre au pays de poursuivre le versement de réparations de guerre selon le calendrier établi par le traité de Versailles.

La situation politique aussi s'améliora au cours de ces années, notamment à l'occasion de la signature du traité de Locarno[157], qui garantissait l'inviolabilité des frontières de l'Allemagne, à condition cependant que le pays satisfasse aux exigences du traité de Versailles.

Lorsque les conditions politiques et économiques se stabilisèrent en Allemagne, les partisans de Hitler ne purent plus attirer l'attention aussi facilement. Tant qu'ils mangeaient à leur faim, les habitants du pays ne prêtaient en effet pas l'oreille de manière complaisante aux discours nazis.

---

154. GUSTAV STRESEMANN (1878-1929). Homme politique allemand partisan d'une réconciliation avec les puissances alliées. Il fut chancelier de la république de Weimar en 1923 et ministre des Affaires étrangères de 1923 à 1929.

155. Du nom de CHARLES GATES DAWES (1865-1951), financier américain. Plan destiné à préciser les modalités du paiement par l'Allemagne des réparations exigées selon le traité de Versailles. Il fut appliqué de 1924 à 1930.

156. Du nom de O. D. YOUNG (1874-1962), financier américain. Nouveau plan préparé par les Alliés pour remplacer le plan Dawes, mais dont l'entrée en vigueur en 1930 se heurta assez vite au refus de coopérer des autorités allemandes.

157. Pacte signé en 1925 entre l'Angleterre, la France, la Belgique, la Pologne, la Tchécoslovaquie, l'Allemagne et l'Italie, et visant à garantir les frontières respectives de chaque État telles qu'elles étaient fixées par le traité de Versailles de 1919.

Sous Stresemann, l'Allemagne fit son entrée à la Société des nations, et les conditions de vie dans ce pays semblèrent se normaliser. Bien peu de Juifs allemands s'inquiétaient alors de l'existence du Parti nazi. Ces derniers se trouvaient très profondément intégrés à la société au sein de laquelle ils vivaient, que ce soit au moyen du commerce, de l'activité intellectuelle ou de la production littéraire ou artistique. Les principaux journaux allemands étaient alors dirigés par des Juifs, et on comptait parmi leur personnel d'excellents journalistes et publicistes d'origine juive. Ces Allemands de confession mosaïque ne surent pas prévoir qu'un mouvement politique surgirait, qui viendrait les arracher à leur position sociale établie, et les priverait des avantages que leur avaient légués leurs parents et leurs grands-parents. Ceci arriva malgré que ces Juifs se soient identifiés on ne peut plus intimement à la culture allemande. Le fait demeure de plus que les Juifs allemands de cette époque se sentaient très peu Juifs. Quand les nazis venaient leur rappeler leurs origines judaïques, ils étaient fort étonnés que l'on brandisse cette menace contre eux.

Lorsque se produisit le grand krach de Wall Street, l'Allemagne fut la première à en ressentir les conséquences. Les Américains retirèrent leurs capitaux des banques allemandes et des entreprises d'importance virent ainsi leurs activités paralysées. Des usines fermèrent leurs portes et une fois de plus le pays se trouva aux prises avec une armée de chômeurs. Plusieurs d'entre eux étaient des travailleurs manuels, mais on comptait aussi parmi les victimes du ralentissement économique nombre de commerçants et de membres des professions libérales.

Une fois de plus Hitler fit étalage de ses talents de démagogue et de tribun populaire. Dans les circonstances, beaucoup de gens accoururent à lui et joignirent ensuite en masse les rangs du parti.

Hitler prétendit grossièrement que les banquiers juifs de Wall Street, de Londres et de Paris étaient responsables de la crise économique qui frappait à nouveau l'Allemagne.

Il proposa aussi aux Allemands le réarmement du pays et une lutte active contre le traité de Versailles, lequel avait été conçu selon lui par le peuple juif, le seul véritable ennemi de l'Allemagne.

Les nazis remportèrent de grands succès avec une telle rhétorique, et l'ouvrage de Hitler, *Mein Kampf*[158], devint du même coup très populaire.

---

158. Livre rédigé en 1924 lors du séjour en prison de son auteur. Après la prise de pouvoir des nazis en 1933, *Mein Kampf* devint l'ouvrage de base du national-socialisme.

Plusieurs Allemands lirent ce livre avec empressement et il fut traduit en plusieurs langues, ce qui fit beaucoup pour avancer la carrière politique de Hitler. La jeunesse du pays s'enrôla au sein des troupes de choc nazies, lesquelles défilaient habillées de chemises brunes.

Un grand nombre de travailleurs allemands appartenaient au Parti communiste, qui avait connu lui aussi une recrudescence de ses activités lorsque la crise économique s'était abattue sur le pays, créant six millions de chômeurs. Chaque jour, dans les grands centres industriels de l'Allemagne, de violentes échauffourées avaient lieu en pleine rue entre les sympathisants des nazis et les adeptes du communisme.

En 1929, Heinrich Brüning[159] devint le chancelier de l'Allemagne. Son but était de sauver son pays d'une domination politique nazie. À cette fin il lança un mouvement en vue de rappeler à Berlin la famille impériale. Il croyait en effet que les Allemands seraient mieux gouvernés par un « kaiser » plutôt que par une dictature inspirée par les nazis, mais son projet échoua.

Lors des élections de 1930, les nazis remportèrent un grand nombre de sièges au Reichstag. Il était alors on ne peut plus évident que Hitler allait s'emparer du pouvoir.

Après ce scrutin, les Juifs allemands commencèrent vraiment à craindre le pire et plusieurs d'entre eux préférèrent s'exiler à l'étranger.

De 1930 au printemps de 1933, soit au moment où les nazis s'emparèrent du gouvernement et que Hitler devint le chancelier de l'Allemagne[160], un nombre considérable de Juifs abandonnèrent leur foyer et prirent la fuite, dont une partie qui décidèrent de s'établir en *Eretz-Israel*. Parmi ceux qui aboutirent alors en Palestine juive, se trouvaient des individus qui occupent aujourd'hui des postes d'importance en Israël, et qui ont beaucoup contribué par leur intelligence et leurs compétences au développement de ce pays.

---

159. HEINRICH BRÜNING (1885-1970). Chancelier d'Allemagne de 1929 à 1932 et partisan de Hindenburg à la présidence de la république de Weimar.

160. Hitler fut nommé chancelier en janvier 1933, obtint les pleins pouvoirs en mars, suite à l'incendie du Reichstag (le 25 février), et proclama un régime de parti unique en juin 1933. En août 1934, après la mort du président Hindenburg, Hitler organisa un plébiscite qui le confirma à la fois président et chancelier de l'Allemagne.

L'ANTISÉMITISME MILITANT

La montée du mouvement antisémite d'Arcand. La lutte contre
le Parti libéral autour de l'enjeu des écoles juives, laquelle dégénéra
en une campagne frénétique contre les Juifs eux-mêmes.

Au cours des années 1930, un courant antisémite organisé se manifesta dans la province de Québec, en particulier à Montréal.

Ce mouvement était dirigé par Adrien Arcand[161], que l'on avait surnommé «der klayner Hitler foun Kvibek» (le petit Hitler du Québec).

D'autres personnages antisémites se manifestèrent aussi à cette époque. Arcand toutefois occupait une place à part comme figure emblématique de la pensée anti-juive québécoise. Il était à la fois le théoricien, le premier animateur et l'organisateur principal de cette famille politique. Arcand rédigeait de plus le contenu journalistique d'un certain nombre de publications antisémites, lesquelles étaient préparées d'une manière efficace et convaincante. Comme il possédait une imprimerie à Montréal, J. Ménard, son associé, était celui qui se chargeait de l'impression de ces journaux.

Au cours de cette époque, d'autres individus se rendirent célèbres pour ce qui est de ce genre de propagande, dont Salluste Lavery, un avocat de second ordre, qui était surtout actif en politique, et le docteur

---

161. ADRIEN ARCAND (1899-1967). Journaliste de métier, il est congédié en 1929 du quotidien *La Presse* pour activités syndicales. La même année il fonde l'Ordre patriotique des Goglus et le journal *Le Goglu*, dont les idées se situent très près des courants fascistes européens, notamment du national-socialisme allemand par la haine des Juifs. Tout au long des années 1930, Arcand mène par diverses méthodes, mais sans grand succès, une propagande tapageuse en faveur de l'extrême droite. Interné en 1940 par le gouvernement fédéral, il est libéré en juillet 1945.

Lambert, un médecin qui publia un livre intitulé *La Clé du mystère*[162], un ramassis de textes antisémites appartenant à différentes périodes historiques, incluant *Les Protocoles des sages de Sion*[163] (*Zkeni Zion Protocoln*). Cet ouvrage, signé par le docteur Lambert, circula assez largement dans la province de Québec. Arcand entreprit son activité antisémite dès les années 1920 par la publication d'articles contre le premier ministre Taschereau. Celui-ci appuyait en effet le passage d'une loi par la législature québécoise, qui aurait accordé aux Juifs le droit de former leur propre commission scolaire dans la province de Québec[164].

Arcand menait, à cette époque, une campagne dirigée contre le gouvernement libéral du Québec. La position de Taschereau dans le débat sur les écoles juives lui donna une occasion de plus pour attaquer le Parti libéral québécois. Arcand avança l'argument que Taschereau s'était vendu corps et âme à la communauté juive, trahissant ainsi les intérêts de la population chrétienne et surtout catholique.

La bataille contre Taschereau autour de cette question des écoles juives fut très vive dans certains milieux canadiens-français. Grâce à cet enjeu, le petit journal d'Arcand devint mieux connu et s'attira plusieurs lecteurs. Arcand se gagna aussi dans cette cause l'appui de milieux politiques qui désiraient affaiblir l'emprise du Parti libéral sur la province de Québec.

Lorsqu'Arcand constata que sa camelote (*skhoyre*) antisémite se ne vendait pas trop mal, il lança une autre publication hebdomadaire et intensifia son combat contre les libéraux et la communauté juive. Il mit sur pied au même moment un mouvement politique qui épousait les idéologies fasciste et nazie[165], et voulut répandre la perception que tous les

---

162. Il semble bien que le docteur Lambert n'ait fait que distribuer l'ouvrage, paru pour la première fois à Paris en 1937.

163. Document forgé de toute pièce à la fin du XIXᵉ siècle par un agent de la police secrète tsariste (Okhrana) dans le but de démontrer l'existence d'une conspiration juive en vue de dominer le monde. Peu connu avant la Première Guerre mondiale, il circula largement pendant la guerre civile qui suivit la Révolution russe de 1917 et se gagna une audience partout en Occident. Traduit en plusieurs langues, *Les Protocoles* furent utilisés jusqu'en 1945 par les nazis qui en firent un des instruments principaux de leur propagande anti-juive.

164. L'auteur veut mentionner ici la loi David première manière adoptée le 4 avril 1930.

165. Arcand lança le Parti national-social chrétien en février 1934, puis en juillet 1938, de concert avec des fascistes canadiens-anglais, le Parti de l'Unité nationale.

Juifs adhéraient au communisme et que la plupart des membres de ce parti étaient juifs.

Au début des années 1930, Arcand agrandit encore l'influence de son regroupement antisémite. Il fit alliance avec des organisations hitlériennes étrangères et devint le porte-parole de Goebbels[166] et de Streicher[167] au Québec. Dans ses journaux, Arcand reproduisit des articles tirés du *Stürmer*[168] et bien sûr des *Protocoles des sages de Sion*.

Le succès d'Arcand et de Ménard encouragea d'autres individus à brandir le drapeau de l'intolérance face aux Juifs. Un certain nombre de groupes antisémites virent ainsi le jour sous diverses appellations. Certaines de ces cellules étaient intéressées surtout à la sphère économique, et souhaitaient lutter contre les marchands et les commerces juifs. Ils menèrent de ce fait une agitation pour empêcher les gens d'acheter dans des magasins dont les propriétaires étaient juifs. Ce sont surtout les boutiquiers habitant des localités de petite et moyenne taille qui souffrirent de cette campagne.

Salluste Lavery, comme je l'ai déjà mentionné, était actif avant tout sur le front politique. Il avait l'habitude de se présenter comme candidat aux élections et proposait aux citoyens un programme nettement teinté d'antisémitisme. Aux élections municipales de 1934 par exemple, il s'était déclaré intéressé à la mairie. Pour la première fois dans l'histoire de la politique municipale montréalaise, apparut ainsi un candidat qui n'avait d'autre idée à défendre sur la place publique que la haine des Juifs. Lavery cette année-là fit campagne vigoureusement. Des orateurs antisémites furent invités à s'exprimer lors de ses réunions électorales, qui soulevèrent la foule par leurs attaques vicieuses contre les Juifs. Ces tribuns s'efforcèrent de justifier la persécution contre les Juifs en Allemagne et proposèrent

---

166. JOSEPH GOEBBELS (1897-1945). Journaliste allemand rallié dès 1922 au national-socialisme. Nommé ministre de l'Information et de la Propagande dans le premier cabinet de Hitler en 1933, il prit une part importante jusqu'à la fin de la Deuxième Guerre mondiale à la campagne de dénigrement menée par les nazis contre les Juifs.

167. JULIUS STREICHER (1885-1946). Militant de la première heure du national-socialisme et principal porte-parole en Allemagne au cours des années 1920 et 1930 d'une forme d'antisémitisme extrêmement virulente, essentiellement basée sur des conceptions raciales pseudo-scientifiques.

168. Hebdomadaire fondé par Julius Streicher à Nuremberg en 1923 et consacré exclusivement à la question juive. Le *Stürmer* (celui qui soulève le tempête), par des caricatures grossières et des textes mensongers, souleva la haine contre les Juifs en Allemagne et prépara le terrain à la « solution finale ».

que les mêmes méthodes soient employées au Canada. Lavery bien sûr ne réussit pas à se faire élire. Il recueillit toutefois un nombre important de votes, suffisamment pour soulever de grandes inquiétudes au sein de la communauté juive[169].

169. Lavery est candidat à la mairie lors de l'élection du 9 avril 1934. Il arrive à la troisième place avec 13 740 voix, derrière Camillien Houde élu avec 89 603 voix, et Anatole Plante avec 37 840 voix.

LE COMBAT CONTRE LES JUIFS ALLEMANDS

Duplessis lance un mouvement d'opinion contre l'immigration des Juifs allemands. Il suggère le chiffre sensationnel de 100 000 réfugiés. Un débat dramatique au conseil municipal au sujet des victimes juives du nazisme.

AU DÉBUT DES ANNÉES 1930, l'effet des idées antisémites commençait à se faire sentir dans les milieux politiques les plus influents. L'on entendait ainsi de temps à autre des slogans hostiles aux Juifs même au Parlement de Québec.

Maurice Duplessis[170], le chef de l'Union nationale, qui est demeuré au pouvoir pendant une longue période, laissa un jour circuler une information qui pouvait s'avérer très dommageable pour les Juifs. Il prétendit que les Juifs allemands, lesquels tentaient de fuir l'État hitlérien, viendraient en grand nombre au Canada et qu'à cause d'eux les Canadiens français se trouveraient grandement menacés.

Duplessis expliqua qu'il tenait de tels renseignements d'une source fiable. Pas moins de 100 000 réfugiés allemands devaient ainsi s'établir sur des terres agricoles dans la province de Québec[171]. Les fermes en question seraient achetées avec de l'argent qui proviendrait de la juiverie internationale (*velt-yidentum*).

Cette déclaration de Duplessis causa une sensation de taille. Les journaux anglophones et francophones reproduisirent la nouvelle comme

---

170. MAURICE DUPLESSIS (1890-1959). Avocat, fondateur en 1935 du Parti de l'Union nationale, premier ministre du Québec de 1936 à 1939 et de 1944 à 1959.

171. Voir l'article paru dans *Le Devoir* du 27 septembre 1933, p. 1, intitulé « Au congrès juif de Prague. Projets d'immigration au Canada et aux États-Unis. Cent mille Germano-Juifs prêts à partir bientôt d'Europe ». Dans ce cas *Le Devoir* avait repris, sans doute hors contexte, une déclaration faite par Nahum Sokolow, président de l'Organisation sioniste, au Congrès sioniste mondial tenu à Prague du 21 août au 4 septembre 1933.

s'il s'agissait d'une question du plus haut intérêt à l'échelle internationale. Duplessis laissa savoir au Parlement qu'il se souciait vivement des 100 000 agriculteurs québécois qui perdraient leurs fermes aux mains des Juifs allemands. Il enjoignit les Canadiens français de faire pression auprès du gouvernement fédéral à Ottawa, pour qu'il refuse l'entrée au pays aux réfugiés juifs qui devaient quitter précipitamment l'Allemagne.

L'intervention de Duplessis eut un grand retentissement dans toutes les villes et tous les villages de la province.

Un courant d'opinion se forma aussitôt parmi les Canadiens français, pour manifester une opposition à l'accueil au Canada des victimes de la brutalité nazie. À Ottawa, le gouvernement laissa savoir qu'il n'avait aucunement l'intention de permettre l'entrée en masse de Juifs allemands obligés de fuir leur pays.

Dans un grand nombre de localités québécoises, petites et grandes, furent votées des résolutions au conseil municipal afin de réclamer que l'on ne laisse pas s'installer au Canada les victimes du régime hitlérien. Ces textes furent rédigés dans un style qui faisait penser à de la propagande nazie. On y décrivait par exemple les Juifs allemands comme des antéchrists, et comme des adeptes du communisme et de l'athéisme. Lorsque ces résolutions furent présentées, certains orateurs vinrent s'en prendre violemment aux Juifs et justifier les persécutions nazies à leur endroit. À les entendre, on aurait pu croire que les Juifs allemands avaient pleinement mérité d'être traités de façon aussi agressive.

L'on déposa[172] une résolution de ce genre même au conseil municipal de Montréal, où elle provoqua un débat fort animé. Cela se passait en septembre 1933. Toute une session fut ainsi consacrée à une discussion de la « question juive ».

Le texte en question fut proposé par le conseiller municipal Auger[173], lequel était déjà bien connu pour son antisémitisme viscéral, et qui était

---

172. La motion Auger fut déposée officiellement le 11 septembre 1933. La débat acerbe auquel l'auteur fait référence eut lieu le 19 octobre 1933, ainsi que le vote final du conseil municipal. La motion contenait entre autres le passage suivant qui fut plus tard retranché : « Considérant que le moyen le plus efficace pour le Canada de conserver intactes ses traditions chrétiennes et de remédier à la présente crise du chômage serait d'interdire l'entrée, en ce pays, de tout réfugié immigrant de l'Europe centrale, de l'Allemagne et de la Russie, professant des idées communistes ou antichrétiennes. »

173. HENRI-LEMAÎTRE AUGER (1873-1948). Conseiller du quartier Saint-Jacques de 1930 à 1936, il fut aussi élu député conservateur à l'Assemblée législative en 1935, puis réélu

aussi un adhérent du Parti national social chrétien d'Arcand[174]. Auger était appuyé par un autre ennemi notoire des Juifs (*soyne Yisroel*), le conseiller Quintal[175].

Plusieurs personnes assistèrent à cette séance du conseil municipal, car le bruit avait couru qu'il y aurait à cette occasion une discussion relativement au thème de l'antisémitisme. Le conseiller Auger lança le débat en prononçant un discours, au cours duquel il suggéra que les dirigeants de l'État allemand devaient se mériter la reconnaissance des chrétiens pour avoir châtié les Juifs de leur pays, qui n'étaient que des agents du communisme animés par des intentions antichrétiennes. Les Juifs allemands, prétendit-il, trempaient dans un complot de concert avec les maîtres de Moscou, destiné à annihiler la civilisation chrétienne, même dans la province de Québec.

Le conseiller Quintal parla ensuite en empruntant le même ton. D'autres élus prirent aussi la parole, en français, mais pour déplorer que les Juifs allemands subissent la persécution. Il n'était toutefois pas question dans leur esprit qu'on leur permette d'immigrer au Canada. Plutôt, il convenait de réclamer du gouvernement fédéral qu'il garde closes les portes du pays.

Seuls trois conseillers prirent la part des Juifs allemands, qui tous les trois étaient des Juifs, soit le socialiste Joseph Schubert[176], ainsi que Max Seigler[177] et Berl Schwartz[178].

Chacune de ces personnes parla avec éloquence pour condamner l'hypocrisie et la démagogie des orateurs antisémites. Toute l'attention se tourna en particulier du côté de Joseph Schubert, qui était non seulement un Juif, mais aussi un tenant des thèses socialistes et qui se trouvait lié de

---

en 1936 sous la bannière de l'Union nationale pour un mandat d'une durée de quatre ans. Auger occupa le poste de ministre de la Colonisation dans le premier cabinet Duplessis.

174. Ce parti ne fut toutefois fondé qu'en février 1934.

175. Henri-Adonai Quintal, conseiller du quartier Sainte-Marie de 1921 à 1934.

176. JOSEPH SCHUBERT (1889-1952). Né en Roumanie, immigré au Canada en 1903, il fut secrétaire trésorier de 1916 à 1926 de la section montréalaise de l'International Ladie's Garment Worker's Union (ILGWU), conseiller municipal dans le quartier Saint-Louis de 1924 à 1940, puis premier président du Joint Committee of the Men's and Boys' Clothing Industry de 1935 à 1952.

177. Conseiller du quartier Laurier de 1930 à 1960.

178. Conseiller du quartier Saint-Laurent de 1931 à 1934.

très près aux syndicats de métier. Ce dernier rappela que les nazis étaient les ennemis déclarés de tous les peuples civilisés, et que les travailleurs appartenant au mouvement syndical partout sur la planète, même dans la province de Québec, étaient résolus à lutter contre eux et contre tous ceux qui les appuieraient directement ou indirectement.

Le conseiller Seigler affirma pour sa part qu'il était hypocrite et veule de s'en prendre aux Juifs allemands au nom des principes chrétiens. Tous les chefs reconnus de la foi chrétienne dans les pays démocratiques, suggéra-t-il, condamnaient le régime hitlérien et le considéraient comme barbare et sinistre.

C'est avec peine que le conseiller Schwartz dit constater que dans une ville comme Montréal, qui possédait une population très cosmopolite, l'on tenait à l'hôtel de ville des discours antisémites semblables à ceux que l'on était habitué d'entendre au Moyen Âge. Montréal était sans doute la seule grande agglomération nord-américaine, prétendit-il, où l'on était ouvertement, de manière démagogique et hypocrite, de tels sentiments hostiles aux Juifs.

Ces paroles mirent le conseiller Auger hors de lui et il se plaignit sur-le-champ que Schwartz cherchait à l'insulter. Plus tard, Auger se rendit auprès des journalistes présents et dit à ceux qui travaillaient pour des organes francophones qu'il ne resterait pas silencieux devant un tel affront, et qu'il réglerait ses comptes avec les élus juifs. Pour sûr qu'il poursuivrait Berl Schwartz en justice pour l'avoir traité de démagogue.

En s'exprimant ainsi, les conseillers juifs avaient tout de même abouti à quelque chose. Il ne leur aurait sans doute pas été possible d'empêcher l'adoption de la résolution en question, mais au moins ils avaient travaillé à en diminuer la portée. On retira ainsi du texte les termes les plus carrément hostiles aux Juifs, et il ne resta plus que la demande voulant que le gouvernement libéral, en raison du niveau de chômage très élevé au Canada, ferme les portes du pays aux immigrants européens.

Ce n'est qu'à Montréal que la résolution contre les Juifs allemands fut votée sous une forme atténuée. Dans les autres villes et villages, le texte obtint l'assentiment des élus sous sa forme originale, soit tel qu'il avait d'abord été rédigé de la main d'antisémites convaincus.

Peter Bercovitch (1879-1942). Né à Montréal, formé aux facultés de droit de l'Université Laval et de McGill, membre du parti libéral, il est élu en 1916 député provincial dans une circonscription montréalaise peuplée en majorité d'immigrants juifs est-européens. Réélu sans interruption, il démissionne en 1938 pour briguer un siège fédéral qu'il conserve jusqu'à sa mort.
Source : A. D. Hart, *The Jew in Canada*, 1924

Samuel W. Jacobs (1871-1938) Né en Ontario, admis au barreau du Québec en 1894, il fut en 1917 le premier Juif québécois élu au Parlement d'Ottawa. Représentant la circonscription électorale montréalaise de Cartier, où résidaient la plupart des yiddishophones, Jacobs défendit les couleurs libérales à Ottawa jusqu'à son décès. La photo date du début des années 1920.
Source : Archives du Congrès juif canadien, Montréal

Affiche électorale annonçant un grand rassemblement électoral en faveur du candidat de l'Union nationle, Louis Fitch, à l'occasion de l'élection partielle du 2 novembre 1938 dans la circonscription de Saint-Louis.
Source : Archives du Congrès juif canadien, Montréal

Samuel Bronfman, prend la parole devant la 4ᵉ assemblée
plénière du Congrès juif canadien, janvier 1939.
Source : Archives du Congrès juif canadien, Montréal

Debout au micro, arborant la swastica, Adrien Arcand s'adresse
à un auditoire dans une salle paroissiale. La photo date de 1938.
Source : Archives du Congrès juif canadien, Montréal

Une partie de gens venus entendre Adrien Arcand à cette occasion.
Source : Archives du Congrès juif canadien, Montréal

Une partie des dommages infligés à la synagogue de Québec
en mai 1944 par des incendiaires.
Source : Archives du Congrès juif canadien, Montréal

Le Commandant Sydney Shulemson devant son Bristol Beaufighter
quelque part en Angleterre vers 1944.
Source : Archives du Congrès juif canadien, Montréal

אַ קורצער סך הכל
פֿון די
אַרבײַטען און אויפטוען

פֿון
אַלדערמאַן יוסף שובערט
פֿאַר דער צײַט פֿון זײַן אַמט

Joseph Schubert (1889-1952) Né en Roumanie, immigré au Canada en 1903, il devint un des grands leaders syndicaux de l'entre-deux-guerre à Montréal dans la secteur de la confection. D'allégeance socialiste en politique, Schubert fut aussi conseiller municipal du quartier Saint-Louis de 1924 à 1940. La photo est tirée d'un dépliant électoral datant de mars 1934.
Source : Archives du Congrès juif canadien, Montréal

LA QUESTION JUIVE À LA COUR SUPÉRIEURE

Une injonction est demandée contre les publications
antisémites. Le juge Désaulniers rend une décision
qui équivaut à une condamnation de l'antisémitisme.

U NE TENTATIVE FUT FAITE, EN 1932, au moyen d'une injonction à la
Cour supérieure, de faire cesser la parution des feuilles hostiles aux
Juifs. Ceci se passait la même année que le projet de loi Bercovitch, qui
visait à interdire des propos diffamatoires contre une communauté ou un
groupe de personnes, mourrait au feuilleton.

Un commerçant de Lachine, E. Abugov, s'adressa aux juges de la cour
supérieure pour obtenir une interdiction de publier contre *Le Goglu*[179] et
Le Miroir[180]. Son argumentation reposait sur le fait que lui-même, en tant
que membre du peuple juif, se sentait personnellement atteint par la
campagne que menaient Adrien Arcand et Joseph Ménard dans leurs
publications. À cause précisément de cette agitation, prétendit-il, des
voyous hostiles aux Juifs avaient jeté des pierres et fait voler en éclats les
fenêtres de son magasin. Les avocats de monsieur Abugov avaient été
Myer Gameroff et Joseph Cohen[181], lequel était aussi un député au
Parlement de Québec.

---

179. Hebdomadaire montréalais fondé en août 1929 par Adrien Arcand, qui en assura
presque seul la rédaction. Publié jusqu'en mars 1933, il s'agit d'un journal antisémite et
antilibéral qui naît au moment où se déroule une campagne contre le projet de créer à
Montréal des écoles publiques séparées pour les enfants de confession juive.
180. Fondé par Adrien Arcand en mars 1929, *Le Miroir* est un hebdomadaire montréalais
dont la principale cible est le peuple juif tout entier et en particulier les commerçants juifs
de Montréal. Boudé par les annonceurs, il disparaît en mars 1933.
181. Membre de la législature de 1926 à 1935 sous la bannière libérale.

L'on discuta beaucoup au sein de la communauté juive à savoir s'il convenait de traîner les antisémites en cour. De l'avis de certaines personnes, il était plus raisonnable de fermer les yeux sur de tels incidents. Cette opinion était répandue surtout auprès de quelques leaders communautaires, qui partageaient l'idée que de poursuivre devant la justice les antisémites équivaudrait à en faire des martyrs de leur cause, et que ceci leur attirerait la sympathie du plus grand nombre.

D'autres Juifs pensaient qu'il serait impossible de trouver un seul juge dans la province de Québec, voire un jury, qui consente à condamner les antisémites devant une cour de justice. Il était plus réaliste, dans de pareilles circonstances, de ne rien entreprendre légalement.

La majorité des membres de la communauté croyaient cependant qu'on ne pouvait rester les bras croisés devant de tels événements. Pour ces gens, l'indifférence et la passivité ne faisaient que contribuer à accroître l'influence des antisémites, et dans des conditions semblables le respect que l'on portait aux Juifs irait diminuant.

À cette époque, le Congrès juif canadien était inactif et n'intervenait plus dans la vie collective juive. Au nom du Congrès, qui s'était réuni quelques années plus tôt, et qui un jour devait renaître de ses cendres, H. M. Caiserman, le premier secrétaire de l'organisation, décida de s'engager dans cette affaire. Au cours de ces années, les bureaux du *Keneder Odler*[182] étaient devenus l'endroit tout désigné où l'on discutait de la stratégie qu'il convenait d'adopter face aux agitateurs antisémites. Prenaient part à ces délibérations des avocats juifs qui agissaient ainsi à titre individuel, dont certains siégeaient au Parlement de Québec, comme Bercovitch et Cohen, ou à celui d'Ottawa, comme S. W. Jacobs.

Au sein de la communauté juive, la campagne antisémite souleva beaucoup de passions mélangées d'un sentiment de crainte. Les nouvelles qui parvenaient alors d'Europe étaient on ne peut plus mauvaises. En Allemagne, les nazis se rapprochaient sans cesse du moment où ils prendraient le pouvoir, et le sort des Juifs allemands semblait déjà scellé. En Pologne, d'autre part, l'antisémitisme officiel prenait toujours plus d'ampleur. Dans ce pays, les commerces juifs étouffaient sous les taxes et des fiers-à-bras terrorisaient les étudiants d'origine juive qui fréquentaient les établissements d'enseignement supérieur. Des informations semblables

---

182. L'édifice logeant la rédaction du *Keneder Odler* était situé à cette époque au 4075 du boulevard Saint-Laurent, soit juste au sud de la rue Rachel.

filtraient de Roumanie et de Hongrie. Déjà on pouvait sentir qu'une catastrophe effroyable s'abattrait sur l'Europe.

C'est le juge Désaulniers qui fut chargé en Cour supérieure d'instruire la demande d'injonction contre les feuilles antisémites. Après avoir bien réfléchi à la question, le magistrat rendit[183] un jugement très étoffé qui fut considéré comme un point tournant dans ce débat, et comme l'une des condamnations les plus retentissantes jusque-là de l'antisémitisme. Le juge avoua toutefois qu'il n'existait pas de fondement légal lui permettant d'accorder l'injonction réclamée par le plaignant.

Dans son jugement, le magistrat déplora ne pouvoir satisfaire à la demande de la victime. Il se permit cependant d'exprimer le désaccord de la cour face à l'idée que les antisémites défendaient par leurs actions les meilleurs intérêts des Canadiens français. Rien n'était plus faux à son avis. Les francophones, qui restaient minoritaires au Canada, n'avaient rien à gagner de persécuter une autre minorité.

Le juge Désaulniers incorpora aussi à son jugement des considérations de nature historique au sujet de l'antisémitisme, à savoir que ce genre d'idéologie était contraire à la nature même du christianisme, et qu'une telle attitude était indéfendable sur le plan moral et reposait sur des faussetés. Il prétendit aussi que les accusés abordaient ce thème d'une manière démagogique et avec un esprit empreint d'hypocrisie.

L'antisémitisme, selon le magistrat, était gravement dommageable non seulement pour les Juifs, qui en souffraient au premier chef, mais aussi pour ceux qui utilisaient pareil discours pour parvenir à leurs fins. Le juge Désaulniers cita ensuite un diplomate français[184], membre de l'Académie française, qui avait été ambassadeur en Russie au temps des tsars, et qui avait publié en 1915 un texte à propos de la situation tragique des Juifs dans ce pays à l'époque de la Première Guerre mondiale. Après chaque défaite de l'armée russe, la police tsariste s'en était prise avec acharnement aux Juifs. Voilà comment on avait chassé brutalement les populations juives de leur lieu de résidence pour les relocaliser sur d'autres territoires, là où ils manquaient de tout et ne se trouvaient plus en mesure de subvenir à leurs besoins. Ce n'est que lors de l'exécution du tsar et de sa famille, dans la cave d'une maison quelque part à Iekaterinbourg[185], que l'héritier encore

---

183. Le jugement fut connu le 13 septembre 1932.
184. Il s'agit de Maurice Paléologue. Désaulniers cite ici l'ouvrage intitulé *La Russie des tsars pendant la Grande Guerre*, Paris, Plon, 1922, vol. 2, p. 36.
185. Ville à l'est de l'Oural où le tsar Nicolas II fut fusillé, le 17 juillet 1918, avec toute sa famille.

enfant, et qui ne portait pas la responsabilité de ces persécutions, comprit qu'il périssait à cause des crimes commis par ses parents.

La campagne antisémite était aussi anti-chrétienne, déclara le juge Désaulniers dans son jugement historique. Afin de montrer à quel point les accusations portées contre le Talmud[186] n'étaient que des bêtises (*bilboulim*), ce dernier cita dans son texte le témoignage de personnalités chrétiennes reconnues. Le juge condamna dans les termes les plus sévères qui soient les textes publiés par Arcand et Ménard, selon lesquels le Talmud permettait le meurtre de chrétiens et l'utilisation de leur sang à des fins rituelles. Les attaques du *Miroir* et du *Goglu* contre les Juifs ressemblaient en tous points aux calomnies que Drumont[187] avait répandues en France, autant d'affirmations qui avaient profondément divisé les Français, affaibli le moral de leur pays et causé la condamnation et l'exil d'un homme innocent à l'île du Diable[188].

Le peuple juif, avança le juge Désaulniers, avait amplement démontré qu'il possédait la capacité de survivre aux empires qui l'avaient asservi. Plusieurs puissances qui s'étaient lancées à la conquête d'Israël avaient aujourd'hui disparu de la surface de la terre et ne comptaient plus pour rien. Le magistrat insista particulièrement dans son jugement sur le fait qu'il avançait toutes ces considérations afin de bien faire sentir l'inquiétude que lui causait l'absence d'une loi, qui aurait permis de mettre fin à la diffusion d'une propagande aussi funeste que celle qui était menée par les feuilles antisémites contre la population juive.

Le juge Désaulniers fut un des premiers Canadiens français qui prirent fermement position contre les groupes hostiles aux Juifs dans la province. Ce geste encouragea beaucoup la communauté juive et les milieux de tradition libérale au Québec.

---

186. Code monumental de lois et de règlements rédigés en araméen et en hébreu entre 200 et 500 de notre ère, et l'ouvrage le plus important de la tradition judaïque après la Bible.

187. EDOUARD DRUMONT (1844-1917). Publiciste de droite, chef consacré des antisémites français à la fin du XIXe siècle et auteur en 1886 de *La France juive*, une « étude » au ton pamphlétaire qui allait demeurer pendant plusieurs décennies un des classiques de la littérature anti-juive en France. Il fonde en 1892 le journal *La Libre Parole,* d'inspiration nationaliste et ouvertement hostile aux Juifs.

188. Il s'agit du capitaine Alfred Dreyfus, militaire français d'origine juive qui avait été injustement condamné pour espionnage et déporté en décembre 1894 à la colonie pénitentiaire de l'île du Diable en Guyane.

Même si le magistrat ne pouvait accorder l'injonction réclamée, son jugement décisif attira beaucoup l'attention de la presse à grand tirage, et souleva une vague de soulagement au sein de la population juive.

LES DÉFENSEURS DU TALMUD
AU PARLEMENT DE QUÉBEC

La sortie d'Henri Bourassa contre les antisémites.
Les discours historiques de Peter Bercovitch et Joseph Cohen
au Parlement de Québec. Une défense éclatante du Talmud.

E N FÉVRIER 1932, Bercovitch déposa au Parlement de Québec une loi visant à retirer aux journaux le droit de publier des propos diffamatoires contre le peuple juif ou contre tout autre groupe national.

Par ce projet de loi, les deux députés juifs, Peter Bercovitch et Joseph Cohen, montrèrent qu'ils étaient peu disposés à combattre de façon directe les deux hebdomadaires, *Le Miroir* et *Le Goglu*, qui menaient une campagne tambour battant contre la communauté juive. Les dirigeants de ces publications, Adrien Arcand et Joseph Ménard, étaient aussi les animateurs du courant nazi dans la province de Québec, et déjà leur influence se faisait sentir au sein d'autres régions du Canada.

Au cours de l'été 1931, messieurs Bercovitch et Cohen avaient été réélus à l'issue d'une campagne électorale mouvementée. Pendant cette élection, le regroupement antisémite d'Arcand s'était jeté tête première dans la lutte et avait attaqué avec hargne non seulement les candidats juifs, mais aussi le premier ministre Taschereau et quelques autres chefs du Parti libéral, pour avoir permis à des représentants de la communauté juive d'entrer au Parlement sous la bannière libérale.

Lorsque les deux membres de la communauté juive avaient été réélus avec d'importantes majorités électorales, les Juifs s'étaient grandement réjouis de la tournure des événements. Le soir que les résultats avaient été annoncés, une foule de plusieurs milliers de Juifs s'étaient réunie devant les locaux du *Keneder Odler* et ne s'étaient pas fait prier pour manifester sa joie. Cette manifestation de liesse populaire ne venait pas seulement de ce que deux Juifs siégeaient au Parlement, mais aussi et surtout parce que cela démontrait que l'agitation antisémite n'avait pas eu les effets escomptés sur la majorité des électeurs canadiens-français.

Quelques jours après les élections, Henri Bourassa[189], le rédacteur du *Devoir*[190], chef de file du nationalisme canadien-français, écrivit un éditorial soulignant sa très grande satisfaction à constater que la campagne antisémite, appuyée de surcroît par certains leaders politiques conservateurs, n'avait pas atteint son but. Dans ce texte, monsieur Bourassa fit l'éloge de la position défendue par le premier ministre Taschereau, à savoir que comme au Québec la gestion des écoles avait été confiée à des regroupements religieux, on ne pouvait d'autre part nier aux parents juifs le droit d'exercer un certain contrôle sur l'éducation de leurs propres enfants. Cela était d'autant plus juste que l'esprit du judaïsme allait dans ce sens.

La sortie de monsieur Bourassa contre les antisémites prit dans ce contexte un relief éclatant. Ce dernier possédait en effet une grande influence au sein des milieux intellectuels canadiens-français et sa réputation s'étendait jusqu'aux confins du pays. Partout au Canada on respectait sa pensée, même dans les milieux où l'on ne partageait pas son point de vue sur le plan politique.

Après leur réélection, messieurs Bercovitch et Cohen eurent l'impression qu'il était de leur devoir d'obtenir du Parlement une loi pour interdire la publication de propos diffamatoires à l'endroit d'une communauté nationale ou d'un groupe religieux. C'est à cette fin que Bercovitch déposa un projet de loi, lequel était identifié à sa personne, et qui fut discuté comme je l'ai dit plus tôt en février 1932.

Le projet de loi ne reçut toutefois pas l'assentiment de la majorité des députés. Au Parlement, on se contenta de voter une résolution qui condamnait l'agitation antisémite, mais sans l'interdire formellement. Les

---

189. HENRI BOURASSA (1888-1952). Élu pour la première fois à Ottawa en 1896 sous la bannière libérale de Wilfrid Laurier, il exprima d'abord à la Chambre des communes jusqu'en 1907, puis au Parlement de Québec de 1908 à 1912, une forme nouvelle de nationalisme canadien-français basée sur l'anti-impérialisme et la théorie des deux peuples fondateurs. Bourassa siégea à nouveau à Ottawa de 1925 à 1935.

190. Quotidien montréalais fondé en janvier 1910 par Henri Bourassa pour défendre ses idées politiques, et qu'il dirigea jusqu'en 1932.

opposants à la «loi Bercovitch» firent valoir qu'une telle mesure viendrait limiter la liberté de presse au pays.

Quoique le projet de loi n'ait pas été entériné, le débat autour de cette question revêtit une grande importance, de même que la manière dont on négocia l'ensemble du dossier. Les échanges au Parlement donnèrent l'occasion aux deux députés juifs de prononcer des discours d'un caractère historique, et qui eurent un retentissement considérable dans tout le Canada.

Dans son allocution, monsieur Bercovitch avertit ses confrères que le mouvement antisémite ne visait pas seulement les Juifs, mais que son objectif ultime n'était rien de moins que de jeter à bas les fondements de la vie démocratique au pays.

La population juive, voulut-il indiquer, se trouvait dans une situation très pénible suite aux attaques à son endroit dans la presse antisémite (*Le Goglu* et *Le Miroir*), laquelle voulait laisser croire aux non-Juifs cette fausseté que le Talmud permettait aux Juifs d'assassiner les chrétiens et de mettre le feu à leurs résidences. Il était nécessaire, suggéra monsieur Bercovitch, afin de mettre fin à cette agitation, de voter une loi qui protégerait les collectivités contre ce genre de discours diffamatoire, tout comme il existait une loi qui mettait les simples individus à l'abri d'insinuations de ce genre.

Monsieur Joseph Cohen s'étendit longuement dans son intervention sur les calomnies contenues dans les feuilles antisémites au sujet du Talmud, afin de bien identifier les faussetés que ce type de publication n'hésitait pas à propager dans le but d'embarrasser les Juifs, et de les noircir aux yeux de leurs voisins chrétiens.

Le député commença son discours d'une manière fort dramatique:

«En 1832, il y a exactement cent ans, cette assemblée a voté une loi qui garantissait des droits égaux à tous les citoyens de confession juive. Cette mesure avait été prise dans ce pays vingt-cinq ans avant que l'Angleterre ne s'engage sur la même voie[191]. Elle avait également été introduite par l'inoubliable patriote Louis-Joseph Papineau[192], que son attachement à son

---

191. Les Juifs britanniques n'obtinrent les pleins droits civiques qu'en 1858.
192. LOUIS-JOSEPH PAPINEAU (1786-1871). Élu à l'Assemblée du Bas-Canada en 1809, il lutte pour réformer les institutions politiques de manière à donner plus de pouvoir aux représentants élus du peuple. Forcé à l'exil par la rébellion armée de 1837, il reviendra au pays en 1845. Papineau est le premier chef politique reconnu de la nation canadienne-française.

peuple n'avait pas rendu aveugle aux injustices subies par d'autres groupes, dont une communauté juive qui ne comptait alors que très peu de membres. Son amour de la liberté avait même effacé en lui tous les préjugés et minimisé toutes les différences dues à la religion, dont s'était nourri pendant des centaines d'années la pensée antisémite. Dans ce Parlement d'il y a cent ans, les élus avaient été sensibles aux arguments sincères de Papineau et avaient entériné la loi sur l'égalité des Juifs, plaçant ainsi la province de Québec à l'avant-garde des pays les plus évolués, et situant les Canadiens français parmi les peuples épris de liberté.

Cent ans plus tard, en 1932, les Juifs du Québec se présentent devant la même assemblée afin de demander aux héritiers de Louis-Joseph Papineau de les protéger, selon l'esprit des droits qui leur avaient été accordés il y a un siècle, contre un courant d'idée qui se propose de dresser une partie de notre population contre une autre et qui cherche à détruire les libertés dont jouissent les minorités. »

Les discours de messieurs Bercovitch et Cohen furent l'objet de beaucoup de commentaires positifs. Les journaux à grand tirage leur firent même une place d'honneur dans leurs pages. Ces efforts n'affaiblirent toutefois pas la détermination des groupes antisémites. En réalité, le refus du Parlement d'entériner la « loi Bercovitch » les encouragea à se manifester plus ouvertement, et leur niveau d'activité s'en trouva rehaussé de manière significative.

PARMI LES JOURNALISTES
DE TENDANCE LIBÉRALE

Le Canada organise un rallye pour lutter contre l'antisémitisme.
Une rencontre avec Olivar Asselin et Edmond Turcotte.
Une méprise au sujet du sionisme dans les cercles libéraux.

P ENDANT UN CERTAIN TEMPS, le mouvement antisémite dirigé par le groupe d'Arcand ne rencontra pas de résistance dans les milieux des journalistes canadiens-français. Cela donnait l'impression que personne parmi ces gens ne désirait s'opposer à Arcand et à ses amis.

Finalement, quelques membres de la presse décidèrent de s'élever contre le discours tenu par Arcand. Les premiers signes de ce retournement apparurent dans *Le Canada*[193], un journal qui était lié de très près au Parti libéral.

Hitler devint chancelier de l'Allemagne en 1933. Dans le journal *Le Miroir*, Hitler était l'objet d'une attention particulière. Il en allait de même pour Joseph Goebbels et pour Alfred Rosenberg[194], que Hitler considérait comme des « philosophes » et des « intellectuels » au sein de son parti. Le plus respecté de tous les nazis dans la presse contrôlée par Arcand était toutefois Julius Streicher. C'est ainsi qu'Arcand puisait dans

---

193. Organe de presse montréalais fondé en 1903 et dont les principaux thèmes étaient la valorisation de la propriété privée, le nationalisme modéré et le respect de la démocratie parlementaire. Journal essentiellement de facture populaire, *Le Canada* cesse d'être publié en 1954.

194. ALFRED ROSENBERG (1893-1946). Adhérent de la première heure au national-socialisme, il est dans le Parti nazi le principal théoricien des idéologies racistes ou tendant à prouver la supériorité innée de certains groupes humains par rapport à d'autres.

Le Stürmer, que publiait Streicher, toute l'information dont il avait besoin relativement aux *Protocoles des sages de Sion*, au Talmud, au *kol nidrei*[195], etc.

À cette époque, le rédacteur du *Canada* avait écrit un éditorial retentissant pour condamner les amis et adeptes de Hitler dans la province de Québec, où il traitait ces antisémites de menteurs, de démagogues et de bandits.

Ce texte ne laissa personne indifférent. Quelques jours auparavant, avant que l'éditorial ne soit publié, un employé du *Canada*, Edmond Turcotte[196], m'avait averti personnellement que le journal s'apprêtait à prendre position à ce sujet. Je rencontrais souvent monsieur Turcotte au palais de justice, où comme moi il venait suivre le déroulement de certaines affaires judiciaires. J'étais alors en effet journaliste au *Keneder Odler*.

Lorsque cet éditorial avait paru, le *Keneder Odler* s'était empressé de le traduire en yiddish et de le reproduire dans ses pages. Pour la communauté juive, la publication d'un tel texte revêtait une importance particulière. Le rédacteur du *Keneder Odler*, Israël Rabinovitch[197], n'avait d'ailleurs pas tardé à écrire un article chaleureux pour féliciter monsieur Asselin[198] de sa sortie courageuse contre les adeptes québécois de l'hitlérisme. Les réflexions de Rabinovitch sur ce thème avaient aussi été traduites en anglais, ce qui me permit d'en remettre une copie à monsieur Asselin, pour lui montrer que son éditorial avait été fort apprécié de la presse yiddish. Monsieur Asselin avait été très heureux d'apprendre que ses opinions étaient maintenant connues du public yiddishophone. Parmi ses amis, m'avoua-t-il, se trouvait un prêtre qui pouvait lire

---

195. Premiers mots d'une annulation solennelle en araméen des vœux ou serments qu'un Juif pourrait avoir prononcés de manière irréfléchie au cours de l'année écoulée, et que l'on récite le soir du *Yom Kipour*.

196. Journaliste au *Canada*, rédacteur du même journal de 1934 à 1937 et de 1942 à 1947.

197. ISRAËL RABINOVITCH (1894-1964). Né en Pologne, il arrive à Montréal en 1911 au moment de la grande vague migratoire. Rabinovitch se joint en 1918 au personnel du journal yiddish de Montréal, le *Keneder Odler*, où il occupe le poste de rédacteur en chef de 1924 à 1964.

198. OLIVAR ASSELIN (1874-1937). Journaliste et polémiste, rédacteur du *Canada* de 1930 à 1934, il fut tout au long de sa carrière un ardent défenseur de la langue française. Asselin est généralement considéré aujourd'hui comme une des figures les plus éclairées du nationalisme canadien-français de l'époque et comme un artisan du dialogue entre Québécois de différentes origines.

l'hébreu. Peut-être parviendrait-il à parcourir son éditorial dans sa version yiddish.

D'autres articles et commentaire éditoriaux parurent dans *Le Canada* pour dénoncer les fascistes québécois, écrits soit par monsieur Asselin soit par monsieur Turcotte. Presque tous ces textes furent traduits par le *Keneder Odler* et incorporés dans ses pages. Voilà comment les deux journaux finirent par tisser des liens étroits entre eux. De temps à autre d'ailleurs, monsieur Asselin téléphonait à monsieur Rabinovitch au sujet de la façon de combattre l'agitation anti-juive au Canada et partout sur la planète.

À cette époque, H. M. Caiserman, le secrétaire du Congrès juif canadien, était très intéressé à établir des contacts dans des milieux canadiens-français. Son nom était d'ailleurs déjà connu dans les journaux non-Juifs comme celui du représentant attitré de la communauté juive. Un jour, monsieur Asselin exprima le désir de le rencontrer et d'échanger sur les moyens qu'il convenait de mettre en œuvre pour lutter dans la province de Québec contre l'antisémitisme. Un vendredi après-midi, moi-même et Caiserman nous sommes rendus à ses bureaux, et nous étions restés un bon moment à discuter.

Caiserman avait apporté des brochures à propos du nazisme, qui démontraient que Hitler et ses partisans n'étaient rien de plus que des gangsters et des bandits.

Asselin fit alors remarquer que cette littérature ne répondait pas à une question qui tourmentait son esprit. Comment se faisait-il que le peuple allemand, qui avait tant contribué à la culture et à la civilisation européenne, traitait les Juifs avec autant de brutalité ? Pouvait-on vraiment affirmer que tout ceci se produisait maintenant sans raison aucune ?

Partout, poursuivit Asselin, les Juifs subissaient la persécution lorsqu'une crise éclatait. Même les communautés juives les plus établies semblaient impuissantes face à de pareilles circonstances. Cela avait été démontré par exemple en France pendant l'affaire Dreyfus, et maintenant aujourd'hui en Allemagne. En situation de tension accrue, les gens avaient tendance à déverser leur colère et leur amertume sur les plus vulnérables.

Caiserman trouva cette explication juste. L'incapacité des Juifs à se défendre expliquait en effet selon lui l'emprise de l'antisémitisme sur les esprits. Voilà pourquoi il appartenait à ce courant au sein du judaïsme qui appuyait le sionisme. Un État juif en *Eretz-Israel* ferait disparaître la situation de fragilité des Juifs, et le fait qu'ils demeuraient un peuple sans territoire d'appartenance précis.

La conversation glissa ensuite du côté du sionisme. Sur ce, Asselin avoua qu'il ignorait tout de cette idéologie. Tout ce qu'il connaissait de ce mouvement, c'est ce qu'il en avait entendu à gauche et à droite, soit que de riches sionistes achetaient les terres des Arabes en Palestine, et qu'à cause de ceci la population locale s'appauvrissait et se trouvait sans ressources. Devant ce résultat, la Grande-Bretagne regrettait maintenant d'avoir publié la déclaration Balfour. Cette opinion était-elle conforme à la réalité, demanda-t-il ?

Absolument pas !, répondit Caiserman. Asselin lui laissa alors savoir qu'il était tout à fait curieux d'apprendre enfin la vérité sur le sionisme.

Asselin sortit alors d'un tiroir un journal publié en France, et qui contenait un article à ce sujet. Les Juifs, prétendait-on dans ce texte, constituaient un danger grave pour les Arabes. Ces derniers en effet ne pouvaient rivaliser avec leurs vis-à-vis, qui possédaient de fortes compétences dans le domaine du commerce et de la finance. En peu de temps, les Juifs transformeraient la terre d'Israël en un pays fortement développé, et réduiraient les Arabes à une main-d'œuvre servile et à bon marché.

Caiserman insista pour dire que cet article était faux du début à la fin.

Il prit ensuite la parole pour décrire les *haloutsim* et les travailleurs juifs de Palestine, et la manière dont ils érigeaient un foyer national juif. Ceux-ci luttaient de toutes leurs forces non pas contre les Arabes, mais contre les étendues désolées et les marais qui abondaient en ce pays éloigné. Les *haloutsim* et tous les gens qui peinaient là-bas incarnaient l'idéalisme et la fibre morale du peuple juif.

Le mouvement sioniste, reprit Caiserman, avait été lancé par des penseurs, des philosophes et des intellectuels. Bien avant la venue au pouvoir d'Hitler, ces gens étaient persuadés que la vulnérabilité et la dispersion des Juifs sur de vastes territoires ne pouvaient que mener, en temps de crise internationale, à des pogroms, à des persécutions et à des massacres. Le jour où la Palestine aura enfin été développée par les Juifs, et rebâtie sur les plans financier et humain, les masses arabes bénéficieront assurément à tous points de vue de la situation. Leur mode de vie peu enviable s'améliorera certainement lorsqu'ils accepteront de coopérer avec les Juifs au lieu de leur résister.

Asselin répliqua que ce qu'il venait d'entendre à propos du sionisme était tout à fait différent de ce qu'il avait imaginé jusque-là. Il remercia ensuite Caiserman pour les explications qu'il lui avait offertes.

LA CRÉATION DU DEUXIÈME
CONGRÈS JUIF CANADIEN

Hitler prend le pouvoir. Le boycott contre les marchandises allemandes.
La renaissance du Congrès juif canadien et les difficultés principales
qu'il rencontra pendant la période hitlérienne.

En Allemagne, les nazis se saisirent du pouvoir en mars 1933. Adolf Hitler était maintenant chancelier sous un régime politique présidé par Hindenburg. Grâce aux élections qui s'étaient déroulées un an plus tôt, et au cours desquelles les nazis avaient formé le parti politique le plus influent d'Allemagne, cet événement eut lieu d'une manière tout à fait légale. Une semaine ou deux plus tard, les nazis lancèrent une campagne de terreur contre les Juifs allemands.

Une émotion de tristesse et de douleur d'empara alors de toutes les communautés juives des États-Unis et du Canada, ainsi qu'un profond sentiment d'incertitude. Dans certains milieux, on crut même que ce contexte nouveau signifiait la fin de la démocratie partout à travers le monde.

Les commerçants juifs de ces deux pays furent alors invités à boycotter tous les biens en provenance d'Allemagne.

À Montréal, un comité fut mis sur pied afin de coordonner le boycott des produits allemands. On lui confia aussi la responsabilité d'organiser des manifestations bruyantes afin d'alerter l'opinion publique canadienne.

Dans quelques cercles non juifs on commençait à comprendre que les nazis représentaient un danger pas seulement pour les Juifs, mais aussi pour les populations chrétiennes d'Europe. Ailleurs, dans d'autres milieux, on était persuadé que les nazis ne souhaitaient persécuter que les Juifs et les communistes. Dans leur propagande, les partisans de Hitler voulaient laisser croire que leurs ennemis principaux étaient les Soviétiques et le peuple juif, et qu'ils en viendraient à une entente avec les États-Unis, la Grande-Bretagne et la France.

En avril 1933, quelques semaines seulement après que les nazis eurent pris le pouvoir, une foule importante se réunit à Montréal pour protester contre les derniers événements en Allemagne. Lors de cette rencontre[199], qui eut lieu au théâtre His Majesty's, des chrétiens bien connus prirent la parole. Le maire de Montréal, Fernand Rinfret[200], un libéral de longue date et un homme d'une grande éducation, présida la soirée à laquelle participèrent monseigneur Farthing, le chef de l'Église anglicane, et Raoul Dandurand[201], un banquier et un diplomate expérimenté.

Cette assemblée attira beaucoup l'attention. Le sénateur Dandurand était le représentant du Canada à la Société des nations et il possédait d'excellentes relations dans les milieux politiques. Dans son discours, il décrivit les conditions politiques et économiques qui avaient contribué à porter les nazis au pouvoir. Dandurand exprima aussi des critiques à l'endroit des pays occidentaux, qui à son avis n'avaient pas suffisamment appuyé les gouvernements allemands favorables à la constitution de Weimar. Si les démocraties s'étaient plus rapidement portées au secours des forces libérales en Allemagne, les nazis n'auraient pas pu arriver là où ils en étaient aujourd'hui, ni les fascistes en Italie.

Peu après la réunion, une nouvelle organisation antisémite[202] fut fondée à Montréal sous le nom de Jeune Canada. Ce regroupement entreprit de convoquer une grande manifestation populaire[203], au cours de laquelle

---

199. Le rassemblement eut lieu le 6 avril 1933.

200. Maire de Montréal d'avril 1932 à avril 1934.

201. RAOUL DANDURAND (1861-1942). Admis au barreau en 1883, il est un des artisans de la victoire électorale de Laurier en 1896. Nommé au Sénat canadien en 1898, il occupe une place très influente au sein des différents gouvernements libéraux de la période, y compris celui de Mackenzie King. Dandurand est le représentant du Canada à la Société des nations de 1924 à 1930.

202. La formulation de l'auteur peut ici laisser croire que Jeune Canada formait principalement un mouvement antisémite. En réalité, ses animateurs prirent aussi pour cible le grand capital anglo-américain, la corruption des mœurs politiques québécoises et le fédéralisme canadien, tous des sujets où la question juive ne comptait pour rien.

203. Celle-ci eut lieu à la salle du Gesù le 20 avril 1933. Les discours prononcés à cette occasion furent publiés sous le titre *Politiciens et Juifs* dans *Les Cahiers Jeune Canada*, n° 1, 1933, 67 p.

on attaqua le maire de la ville et monsieur Dandurand pour leur participation, au His Majesty's, à une assemblée favorable aux Juifs allemands.

De jeunes étudiants et quelques professionnels étaient à l'origine de ce nouveau mouvement politique. Tout de même, d'autres groupes choisirent plutôt dans les circonstances de condamner la barbarie et la cruauté des nazis. Au sein de la communauté juive, on se prit à croire que les Juifs n'affronteraient pas seuls la menace du nazisme.

L'opinion publique au Canada, tout comme celle aux États-Unis, était déjà très alertée face au danger que représentait l'hitlérisme. Un peu partout en effet avaient surgi des groupes favorables à l'idéologie nazie. Aux États-Unis, on retrouvait des sympathisants des nazis dans toutes les régions du pays et sous diverses appellations. Certains des chefs de ce mouvement étaient régulièrement mentionnés dans la presse à grand tirage, dont le révérend Coughlin de Detroit[204]. Parmi eux se trouvait également le leader du Bund germano-américain, Kuhn[205], qui était lui-même un Américain de souche allemande. Autant aux États-Unis qu'au Canada, les représentants officiels de l'Allemagne, ainsi que les ambassades et les consulats de ce pays, diffusaient sans retenue au cours de cette période de la propagande antisémite nazie.

D'autre part, des regroupements antifascistes importants firent aussi leur apparition, lesquels menaient campagne activement, par des voies pacifiques bien sûr, contre les nazis. À ces organisations se joignirent des cercles influents composés d'étudiants, de professeurs, de journalistes, d'artistes, et qui comptaient règle générale en leur sein les intellectuels les plus brillants des États-Unis et du Canada. De leur côté, les syndicats de métier s'identifièrent immédiatement à la lutte contre le nazisme. Les chefs ouvriers des deux côtés de la frontière affirmèrent ouvertement que les nazis étaient les ennemis acharnés des mouvements de travailleurs. Au Canada, le Congrès des métiers et du travail a demandé, à différentes reprises au cours de cette période, que les portes du pays soient toutes grandes ouvertes pour accueillir les victimes juives du régime hitlérien.

---

204. Il s'agit de Charles E. Coughlin, prêtre catholique américain d'origine irlandaise. En 1938, il lança aux États-Unis, sur les ondes radiophoniques, une violente campagne antisémite qui rejoignit des millions de personnes. Coughlin reproduisit aussi à la même époque *Les Protocoles des sages de Sion* dans sa publication *Social Justice*.

205. L'auteur fait ici référence à Fritz Kuhn, leader d'un mouvement politique américain pro-germanique et sympathique à l'idéologie nazie.

Ceci se passait à un moment où un nombre considérable de groupes de pression exigeaient au contraire que le Canada repousse les immigrants européens.

Au printemps de 1933, après la rencontre réussie au His Majesty's, la pression augmenta au sein de la communauté pour que l'on ressuscite le Congrès juif canadien. On entrevoyait en effet qu'il faudrait mener le combat contre le nazisme sur une grande échelle, et qu'il serait nécessaire pour venir en aide aux Juifs allemands de recueillir des sommes considérables. Déjà en effet ceux-ci avaient commencé à fuir leur pays afin d'échapper à la catastrophe qui semblait maintenant inévitable.

Les sessions plénières du deuxième Congrès juif canadien s'ouvrirent en octobre 1934. Il s'agissait là assurément d'un événement d'une grande portée historique. Le sujet le plus important à l'ordre du jour de cette assemblée fut bien sûr la question des Juifs allemands. Des persécutions antisémites étaient aussi menées dans d'autres pays, comme en Pologne, en Roumanie et en Hongrie. Tout indiquait qu'un certain nombre de pays se concertaient afin d'annihiler les populations juives d'Europe.

S. W. Jacobs fut élu président du Congrès juif canadien. Le fait qu'il siégeait au Parlement d'Ottawa compta pour beaucoup lorsque vint le temps de déterminer qui pourrait le mieux défendre les droits et la réputation des Juifs. H. M. Caiserman fut choisi au même moment secrétaire de l'organisation.

La réanimation du Congrès juif canadien inaugura une ère nouvelle, au cours de laquelle la communauté interviendrait de manière concertée dans différents domaines d'activité.

UNE GRÈVE DES MÉDECINS
CONTRE LES JUIFS

*Les internes de l'Hôpital Notre-Dame déclenchent une grève
pour protester contre l'embauche d'un médecin juif. Les difficultés
rencontrées par les médecins juifs. L'ouverture d'un hôpital juif.*

EN 1934, les journaux autant juifs que ceux à grand tirage étaient remplis de nouvelles tragiques au sujet des persécutions subies par les Juifs allemands.

La lecture de reportages de ce genre avait de quoi frapper même les âmes les plus insensibles. Il semblait bien que les Allemands, qui possédaient une tradition culturelle de très haute volée, étaient maintenant descendus à un niveau de barbarisme digne du Moyen Âge. Plusieurs personnes pensaient même, autant aux États-Unis qu'au Canada, que l'Europe tout entière courait à sa perte et que l'on ne tarderait pas à être témoin de la fin de cette civilisation.

On apprit ainsi de quelle façon on brûlait les livres des écrivains et des intellectuels juifs. Les nazis jetaient les ouvrages au feu en paradant d'un pas militaire, dont les œuvres du professeur Einstein[206], d'Emil Ludwig[207],

---

206. ALBERT EINSTEIN (1879-1955). D'origine juive allemande, il avait obtenu en 1913 une chaire à l'Université de Berlin, où il fit des recherches scientifiques qui devaient déboucher sur une nouvelle théorie de la gravitation et de la relativité généralisée. Ces travaux furent récompensés en 1921 par le prix Nobel de physique. Chassé d'Allemagne par les nazis il s'établit aux États-Unis à partir de 1933.

207. EMIL LUDWIG (1881-1948). Pseudonyme de Emil Cohn. Né en Allemagne et d'origine juive, il était l'auteur de plusieurs biographies d'hommes célèbres publiées au cours des années 1920 et 1930, dont Goethe, Napoléon, Guillaume II et Michel-Ange.

de Lion Feuchtwanger[208] et de beaucoup d'autres auteurs, dramaturges et essayistes. Partout en Allemagne, on retira les livres de ces écrivains des bibliothèques publiques.

Durant cette année 1934, dans tous les pays, les antisémites devinrent plus agressifs, plus militants et plus intolérants dans leur façon d'aborder la question juive. Ils firent tout ce qui était en leur pouvoir pour manifester leur estime envers les nazis et empoisonner l'atmosphère avec de la propagande hitlérienne dirigée contre les Juifs.

À cette époque, le courant de pensée antisémite qui se manifestait dans la province de Québec était animé par la bande à Arcand. Celui-ci en profita donc pour élargir encore plus le cercle de ses activités et pénétrer toujours plus profondément différents milieux, dont ceux des jeunes professionnels, avocats et médecins.

Lors d'un procès à la cour supérieure, par exemple, un jeune avocat avait refusé une déposition faite sous serment par un Juif. L'homme de loi avait cité le *kol nidre* et allégué que cette prière sacrée, que les Juifs récitent la veille de *Yom Kipour*[209], leur permettait de mentir pendant un procès intenté contre un chrétien.

Le juge McKinnon rejeta toutefois l'objection et en profita pour blâmer l'avocat de répéter des sottises antisémites, que les ennemis d'Israël utilisaient au Moyen Âge lors de leurs persécutions contre les communautés juives.

Quand l'homme de loi avait formulé son opinion au sujet du *kol nidre*, il avait ainsi trahi le fait qu'il lisait les feuilles antisémites d'Arcand. Cette littérature insistait en effet lourdement sur ce genre de bêtises pour dénoncer les Juifs.

D'autres avocats encore ne se gênaient pas pour manifester en différentes occasions leur haine à l'endroit du peuple juif, et pour se réjouir du traitement brutal que les forces hitlériennes réservaient aux Juifs en Allemagne.

---

208. LION FEUCHTWANGER (1884-1858). Écrivain allemand de réputation mondiale spécialisé dans le roman historique. L'œuvre qui contribua le plus à le faire connaître parut en 1925 sous le titre *Le Juif Suess*, qui décrivait la vie au XVIIIᵉ siècle de Joseph Suess Oppenheimer, un Juif actif à la cour d'un noble allemand.
209. Jour le plus solennel du calendrier religieux juif. Consacré entièrement à la prière et au jeûne, le *Yom Kipour* est l'occasion pour les fidèles de demander pardon pour les fautes commises au cours de l'année écoulée.

Cette année-là, la grève des jeunes médecins (internes) de l'Hôpital Notre-Dame[210] attira beaucoup l'attention.

Le conflit en question fut déclenché du fait qu'un jeune médecin juif avait été engagé par l'institution comme interne. Ses collègues demandèrent que l'individu en question soit renvoyé. Lorsque l'administration refusa d'obtempérer à cette exigence, les jeunes médecins entrèrent en grève. Les mécontents firent les cent pas devant l'hôpital et s'assurèrent ainsi que personne ne viendrait prendre leur place auprès des malades.

Cet arrêt de travail émut beaucoup l'opinion publique et l'on condamna les grévistes de toutes parts. La nouvelle de la grève fut diffusée dans toutes les parties du pays et même aux États-Unis. Le docteur Rabinovitch, qui était la cause de cette agitation, reçut des offres de différents hôpitaux américains et canadiens afin qu'il aille y travailler. Au sein de la communauté juive, un débat eut lieu à savoir si le docteur Rabinovitch devait démissionner de l'Hôpital Notre-Dame ou s'entêter à y rester. Certains pensaient en effet qu'il avait tout intérêt, au nom de la paix sociale, à se retirer afin d'éviter à l'administration des tracas inutiles. D'autres croyaient plutôt qu'il était de son devoir de faire face à la musique et d'affronter ses opposants, ceci afin de ne pas encourager les regroupements antisémites dans leur combat contre la population juive.

Il se trouva aussi des chrétiens pour affirmer que le médecin juif ne devait pas démissionner, au risque de donner raison aux antisémites et de les conforter dans leurs idées.

Finalement, le docteur Rabinovitch quitta volontairement son poste à l'Hôpital Notre-Dame, ce qui fut interprété par les antisémites comme une victoire. Au sein de la communauté juive, l'on se félicita toutefois de ce que l'opinion publique canadienne-française, la presse francophone, les principaux leaders politiques du Québec et une part importante de l'intelligentsia aient choisi de condamner les grévistes. Il semblait bien, d'autre part, que l'arrêt de travail ait été piloté par un petit nombre d'individus qui avaient été influencés par la propagande antisémite agressive qui circulait à l'époque.

* * *

Il est important de remarquer par ailleurs, en rapport avec ces événements, qu'il était très difficile au cours de ces années pour de jeunes médecins

---

210. Celle-ci eut lieu du 15 au 18 juin 1934.

juifs d'obtenir un poste d'interne dans un hôpital montréalais. Très peu de Juifs étaient admis à pratiquer la médecine. Beaucoup de diplômés dans ce domaine devaient donc quitter Montréal pour trouver du travail aux États-Unis. Il était plus facile en effet de dénicher là-bas une place dans un hôpital. La situation cependant commença à s'améliorer en 1934, car cette année-là un hôpital juif fut inauguré à Montréal[211].

La construction d'un hôpital juif laissa une forte impression au sein de la communauté montréalaise. Le besoin pour un tel établissement de santé était pressant non seulement du côté des malades, mais aussi pour les médecins juifs, tout autant les jeunes que les plus expérimentés. Ces derniers cherchaient en effet depuis longtemps un hôpital où ils se sentiraient pleinement acceptés, et non pas traités comme de simples invités.

Le mouvement en faveur de la construction d'un hôpital juif à Montréal apparut en 1928 à l'initiative d'un groupe de Juifs du bas de la ville (*Downtowners*), soutenus activement pas Hirsch Wolofsky et le *Keneder Odler*. Cette année-là, la prospérité régnait toujours et il semblait bien que l'on n'aurait aucun problème à recueillir une somme plus importante que nécessaire. En 1929 toutefois eut lieu le krach historique des valeurs boursières, lequel provoqua une crise économique très grave. Dans ce contexte, il devint difficile d'obtenir même le minimum requis pour ériger l'hôpital. Il s'agissait là d'une complication importante qui fut plus tard surmontée grâce aux frères Bronfman, qui avaient pris à cette fin la tête d'une collecte de fonds à grande échelle. Monsieur Allan Bronfman[212] intervint en effet au plus fort de la campagne en faveur de l'hôpital, ce qui en assura le succès. Ce dernier resta d'ailleurs président de l'institution. Sous son administration, l'hôpital se développa au point de devenir une des maisons de soins de santé les plus avant-gardistes de Montréal.

---

211. L'inauguration du Sir Mortimer B. Davis Jewish Hospital eut lieu le 8 octobre 1934, dans un édifice érigé la même année au coin du chemin de la Côte-Sainte-Catherine et du chemin de la Côte-des-Neiges.

212. Né à Brandon au Manitoba en 1895, fils d'Ekiel Bronfman, président de l'Hôpital général juif à partir de 1933, et administrateur du Congrès juif canadien au cours de la période de l'après-guerre.

LES SYNDICATS CATHOLIQUES
ET LES SYNDICATS JUIFS

La lutte des syndicats catholiques contre les syndicats « juifs »
des métiers de l'aiguille. Une crise dans les syndicats des travailleurs
du vêtement. La grève tragique des ouvrières de la robe.

AU COURS DE LA PÉRIODE AGITÉE DES ANNÉES 1930, soit quand des luttes internes avaient affaibli les syndicats des métiers de l'aiguille, les associations de travailleurs catholiques tentèrent par tous les moyens de pénétrer l'industrie du vêtement. Leur but n'était rien de moins que d'expulser de ce secteur les deux syndicats les plus importants, soit l'Amalgamated et l'International.

Les leaders des syndicats catholiques s'étaient donc mis à attaquer les organisations ouvrières présentes dans la confection, en prétendant que des communistes se trouvaient à leur tête et que pour cette raison elles étaient nocives et nuisibles dans le contexte québécois. Les feuilles antisémites publiées par Arcand avaient appuyé les syndicats catholiques dans leur campagne. Cette agitation passait sous silence le fait que les chefs de l'Amalgamated et de l'International menaient alors une lutte intense contre l'influence communiste au sein des syndicats des métiers de l'aiguille.

Les syndicats catholiques étaient dirigés à l'époque par l'Église et se trouvaient donc fortement imprégnés de son idéologie. Ces associations ouvrières avaient comme but principal de regrouper les travailleurs canadiens-français au sein de mouvements à saveur religieuse, afin qu'ils n'entrent pas en contact avec des syndicats internationaux affiliés à de grandes organisations américaines. Jusque-là les syndicats catholiques avaient négligé de s'intéresser aux ouvriers de l'industrie du vêtement du fait qu'il s'agissait surtout de travailleurs juifs, et qu'ils n'appartenaient pas à leur clientèle désignée.

Pendant les années 1930 toutefois, poussés dans cette direction par les propagandistes antisémites, les syndicats catholiques eurent l'impression qu'il était désormais possible d'affaiblir les organisations ouvrières juives, et de prendre le contrôle des travailleurs actifs en grand nombre au sein de l'industrie du vêtement. Ils s'adressèrent en particulier aux ouvriers chrétiens qui étaient employés dans ce secteur de l'économie.

Les syndicats catholiques n'utilisèrent pas dans ce contexte des slogans ouvertement anti-juifs. Ils évitèrent ce genre de propagande surtout parce qu'il était nécessaire dans ce domaine de traiter avec des manufacturiers juifs. Ces organisations ouvrières offraient en effet aux propriétaires d'atelier des contrats assortis de bas salaires. Elles s'assuraient aussi que les tailleurs ne puissent pas en vertu de telles ententes faire la grève. Il ne s'agissait pas là d'ailleurs de vains mots. Tous les intervenants dans ce secteur économique savaient très bien que les syndicats catholiques s'étaient prononcés contre de tels modes de pression.

Quelques manufacturiers acceptèrent les propositions des syndicats catholiques. Ils pensaient ainsi chasser de Montréal les syndicats inter-nationaux, lesquels reprenaient maintenant vie après avoir traversé une très difficile crise, soit quand des factions opposées s'étaient affrontées en leur sein.

Les deux plus importants syndicats des métiers de l'aiguille à Montréal avaient été ruinés par des querelles intestines. Pendant une longue période, les cotisations des syndicats des travailleurs du vêtement féminin (*klokmak-hers*) avaient même été suspendues. Pour les ouvriers qui comptaient sur ces organisations syndicales, ces développements avaient représenté une grave crise. Les manufacturiers ne s'étaient d'ailleurs pas gênés pour pro-fiter d'une telle situation et avaient ramené les salaires au strict minimum. Beaucoup de familles de travailleurs du vêtement féminin s'étaient trouvées obligées dans de pareilles circonstances d'avoir recours à la charité publique (*tsdoke*).

Des difficultés d'un autre genre empoisonnaient l'existence des tail-leurs du domaine du vêtement masculin. Un certain nombre de ces ouvriers spécialisés s'étaient «révoltés» contre l'Amalgamated et avaient fondé un syndicat concurrent inspiré par des gauchistes, et au sein duquel ces derniers menaient le jeu.

Cette nouvelle organisation, qui s'appelait The Canadian Union, a pendant un certain temps contrôlé les travailleurs du vêtement masculin et a réussi à signer une entente collective avec les manufacturiers, qui ne manquaient pas de se réjouir des problèmes vécus par l'Amalgamated. Les tailleurs toutefois n'apprécièrent pas tellement les conditions de travail dégradées qui leur étaient maintenant imposées, et ils retournèrent à leur ancien syndicat. L'Amalgamated n'avait en effet pas cessé tout ce temps de fonctionner grâce à un petit nombre de membres restés fidèles à l'organisation, et qui lui avaient versé des cotisations même quand ils avaient aussi dû, sous peine de perdre leur emploi, payer celles qui étaient imposées par la Canadian Union. Ces tailleurs attachés à l'Amalgamated étaient des socialistes modérés[213] et des travaillistes-sionistes (*poale-zyonistn*), qui avaient choisi de faire front commun pour protéger leur syndicat des attaques subies de la part d'organisations ouvrières situées plus à gauche.

Les syndicats des travailleurs du vêtement féminin avaient survécu du fait de la fidélité à l'organisation d'un petit nombre de personnes, qui avaient patienté jusqu'à ce que l'occasion se présente de rouvrir un bureau d'affaires. Albert Eaton[214] se trouvait à la tête de cette poignée de gens, et pendant longtemps il a joué un rôle crucial au sein de la section montréalaise de l'International. Il est aussi devenu plus tard l'administrateur principal de la Commission conjointe des syndicats de l'industrie du vêtement féminin (Joint Commission of Cloaks Industries). Pour venir en aide à ce groupe dans ses efforts pour réanimer le syndicat des travailleurs du vêtement féminin, le bureau central de l'International envoya à Montréal Bernard Shane[215], qui était alors un organisateur itinérant. En peu de temps, monsieur Shane, qui est aujourd'hui vice-président à

---

213. L'auteur emploie ici le terme *rekhte sotsyalistn*, ce qui se traduit littéralement par « socialistes de droite ».

214. ALBERT EATON (1893-1975). Né en Russie, membre du Parti travailliste-sioniste, conseiller municipal à Montréal de 1940 à 1942, il est administrateur à Montréal du Joint Committee of the Ladies' Cloak and Suit Industry.

215. Né en Russie en 1890, émigré à Philadelphie en 1906, il devient membre de l'International Ladies' Garment Workers' Union (ILGWU) en 1909. De 1929 à 1931 il est organisateur syndical dans le domaine du vêtement à Toronto, et de 1931 à 1934 auprès des travailleurs de la robe à Chicago. Il arrive à Montréal en 1934 comme organisateur de l'ILGWU et participe à la grève de la robe de 1937. Il est vice-président international de l'ILGWU à partir de 1950.

l'échelle internationale de l'organisation, a rebâti le syndicat local et a attiré à lui les ouvriers qui s'en étaient détournés.

Après avoir remis sur pied le syndicat des travailleurs du vêtement féminin, monsieur Shane voulut regrouper les ouvrières de la robe.

Ceci se passait au milieu des années 1930. Montréal était alors un centre important de l'industrie de la robe. Dans ce secteur, la majorité des travailleurs étaient des Canadiennes françaises, et jamais elles n'avaient été réunies à l'intérieur d'une association ou d'un syndicat quelconque.

L'International ne rencontra aucune difficulté particulière à organiser ces femmes. Les problèmes commencèrent toutefois quand les manufacturiers menacèrent de mettre fin à une entente collective signée avec le syndicat. L'International déclara alors une grève qui provoqua une vive tension au sein de l'industrie de la confection montréalaise.

Cette grève[216] aux accents dramatiques dura quelques semaines et se termina par une grande victoire de l'International.

Au cours de cet arrêt de travail, les syndicats catholiques intervinrent pour empêcher les travailleuses francophones de se joindre à une organisation ouvrière «juive». L'on protesta aussi fortement contre le fait que les dirigeants de l'International à New York et à Montréal étaient de façon avouée ou pas des communistes. Les ouvrières francophones rejetèrent ce type de propagande et elles manifestèrent sans hésiter leur loyauté à l'International, qui s'était adressé à elles en employant le langage du libéralisme et de la solidarité intercommunautaire. Le syndicat condamna de plus fermement l'exploitation des plus démunis et l'oppression des travailleurs.

Les syndicats catholiques demeurent un mouvement très puissant dans la province de Québec. Dernièrement toutefois, ces organisations ouvrières ont accompli des progrès significatifs et ne possèdent plus ce caractère de conservatisme social qu'elles affichaient au cours des années 1930.

---

216. La grève dans l'industrie de la robe à laquelle l'auteur fait illusion se déroula du 15 avril au 10 mai 1937 et toucha près de 4000 ouvrières regroupées autour du boulevard Saint-Laurent et de la rue Sainte-Catherine.

LE PROCÈS CONTRE
L'ANTISÉMITISME À OTTAWA

Un détective qui se mêlait de propagande antisémite.
Le sionisme et le Talmud tels que décrits au procès intenté
par le président de l'Organisation sioniste canadienne.

LE MOUVEMENT ANTISÉMITE MILITANT, animé dans la province de Québec par le Parti national social chrétien, avait aussi réussi à s'implanter dans certaines localités de l'Ontario, dont Ottawa, la capitale du pays, où il a attiré à lui quelques adeptes.

Un détective bien connu travaillant pour la police avait pris à son compte dans ce contexte de chasser les Juifs de la ville d'Ottawa. Toute l'affaire commença par une campagne de boycottage contre les commerçants juifs de la localité et des environs.

Afin d'atteindre cet objectif digne des nazis, le détective nommé Jean Tissot se procura à Montréal et ailleurs encore de la littérature antisémite qu'il a ensuite distribuée dans la capitale canadienne. Il réunit aussi autour de lui un groupe de personnes qui lui venaient en aide dans son travail de propagande.

Au même moment, il s'était adressé à des marchands non juifs afin qu'ils l'appuient financièrement dans ses efforts pour boycotter les commerces appartenant à des Juifs.

Lors de sa campagne dirigée contre les Juifs, le détective Tissot s'en prit au grand magasin appartenant à Archie Freiman, lequel était alors le président de l'Organisation sioniste canadienne.

Tissot fit imprimer une circulaire dirigée spécifiquement contre Freiman. Dans ce pamphlet, il attaqua nommément Freiman comme étant un des plus importants leaders de la communauté juive canadienne, et comme quelqu'un qui envoyait en terre d'Israël de l'argent recueilli au Canada. Il en appela de plus les chrétiens résidant à Ottawa et dans la région à ne plus se rendre faire des achats au commerce qui était la propriété de Freiman. Dans un magasin tenu par un Juif, prétendit Tissot, les clients ne sont pas traités honnêtement. Ce dernier fit même parvenir la circulaire en question aux concurrents chrétiens de Freiman, dans l'espoir qu'ils le dédommagent financièrement pour sa campagne.

La publication du pamphlet antisémite n'eut que des conséquences désastreuses pour son auteur. On ne tarda pas en effet à Ottawa à vouloir mettre fin à de telles manœuvres.

Tissot fut d'abord congédié du service de police, puis il fut traîné devant les tribunaux par monsieur Freiman pour diffamation.

Le procès en question attira beaucoup l'attention partout au Canada. Dans les journaux antisémites d'Arcand, publiés à Montréal, on dépeignit Tissot comme un martyr et comme la victime d'attaques injustes de la part des Juifs. Dans la presse à grand tirage, on applaudit plutôt le fait que Freiman ait entamé des procédures juridiques afin de faire cesser immédiatement, avant qu'elle ne prenne des proportions trop grandes, cette campagne antisémite déclenchée à Ottawa. Monsieur Freiman possédait en effet une certaine réputation comme chef de file des Juifs non seulement d'Ottawa, mais partout au Canada. Son épouse aussi était bien connue et respectée non seulement en tant que présidente de l'organisation Hadassa, mais aussi du fait des importantes activités philanthropiques qu'elle menait autant auprès des Juifs que des institutions caritatives de la majorité chrétienne.

Le procès eut lieu à l'automne 1935[217] devant juge et jury, et prit une tournure on ne peut plus dramatique. L'accusé voulut jouer le rôle à la cour de quelqu'un que l'on persécute parce qu'il combat les « ennemis de la chrétienté ». Les procureurs de la partie demanderesse décrivirent quant à eux Tissot comme un être sans scrupule, un charlatan et un diffamateur.

On porta entre autres à l'attention du juge les faits suivants :

L'accusé s'était présenté au grand magasin Bryson-Graham pour solliciter une aide financière en vue de poursuivre son agitation antisémite. Il avait parlé aux deux principaux responsables de cette entreprise, monsieur William Graham, le vice-président, et monsieur G. Munro, qui était trésorier et administrateur.

---

217. Celui-ci se déroula en fait en juin 1935.

Tissot avait proposé à ces messieurs de devenir membres de la Ligue des propriétaires de commerce chrétiens opposés aux Juifs, laquelle organisation avait pris sur elle de mener un boycott contre tous les marchands juifs, afin de les chasser d'Ottawa et de libérer ce secteur de l'économie de la concurrence des Juifs.

Afin de convaincre ses interlocuteurs que cette ligue effectuait son travail de manière efficace et sur une grande échelle, le détective Tissot leur montra une circulaire dirigée contre les marchands juifs et que l'organisation s'apprêtait à distribuer.

Ce pamphlet proposait un texte d'abord publié dans le journal montréalais Le Patriote[218], un des organes de presse antisémites dirigés par Arcand, et qui attaquait violemment les Freiman. Le texte en question contenait aussi des propos diffamatoires contre les administrateurs de leur commerce à Ottawa.

Cette rencontre fut portée à l'attention de la cour lors du procès, et messieurs Graham que Munro furent appelés à la barre par les avocats de l'accusation.

Monsieur Freiman aussi fut entendu par le juge comme témoin. Le procureur de l'accusé chercha à le discréditer du fait de son appartenance au leadership du mouvement sioniste. L'avocat tenta ainsi de donner l'impression que le sionisme faisait partie intégrante du «judaïsme international», dont le but n'était rien de moins que d'exploiter les agriculteurs sans ressources de la Palestine et de les priver de leurs terres.

Sur ce, monsieur Freiman dut expliquer au jury quels étaient les principaux objectifs du courant sioniste au Canada et dans d'autres pays. Le but ultime de ce mouvement, répéta-t-il, était de créer un foyer national pour quelques millions de Juifs, qui auraient ainsi la possibilité de faire renaître la culture juive et d'établir pour eux-mêmes les fondements d'une société résolument moderne. Les populations arabes, avança-t-il, ne seraient pas en reste si les Juifs transformaient la Palestine en un pays bien développé sur le plan économique.

---

218. Hebdomadaire montréalais publié par Adrien Arcand et Joseph Ménard de mai 1935 à janvier 1938, avec une interruption de septembre 1936 à octobre 1937. Il est aussi distribué à Ottawa à partir de mai 1936. Le Patriote poursuit l'œuvre du Miroir et reprend les mêmes thèmes de l'antisémitisme et de l'antilibéralisme. Le journal appuie directement le Parti national social chrétien fondé en février 1934 par Adrien Arcand. Il disparaît par manque de fonds et faute d'avoir pu attirer suffisamment d'annonceurs.

Le procureur de l'accusé demanda ensuite à Freiman d'expliquer la logique interne du Talmud. Était-ce vrai que cet ouvrage permettait aux Juifs de tromper les chrétiens et de les traiter de manière injuste en affaires? Monsieur Freiman s'adressa alors à la cour pour bien faire comprendre que de telles insinuations à propos du Talmud étaient dénuées de tout fondement, et qu'il s'agissait là d'une des vilenies que les antisémites utilisaient dans leur combat contre les Juifs.

Le jury entendit le plaidoyer des avocats de chaque partie et rendit un verdict[219] à savoir que Tissot était coupable de diffamation avec l'intention de nuire à sa victime.

On condamna plus tard Tissot à payer une amende en argent[220].

---

219. Le verdict de culpabilité fut rendu le 8 octobre 1935.
220. Tissot fut condamné sous deux accusations de publication d'un texte diffamatoire et dut payer une amende de 50 $.

L'ASSAUT CONTRE
LA SYNAGOGUE DE QUÉBEC

Une tentative d'empêcher la construction d'une nouvelle synagogue
à Québec. Un incendie est allumé dans la synagogue à la veille de son
inauguration. Ce geste inquiète beaucoup la communauté juive.

L'ANTISÉMITISME MILITANT qui était apparu à Montréal finit par se
transporter à Québec, ville où se manifestèrent quelques groupes qui
cherchaient à soulever la population contre la communauté juive locale.

Les feuilles antisémites rédigées par Adrien Arcand et imprimées à
Montréal étaient en effet distribuées aussi à Québec.

De même, le mouvement l'Achat chez nous bénéficiait d'une certaine
popularité dans la ville, d'autant plus qu'il était soutenu par l'influent
journal *L'Action catholique*[221].

À cette époque, la communauté juive de Québec avait pris la décision
de construire une nouvelle synagogue, et il était prévu que celle-ci serait
plus vaste et mieux décorée que l'ancienne. L'édifice utilisé jusque-là avait
été érigé par la génération qui était arrivée au moment de la grande vague
migratoire[222], et formée pour la plupart de gens qui gagnaient leur vie
comme *peddlers* et dans le petit commerce. Les Juifs nés à Québec par
contre s'étaient élevés dans l'échelle sociale, et ils désiraient maintenant
bâtir un lieu de culte imposant, qui serait situé dans un quartier résidentiel
plus huppé. Quand la communauté juive avait fait l'acquisition d'un

---

221. Quotidien fondé par les autorités catholiques du diocèse de Québec en 1907, comme
outil de propagande des idées sociales de l'Église. Il était de tendance conservatrice,
ultramontaine et nationaliste.

222. Soit au tout début du XXᵉ siècle.

terrain[223] afin d'y construire une synagogue[224], tout de suite de hauts cris s'étaient fait entendre dans certains milieux chrétiens. Une campagne fut lancée pour que l'emplacement choisi se trouve dans une zone réservée à des résidences privées, et qu'on ne puisse y ériger un édifice public. Lorsque les chefs de la communauté choisirent de ne pas tenir compte d'une pareille agitation, certaines personnes s'adressèrent à la cour pour obtenir une injonction qui interdirait formellement aux Juifs d'aller de l'avant avec leur projet de construction.

Les opposants n'eurent pas gain de cause. Un permis fut obtenu par la communauté pour ériger la synagogue, et les travaux commencèrent. L'agitation contre le projet n'en cessa pas pour autant et resta très forte. Or il arriva, à mi-chemin de la construction, que des voyous antisémites mettent le feu dans le sous-sol de l'édifice.

Les efforts en vue d'empêcher les Juifs de bâtir un lieu de culte avaient débuté au cours des années 1930 et s'étaient étendus sur une longue période. Cette campagne culmina en mai 1944, soit un certain soir après la fin du sabbat. On se préparait en effet ce jour-là aux fêtes entourant l'inauguration de l'édifice, qui devaient avoir lieu le lendemain. Pendant la nuit du samedi à dimanche, un incendie fut allumé dans la synagogue, qui endommagea le sous-sol du bâtiment.

La question à savoir si l'on devait tout de même aller de l'avant avec l'inauguration de l'édifice ne manqua pas de se poser. Finalement il fut décidé que tout se déroulerait comme prévu. Déjà il ne restait pas telle-ment de temps pour tout remettre en ordre dans la synagogue et pour préparer la fête déjà planifiée. Les cérémonies eurent lieu l'après-midi suivant. Un grand nombre de gens de tous âges participèrent à l'évé-nement, hommes, femmes et enfants. On vit même quelques jeunes en uniforme militaire. Le climat toutefois était plutôt sombre, comme à la veille de *Yom Kipour*, et le *hazan*[225] interpréta les prières avec une voix empreinte de retenue. Le rabbin Mednick[226] quant à lui prononça son allocution sur un ton inquiet, soulignant de surcroît la gravité pour la communauté de l'incendie qui venait d'avoir lieu la nuit précédente.

---

223. Au coin nord-est de la rue de Salaberry et de la rue Crémazie.

224. La synagogue Beth Israel Ohev Shalom (la maison d'Israël « amour de la paix ») existe toujours. Elle n'est plus utilisée pour le culte depuis le milieu des années 1980 et sert maintenant de salle au théâtre Le Périscope.

225. Chantre dans une synagogue.

226. Il s'agit de Bernard Mednick, rabbin de 1937 à 1945.

L'état d'esprit général se modifia toutefois en soirée lors du banquet d'inauguration. Il semblait bien cette fois que les Juifs de Québec s'étaient réunis pour une occasion joyeuse. Tous se félicitèrent mutuellement et se souhaitèrent *mazel tov*[227]. Le banquet était présidé par Sydney Lazarovitch et par O. Miller, et un certain nombre de personnalités bien connues de Montréal, qui étaient venues représenter le Congrès juif canadien, prirent place à la table d'honneur.

Monsieur O. Miller, le président de la synagogue, déclara que l'incendie avait été un événement douloureux, mais qu'il en était ressorti un élément positif, soit que ce sinistre avait aussi servi à rapprocher la nouvelle génération de l'ancienne. Il se réjouissait en effet de constater que tous les jeunes de la communauté, une fois l'incendie éteint, s'étaient présentés à la synagogue pour nettoyer et réparer les dommages subits. Ce sont d'ailleurs ces jeunes gens qui avaient demandé que l'inauguration de l'édifice ne soit pas remise à plus tard, afin que l'on ne donne pas ainsi l'impression que les ennemis des Juifs avaient prévalu.

Maurice Pollack[228], le président du comité chargé de la construction, affirma pour sa part en cette occasion que l'incident de la veille était certes pénible à constater, mais que de toute façon l'histoire juive comptait un grand nombre d'événements de ce genre, arrivés à différentes époques et en divers lieux. Dans de pareilles circonstances, insista-t-il, il convenait d'avoir confiance en Dieu. Il ne fallait pas non plus perdre confiance face aux Canadiens français, qui étaient des gens foncièrement honnêtes, qui travaillaient avec application, craignaient le châtiment de Dieu et savaient faire preuve d'ouverture envers autrui. Les voyous antisémites, qui tenaient un discours inspiré de l'idéologie hitlérienne, parlaient une langue et exprimaient un état d'esprit qui restait foncièrement incompréhensible aux Canadiens français, et n'appartenait pas à leur univers de signification.

---

227. Expression hébraïque de congratulations.
228. MAURICE POLLACK (1885-1968). Né en Ukraine, arrivé au Canada en 1902, il ouvrait en 1906 à Québec dans le quartier Saint-Roch un commerce de détail qui allait devenir avec les années un des plus importants de la région. Leader communautaire influent, il se retira des affaires en 1950 pour se consacrer à la philanthropie.

UNE CAMPAGNE ÉLECTORALE MOUVEMENTÉE

Des antisémites tentent de marquer des points lors
d'une élection fédérale et ratent la cible. Les représentants juifs
au Parlement lors de la période critique des années 1930.

DES ÉLECTIONS FÉDÉRALES eurent lieu au Canada à l'automne 1935.
Lors de ces élections, les antisémites lancèrent une campagne virulente sur deux fronts, soit à Montréal et à Ottawa.

À Montréal, les antisémites présentèrent un candidat contre S. W.
Jacobs, qui siégeait au Parlement depuis 1917. Ils choisirent, pour s'opposer au député sortant, un avocat du nom de Salluste Lavery, qui était
aussi un ennemi acharné des Juifs. Il s'agissait là du même Lavery qui un
an plus tôt avait tenté de se faire élire comme maire à la ville de Montréal.
Lors de cette campagne électorale, Lavery avait affirmé qu'il ne s'occuperait
que d'un seul enjeu s'il était porté au pouvoir, soit de mettre la métropole
à l'abri de la « menace juive ». Il avait été défait, naturellement, et sans
même recueillir un nombre significatif de votes.

Au cours de ces élections fédérales, Lavery remua mer et monde pour
soulever le public contre la communauté juive de Montréal et contre le
peuple juif en général.

Lavery réunit de grandes foules auxquelles on ne livra aucun autre
message que celui du combat contre les Juifs. Différents types de conférenciers furent invités à ces événements, la plupart d'entre eux d'illustres
inconnus membres des professions libérales, qui tenaient un discours
démagogique et hurlaient à qui voulait l'entendre que le Canada était
menacé par une « conjuration juive ». Ce complot, expliquaient-ils, décou-
lait de ce que l'on souhaitait entraîner le pays dans une guerre contre
l'Allemagne, dans le but d'intervenir en faveur des Juifs allemands. Si

jamais Jacobs était réélu au Parlement, prétendaient ces orateurs, pour sûr qu'il manœuvrerait pour forcer le Canada à déclencher les hostilités en vue de voler au secours du peuple juif.

Ces tribuns justifiaient d'une même envolée les persécutions nazies contre les Juifs. En Allemagne, tous les Juifs penchaient du côté du communisme. Ils voulaient détruire la civilisation chrétienne et aider les bolchevistes à étendre leur domination sur l'Europe tout entière.

En faisant usage d'une propagande semblable, les conférenciers qui prenaient la parole à ces rencontres provoquaient de fortes réactions au sein de leur auditoire, dont parmi les jeunes gens qui s'y pressaient en grand nombre. On vendait aussi en de pareilles occasions, si on ne les distribuait pas gratuitement, les journaux antisémites publiés par Arcand ainsi que d'autres documents de même acabit.

Aux assemblées que Jacobs organisait de son côté, venaient des personnalités canadiennes-françaises de premier ordre, dont des avocats bien connus et même des membres du cabinet fédéral. Dans leurs discours, ces orateurs appelaient les électeurs francophones à condamner les tirades antisémites que l'on entendait aux réunions tenues par Lavery. Ils insistaient aussi pour rappeler que les déclarations favorables aux nazis faites par Lavery et ses acolytes violaient l'esprit chrétien, et le parti pris d'humanisme que partageaient tous les Canadiens français. Ces politiciens appelaient également les gens à voter pour Jacobs afin de bien montrer que la province de Québec appartenait à l'univers du christianisme, et n'éprouvait aucune sympathie envers la barbarie nazie.

Cette campagne électorale attira beaucoup l'attention, autant dans les milieux juifs qu'au sein de la population en général. Elle se termina sur une victoire éclatante de Jacobs. En fin de compte, Lavery ne réussit pas à recueillir un nombre significatif de votes, même dans des secteurs où résidaient surtout des francophones. Après cet échec, on n'entendit plus jamais parler de lui.

À Ottawa, les antisémites proposèrent la candidature de l'ancien détective Jean Tissot, qui était déjà bien connu pour ses sympathies envers le fascisme et qui avait déjà mené quelque temps auparavant une agitation antisémite dans la ville. À cette occasion, Tissot s'en prit surtout à A. J. Freiman, le président de l'Organisation sioniste canadienne et propriétaire d'un important magasin. Suite à cette campagne anti-juive, Tissot avait été accusé en cour criminelle, et trouvé coupable d'avoir tenu des propos diffamatoires. Le juge l'avait d'ailleurs condamné à une amende négligeable.

Tissot mena sa campagne électorale tambour battant. Il invita les électeurs à l'envoyer siéger au Parlement afin qu'il puisse du haut de cette tribune lutter contre les Juifs. Ces derniers, prétendait-il, désiraient inonder le Canada de réfugiés juifs allemands et autrichiens.

Il s'agissait là de la première campagne ouvertement antisémite qui ait eu lieu dans la ville d'Ottawa. Tissot finalement n'obtint que 4000 voix, comparées à 16 000 qui allèrent à son adversaire libéral (qui n'était pas juif).

Au cours de cette élection fédérale, furent aussi élus, à part monsieur Jacobs, deux autres Juifs, soit Samuel Factor[229], un libéral de Toronto, et A. A. Heaps[230], un socialiste de Winnipeg.

---

229. Député à Ottawa de 1930 à 1945 et membre du Parti libéral.

230. ABRAHAM ALBERT HEAPS (1885-1954). Né à Leeds en Angleterre, émigré au Canada en 1911, il est député fédéral de la circonscription de Winnipeg-North de 1925 à 1940 et membre de la Cooperative Commonwealth Federation (CCF).

UNE ASSEMBLÉE ANTISÉMITE
DANS UNE ÉGLISE

Les dirigeants du mouvement antisémite se préparent à gouverner
un «Canada fasciste». Ces individus promettent de châtier certains leaders
communautaires juifs lorsqu'ils prendront le pouvoir au pays.

Plus le mouvement nazi prenait de l'ampleur en Allemagne, plus les
groupes antisémites montréalais, et aussi ceux qui étaient présents
dans la province de Québec en général, s'affirmaient et militaient ouvertement.

Au même moment, on commençait à sentir que se levait contre ces
gens une opposition grandissante.

On en vint au point qu'il fallut veiller à maintenir la paix publique
lors des assemblées antisémites, de peur que des émeutes n'éclatent. Pendant une de ces rencontres, qui eut lieu au printemps 1938, et à laquelle
s'étaient rendues un grand nombre de personnes, quelques individus en
vinrent aux poings. Des membres de l'auditoire avaient alors harcelé les
conférenciers en hurlant : «Maudits fascistes». D'autres participants dans
la foule avaient posé certaines questions et reçu des réponses plutôt évasives. En fait, on voulait savoir quel rapport exactement les nazis entretenaient avec l'Église catholique. Quand ces éléments étaient devenus
trop agités, on avait tenté de les expulser de la salle, ce qui avait mené à
une échauffourée. Devant un tel spectacle, on avait dû mettre fin à la
rencontre sur-le-champ. Les nazis avaient ensuite clamé que les Juifs et les
communistes tentaient maintenant de nuire au déroulement de leurs
rencontres.

À cette époque, on prétendait que certains prêtres offraient un appui direct ou indirect aux agissements d'Arcand et de sa bande. Un jour, une notice parut dans *Le Fasciste canadien*[231], une des publications d'Arcand, rapportant qu'une imposante assemblée se tiendrait à l'auditorium de l'église catholique St. Thomas Aquinas[232], sur la rue du Couvent. Tous étaient invités à venir y entendre une conférence portant sur la situation dans le monde, et sur la meilleure manière de lutter contre la « domination juive ».

Lorsque je pris connaissance de cet avis, je décidai d'assister coûte que coûte à cette assemblée, même si je courais personnellement un risque en me rendant sur place. Le jour dit, je réussis à pénétrer dans la salle sans me faire remarquer. Environ mille personnes s'étaient rendues participer à l'événement, qui dura trois heures en tout.

Adrien Arcand était le conférencier principal. Il parla sur un ton qui donnait l'impression de la certitude la plus complète, et affirma que le fascisme se répandait maintenant dans l'univers entier : « Tout ce que les Juifs ont créé, la démocratie, le libéralisme, le communisme, le capitalisme, s'effondre ». Arcand avança aussi que l'Angleterre et la France embrasseraient sûrement bientôt le national-socialisme, que le Canada serait également sous peu un État fasciste, et que son parti s'apprêtait à prendre en main la responsabilité de gouverner. Lorsque cela arriverait, insista-t-il, tous les problèmes se résoudraient et les Juifs ne pourraient plus entraîner le Canada dans une guerre contre l'Allemagne.

Le deuxième conférencier, qui vint parler du combat du Canada en tant que pays à tendance fasciste, s'appelait le major Scott[233]. Il fut présenté à la foule comme « l'expert en questions militaires » d'Arcand. C'est à lui que revenait la responsabilité d'entraîner et de rendre opérationnelle

---

231. Mensuel montréalais publié de juin 1935 à juin 1938. Fondé par Adrien Arcand et propriété du Parti national social chrétien, *Le Fasciste canadien* est rédigé essentiellement par Adrien Arcand lui-même et quelques autres militants anonymes. Il cesse de paraître quand le Parti national social chrétien fusionne avec d'autres partis fascistes canadiens pour devenir le Parti de l'Unité nationale. *Le Combat national* prend alors la relève jusqu'en août 1939.

232. Il s'agit d'une paroisse de langue anglaise aujourd'hui disparue, et dont le curé en 1938 était l'abbé Wilfrid O'Kane. L'église où la rencontre de 1938 a eu lieu est aujourd'hui occupée par la paroisse francophone Saint-Henri, qui en a fait l'acquisition en 1972.

233. Le major Joseph Maurice Scott.

une armée de « commandos », qui aiderait Arcand à prendre le pouvoir au pays.

La rencontre était présidée par le docteur Gabriel Lambert, un dentiste de profession. Il expliqua qu'il était prêt à abandonner son travail habituel pour accepter un poste de ministre, le jour où Arcand serait chef du gouvernement.

Près de trois cents jeunes hommes et jeunes femmes vêtus d'un uniforme spécial étaient présents à la réunion. Ils souhaitaient ainsi proclamer leur appartenance au Parti nazi d'Arcand. On les voyait aussi distribuer aux participants des pamphlets antisémites et diverses publications, incluant l'ouvrage intitulé *La Clé du mystère*.

Ce livre écrit par le docteur Lambert avait été distribué très largement dans la province. On y trouvait des réflexions sur *Les Protocoles des sages de Sion*, et aussi d'autres documents antisémites.

Le climat qui régnait dans la salle était très pénible à subir pour moi. Sur les murs de la pièce, on pouvait remarquer des images des saints, pendant que sur la tribune des conférenciers déversaient leur venin sur le peuple juif. Il me sembla que je ne me trouvais pas à Montréal, mais quelque part en Allemagne. J'eus l'impression aussi que sans doute était-ce ainsi que l'on agissait au Moyen Âge et pendant la période de l'Inquisition. Je regrettai de m'être rendu assister à un tel événement. Quelques personnes se levèrent et quittèrent la salle. J'eus envie d'en faire autant mais craignis d'être reconnu si je devais me diriger seul à ce moment vers la sortie. Il me sembla en fin du compte que je serais plus en sécurité si je restais bien tranquille sur mon siège et gardais le silence.

Arcand livra alors le discours le plus long prévu au cours de cette assemblée. Après avoir tracé un portrait de la situation à travers le monde, il décrivit comment se préparait dans les différents pays une alliance en vue de la domination du national-socialisme.

Vint ensuite une discussion de sa part sur la manière dont il conviendrait de traiter les Juifs au Canada, le jour où son parti prendrait le pouvoir. Devrait-on chasser la population juive hors du pays ?

Arcand fit valoir que non. Pour sûr qu'il ne convenait pas d'agir ainsi. Ce serait plus pratique, dit-il, si les Juifs restaient au Canada. On pourrait ainsi les persécuter et les torturer à notre guise, comme en Allemagne et en Autriche.

Il cita ensuite les noms d'un certain nombre de leaders communautaires juifs dont on s'occuperait tout particulièrement.

Arcand mentionna A. J. Freiman, le président des sionistes canadiens, le rabbin H. Stern[234], du Temple Emanu-El[235] et H. M. Caiserman du Congrès juif canadien. On ne tarderait pas à envoyer ces gens à la prison de Bordeaux[236] pour qu'ils concassent des pierres et soient soumis à des travaux forcés.

Le groupe d'Arcand tint en 1938 un certain nombre de rencontres encore plus considérables, autant à Montréal que dans d'autres régions de la province. On réussit même à attirer des foules dans des localités situées à l'extérieur du Québec. La réunion que je viens de décrire attira tout spécialement l'attention car elle avait eu lieu dans une église. Au sein de la communauté juive, on s'était montré très curieux de savoir si les hautes autorités catholiques étaient au courant du fait qu'une telle assemblée se tiendrait dans un édifice réservé au culte. On apprit plus tard qu'un simple membre du clergé avait loué la salle sans en aviser la hiérarchie ou sans avoir demandé la permission de pouvoir agir ainsi.

Comme je l'ai mentionné plus haut, il y avait à cette époque une vive opposition au mouvement nazi d'Arcand. De plus en plus de journaux francophones, autant des quotidiens que des hebdomadaires, mettaient maintenant leurs lecteurs en garde contre les nazis en Allemagne et contre leurs sympathisants ici au Canada. Des articles étaient ainsi publiés, qui rappelaient au public que le nazisme ne menaçait pas seulement les Juifs, mais aussi les chrétiens. Les journalistes décrivaient par exemple l'importante campagne de réarmement qui était en cours en Allemagne sous le slogan « Les canons avant le beurre », et qui risquait de coûter la vie à des millions de citoyens dans les pays démocratiques.

Les nazis n'eurent aucune influence dans les autres régions du Canada. Il y avait bien ici et là quelques adeptes du nazisme, mais ils ne furent pas en mesure de susciter l'apparition autour d'eux d'un mouvement d'opinion aussi bien organisé.

---

234. RABBIN HARRY JOSHUA STERN (1897-1984). Né en Lituanie et formé aux États-Unis au sein du courant réformé, le rabbin Stern arrive à Montréal en 1927 pour prendre la tête du Temple Emanu-El, qu'il dirige pratiquement jusqu'à sa mort.
235. Le Temple Emanu-El est situé au 4100, rue Sherbrooke Ouest à Westmount et appartient au courant libéral du judaïsme.
236. Prison provinciale construite de 1907 à 1912 et située le long de la rivière des Prairies en bordure du chemin Gouin, soit sur le versant nord de l'île de Montréal.

LA LUTTE ENTRE LE FASCISME
ET LA DÉMOCRATIE

La situation dans le monde en 1938. Le premier ministre Duplessis regrette ses prises de position antisémites. Mon entrevue avec lui prend un tour dramatique. Louis Fitch est élu au Parlement de Québec.

En 1938, la majorité des dirigeants politiques du Canada et aussi d'autres pays savaient déjà que les nazis préparaient la guerre en Allemagne, afin que la « race supérieure aryenne » en vienne à dominer la plus grande partie du monde, sinon la planète tout entière.

Dans les pays les plus puissants, les États-Unis, la Grande-Bretagne, la France et l'Union soviétique, on cherchait déjà à établir des stratégies de défense au cas où les nazis lanceraient une offensive militaire. Certains leaders politiques occidentaux croyaient alors que l'on pourrait toujours s'entendre avec Hitler. Chamberlain[237], le premier ministre de la Grande-Bretagne, et Daladier[238], le premier ministre français, se rendirent auprès de lui le rencontrer. Ils conclurent à Munich[239] une entente avec Hitler

---

237. ARTHUR NEVILLE CHAMBERLAIN (1869-1940). Membre du Parti conservateur, il devint premier ministre de la Grande-Bretagne en 1937 et le resta jusqu'à sa démission en 1940.

238. ÉDOUARD DALADIER (1884-1970). Un des animateurs du courant réformiste de gauche qui devait mener au Front populaire de juin 1936. Chef du gouvernement français d'avril 1938 à mars 1940.

239. L'auteur fait ici référence aux accords de Munich signés en septembre 1938 par Daladier, Chamberlain, Hitler et Mussolini, et qui permirent l'annexion du territoire tchécoslovaque des Sudètes par l'Allemagne. À cette occasion les démocraties occidentales avaient pratiqué une politique d'apaisement dans l'espoir que Hitler se satisfasse des concessions alors proposées.

qui devait assurer la paix aux pays d'Europe de l'Ouest. Toute l'affaire se termina de manière tragique. De fait, ces négociations devaient mener indirectement au déclenchement de la Deuxième Guerre mondiale.

Certains leaders politiques, qui avaient démontré un peu plus tôt un penchant pro-fasciste, eurent l'impression à la veille du deuxième grand conflit mondial que leurs sympathies n'étaient pas situées au bon endroit. Ils firent ainsi un effort pour faire marche arrière et revenir à des positions plus ou moins proches de la démocratie.

Le premier ministre Duplessis, qui avait fait preuve de sympathie envers les fascistes au début des années 1930, commença en 1938 à regretter ses choix antérieurs. Il ne se sentait pas très à l'aise non plus avec le fait qu'on le dépeignait comme un ennemi des Juifs, et il chercha à rétablir les ponts avec la communauté.

Dans ce contexte, Duplessis invita le leader communautaire et sioniste bien connu Louis Fitch à se présenter dans la circonscription électorale de Saint-Louis comme candidat de l'Union nationale. Ceci se passa à l'occasion de la démission[240] de Peter Bercovitch de son siège à l'Assemblée législative de Québec. Ce dernier souhaitait en effet être élu au Parlement d'Ottawa, si bien qu'une élection partielle était maintenant rendue nécessaire au niveau provincial.

Dans certains milieux juifs, on ne trouva guère à se réjouir de ce que Louis Fitch ait décidé d'être candidat pour le parti de Duplessis. Monsieur Fitch expliqua alors qu'il avait accepté de relever un tel défi parce qu'il croyait Duplessis sincère dans son repentir (*az er is a bal-tshouva*). Il pourrait de plus dans ces circonstances avoir une influence de l'intérieur sur les députés de l'Union nationale, un parti qui se trouvait pour le moment entièrement sous la coupe des antisémites et de leur propagande, et ce depuis plusieurs années.

Une partie de la communauté juive appuyait le point de vue de Fitch. Le *Keneder Odler* vint aussi à sa défense. Le quotidien yiddish appela les Juifs à accorder leur pleine confiance à Fitch et à voter pour lui. Il sera très utile pour la communauté juive, jugeait le *Keneder Odler*, que Fitch siège au Parlement de Québec.

Avant même que la campagne électorale débute, le premier ministre Duplessis sollicita le *Keneder Odler* pour qu'il publie dans ses pages une

---

240. Bercovitch démissionna le 4 octobre 1938.

mise au point concernant son attitude face aux Juifs. C'est moi que l'on dépêcha auprès de l'homme politique pour l'interviewer sur ce thème.

L'entrevue eut lieu aux bureaux montréalais du premier ministre, c'est-à-dire dans une suite de l'Hôtel Mont-Royal.

Lorsque je suis entré dans la pièce en question, Duplessis avait déjà fait préparer une déclaration écrite en anglais. Dans ce texte dactylographié, il affirmait ne pas être un ennemi des Juifs. Bien au contraire, Duplessis se disait rempli de respect pour la communauté juive, d'autant plus qu'il comptait parmi ses amis un certain nombre de Juifs dont l'estime lui importait beaucoup.

Je restai quelque peu étonné quand le premier ministre me demanda ce que je pensais de cette clarification. Il insista pour me laisser savoir qu'il était très intéressé à entendre mon opinion à ce sujet.

À ceci je répondis que je ne pouvais pas me prononcer au nom de la rédaction du journal. Mes paroles dans ce cas n'engageaient que moi, et non pas la communauté tout entière.

> «En ce qui me concerne, fis-je, cela m'importe peu que vous ayez de la sympathie envers les Juifs. Ce qui compte à mes yeux, c'est de savoir si vous êtes un ami du régime démocratique sous lequel nous vivons au Canada, et qui nous protège comme citoyens. Si vous rejetez notre constitution canadienne, il nous sera très difficile de vous accorder notre confiance, même s'il se trouve des Juifs parmi vos proches.»

Ces remarques provoquèrent un long échange entre Duplessis et moi qui dura plus d'une heure.

Au cours de cette conversation, le premier ministre parla de la situation à travers le monde, et en particulier à propos des derniers développements en Europe. Il affirma que lui, en tant que catholique pratiquant, s'inquiétait beaucoup de l'avenir et qu'il craignait énormément que le futur n'appartienne à Hitler et à Mussolini, dont l'influence ne cessait de se répandre à travers la planète.

Le premier ministre insista beaucoup pour dire qu'il ne pouvait appuyer Hitler et Mussolini, car ces derniers agissaient à l'encontre de l'esprit du catholicisme. Les nazis toutefois avaient maintenant le vent dans les voiles et allaient résolument de l'avant. Tôt ou tard, ils s'empareraient de tous les pays d'Europe et voudraient étendre leur domination encore plus loin. En réalité, affirma Duplessis, nous vivons à une époque tragique, et la situation est particulièrement critique pour les Juifs. Que pouvions-nous faire de plus dans les circonstances? De la manière dont les constitutions démocratiques étaient conçues, il n'existait aucun moyen de stopper la montée du fascisme.

Après m'avoir bien fait comprendre sa position, Duplessis me demanda si j'étais d'accord avec son analyse « objective et réaliste » de la situation en Europe.

Je répondis : « Pas tout à fait, monsieur Duplessis. Je crains que vous ne sous-estimiez les mouvements antifascistes qui existent un peu partout à travers le monde, et qui sont prêts à combattre les forces sinistres de l'hitlérisme. »

Duplessis me fit ensuite savoir qu'il s'était rendu dernièrement à Londres et à Paris, et qu'il avait discuté là-bas avec les chefs politiques de l'heure. Ces derniers s'étaient empressés de lui dire qu'il n'y avait aucun moyen présentement de faire obstacle à la montée du fascisme. Une fois de plus Duplessis insista pour rappeler qu'il ressentait beaucoup de compassion pour les Juifs européens, car leur avenir s'annonçait plutôt sombre.

Je remerciai le premier ministre d'exprimer de la sympathie envers les Juifs, mais je signalai tout de même à son attention le fait que d'autres peuples méritaient tout autant notre appui moral. Les circonstances prenaient une allure tragique pour les Français, pour les Belges et peut-être même pour les Anglais… Hitler armait présentement une armée très puissante qui ne servirait sans doute jamais contre les Juifs. Après tout, il pouvait annihiler le peuple juif sans utiliser une seule fois son aviation ou même ses tanks.

> « Si jamais il y avait la guerre, elle serait contre les communistes et contre la Russie, dit le premier ministre sur un ton péremptoire, pas contre la France. »

Duplessis resta poli avec moi, même quand je m'aventurai à le contredire du tout au tout. Il répliqua seulement que le temps lui donnerait raison.

À cette époque, on rencontrait souvent des leaders politiques qui affirmaient ne pas pencher du côté des nazis, mais qui n'en demeuraient pas moins persuadés que ceux-ci se dirigeaient vers une domination complète de la planète, et qu'il valait mieux composer avec eux. Cette attitude équivalait à une sorte de co-existence pacifique face au nazisme et au fascisme. Monsieur Duplessis comptait parmi les gens qui partageaient ce point de vue. Voilà pourquoi il désirait maintenant se distancer de l'idéologie nazie dont la finalité ultime était la lutte contre les Juifs.

Lorsque la nouvelle se répandit que Duplessis avait choisi Fitch pour être candidat dans une élection provinciale, une importante délégation de membres et de sympathisants de l'Union nationale se présenta devant leur chef, munie d'une pétition comptant un grand nombre de signatures et réclamant que cette décision soit renversée. Duplessis toutefois rejeta la requête, expliquant qu'il souhaitait respecter les droits de la minorité juive dans la province de Québec.

Fitch remporta l'élection[241]. Lorsqu'il fit son entrée au Parlement de Québec, Duplessis lui manifesta beaucoup d'amitié et de chaleur. Peu après son assermentation, Fitch eut l'occasion de prononcer un discours à la chambre qui fit une forte impression, et fut beaucoup commenté dans la presse libérale et francophone. Son intervention avait eu pour thème les relations entre Juifs et chrétiens, et Fitch en avait profité pour louer en des termes non équivoques l'esprit de tolérance et d'amitié dont les Canadiens français faisaient preuve envers la minorité juive. Le député avait aussi insisté pour rappeler qu'il y avait près d'un siècle une loi avait été votée dans la province de Québec pour accorder des droits égaux aux Juifs.

Des élections générales eurent lieu en 1939, que Duplessis perdit. Le pouvoir retourna entre les mains des libéraux, maintenant dirigés par Adélard Godbout[242]. Fitch aussi mordit la poussière à cette occasion, et Maurice Hartt[243] fut élu à sa place dans la circonscription électorale de Montréal–Saint-Louis.

L'enjeu principal de cette campagne avait été le réarmement du Canada. Il était en effet devenu évident à ce moment que les nazis ne menaçaient pas seulement les Juifs ou les communistes, mais aussi tous les pays occidentaux. Malgré cela, Duplessis avait milité en faveur d'un engagement militaire limité de la part du Canada, et c'est ce qui avait mené son parti à sa perte.

---

241. Celle-ci eut lieu le 2 novembre 1938. Fitch fut ensuite défait par Maurice Hartt à l'élection générale du 25 octobre 1939.

242. ADÉLARD GODBOUT (1892-1956). Agronome, membre du Parti libéral, premier ministre brièvement en 1936 à la démission de Louis-Alexandre Taschereau, puis à nouveau de 1939 à 1944.

243. Immigré de Roumanie en 1907, membre du Parti libéral, député provincial de la circonscription de Montréal–Saint-Louis d'octobre 1939 à mars 1947 et député fédéral de la circonscription de Cartier de mars 1947 à son décès en 1950.

APRÈS *KRISTALLNACHT*

Le début des politiques de terreur contre les Juifs allemands. La nuit qui allait ébranler le monde juif. Les manifestations pour protester contre cet événement lors d'une assemblée de masse des nazis montréalais.

D ES NOUVELLES DRAMATIQUES parvinrent d'Allemagne à l'automne 1938, qui bouleversèrent les Juifs partout sur la planète, ainsi que les personnes qui appartenaient à des milieux libéraux aux États-Unis et au Canada.

Il était maintenant clair que les nazis se préparaient à attaquer les Juifs physiquement. Après la signature de l'entente de Munich, plus rien ne retenait les partisans d'Hitler d'agir strictement à leur guise, et ces derniers ne se sentaient pas obligés non plus de tenir compte de l'opinion publique mondiale. D'ailleurs, les nazis ne s'étaient guère souciés des répercussions de leurs actes à l'étranger. Une fois le pacte de Munich signé par Chamberlain, le premier ministre britannique, et par le premier ministre français Daladier, les nazis avaient fait preuve d'une audace nouvelle. C'est ainsi qu'ils s'en étaient pris aux Juifs avec un niveau de violence inégalé jusque-là.

La terreur physique contre les Juifs fut déclenchée dans la nuit du 9 septembre 1938, laquelle fut connue sous le nom de *kristallnacht*[244].

Au cours de cette nuit, les troupes de choc nazies avaient attaqué les résidences des Juifs exactement comme au temps de pogroms russes ; 273 synagogues avaient été incendiées en quelques heures et 7500 commerces juifs détruits, sans compter que 20 000 Juifs avaient été emmenés dans des camps de concentration.

---

244. L'événement prit ce nom de « nuit de cristal » du fait que les vitrines brisées des commerçants juifs jonchaient le lendemain les rues de plusieurs villes allemandes.

Ces événements furent reçus au sein de la communauté avec beaucoup de tristesse. C'était comme si tout l'univers s'effondrait. Jusque-là on avait cru que les Allemands se seraient satisfaits d'agir de manière discriminatoire envers les Juifs, et qu'il leur suffirait de les insulter ouvertement et de rédiger des lois d'exception à leur endroit. Peu de gens prévoyaient qu'ils mettraient le feu à des synagogues et qu'ils feraient appel à des méthodes d'intimidation physique violente sur une grande échelle.

Aux États-Unis et au Canada, les leaders communautaires furent pris de court ou ne surent que faire dans pareille situation. Il était certes impossible de rester silencieux devant de tels événements, et d'importantes manifestations de protestation furent aussitôt planifiées. Le Congrès juif canadien organisa ainsi sans plus tarder des assemblées monstres dans toutes les régions du pays.

Ces démonstrations de masse se déroulèrent simultanément à Montréal et à Toronto le dimanche 20 novembre. Seize mille Juifs se rendirent participer à cet événement à Toronto, qui eut lieu au Maple Leaf Gardens sous la présidence du grand leader communautaire A. B. Bennett[245]. Des dirigeants religieux de foi protestante et catholique prirent la parole à cette occasion, ainsi que des politiciens bien connus. De toutes les assemblées juives qui s'étaient tenues à Toronto, celle-ci fut une des plus considérables.

À Montréal, le rassemblement de protestation eut lieu au His Majesty's. La salle se trouva vite remplie à capacité et des milliers de gens ne purent prendre place à l'intérieur du théâtre. On les dirigea plutôt vers un terrain vague situé tout près. Des Juifs appartenant à toutes les tendances au sein de la communauté vinrent faire acte de présence, même des individus qui se rendaient rarement à des événements associés à la vie juive montréalaise. L'atmosphère était plutôt lugubre (*a tisha be'av shtimung*) à cette occasion. On accorda même aux élèves des écoles juives la permission de se rendre sur les lieux.

La réunion se tint sous la présidence du juge en chef Greenshield. Ce dernier ouvrit la manifestation en déclarant: «Les nazis avaient réanimé en Europe le barbarisme propre au Moyen Âge». Il ajouta que le monde civilisé au complet, incluant le Canada, avait le devoir de se tenir aux côtés du peuple juif pour le soutenir.

---

245. ARCHIBALD B. BENNETT (1891-1980). Un des fondateurs en 1919 de la section ontarienne du Congrès juif canadien, historien et journaliste.

Parmi les autres conférenciers à cette assemblée historique se trouvait Benjamin Robinson[246], conseiller en loi du roi, le rabbin H. Abramowitz[247] de la synagogue Shaar Hashomayim[248], le rabbin H. Stern du temple Emanu-El et quelques orateurs chrétiens de grande réputation.

Les personnes qui prirent la parole à cet événement demandèrent que le Canada ouvre aussitôt ses portes et permette aux Juifs allemands de trouver un refuge au pays. Cette revendication fut d'ailleurs reprise à toutes les assemblées qui se tinrent en de nombreuses villes canadiennes à ce sujet.

Des protestations semblables furent aussi organisées dans différentes localités américaines. Le président Franklin D. Roosevelt[249] rappela en signe de protestation l'ambassadeur des États-Unis à Berlin. On disait même qu'il avait fait venir le diplomate à Washington, afin d'obtenir de lui des informations plus précises à propos de ce qui s'était passé en Allemagne lors du *kristallnacht*, et dans les semaines qui avaient suivi. Les persécutions contre les Juifs ne s'étaient en effet pas limitées à cette nuit tragique du 9 novembre, mais s'étaient poursuivies durant plusieurs jours. Toutes ces manifestations qui se déroulaient à l'étranger n'eurent guère d'emprise toutefois sur les nazis en Allemagne.

Pendant ce temps, à Montréal, les nazis appartenant au groupe d'Arcand n'étaient pas restés passifs. En 1938, ils avaient tenu des réunions dans d'importants édifices municipaux, comme le marché Atwater et le marché Saint-Jacques[250]. L'administration de la ville n'avait pas hésité à

---

246. Né en Russie, émigré au Canada en 1915, admis au barreau du Québec en 1919 après des études à McGill, il est président de la Jewish Immigrant Aid Society (JIAS) en 1928, conseiller en loi du roi en 1936 et vice-président honoraire du Congrès juif canadien de 1939 jusqu'en 1960.

247. RABBIN HERMAN ABRAMOWITZ (1880-1947). Né en Russie, éduqué aux États-Unis, il dirige la synagogue orthodoxe montréalaise Shaar Hashomayim (les portes du ciel) de 1903 à 1947.

248. Cette congrégation est située depuis 1922 au 450 de l'avenue Kensington à Westmount.

249. FRANKLIN DELANO ROOSEVELT (1882-1945). Membre du Parti démocrate, élu président des États-Unis en 1932 à l'occasion de la crise économique déclenchée par l'effondrement de la bourse de New York, il resta au pouvoir pour quatre mandats successifs jusqu'à sa mort en 1945.

250. Ces deux édifices existent toujours. Le premier a été construit en 1933 et est situé le long du canal Lachine, tout près de la rue Atwater, tandis que le second, qui a été reconstruit en 1931, se trouve au 1125, rue Ontario, soit au coin de la rue Amherst.

louer ces locaux à Arcand, se souciant peu de ce que des protestations s'étaient élevées à ce sujet dans certains milieux. Le maire de Montréal, Camillien Houde[251], défendait alors le point de vue que la bande d'Arcand avait tout à fait le droit de tenir des rencontres en public, et de réclamer pour ce faire la protection de la police.

Je m'étais rendu assister à l'une de ces assemblées très courues, laquelle avait eu lieu dans la grande salle du marché Saint-Jacques. À cette époque, la Gendarmerie royale du Canada avait déjà commencé à enquêter au sujet des nazis québécois, et des agents prenaient note des discours qui étaient prononcés lors de ces assemblées. Arcand fit donc des efforts particuliers pour donner un caractère patriotique à ces événements, afin que l'on ne puisse croire qu'il parlait au nom d'une puissance étrangère.

Le rassemblement en question s'ouvrit par une interprétation de l'hymne national, le *Ô Canada*, et par un *God Save the King*. Ce jour-là, la salle était pleine à craquer et un grand nombre de policiers étaient sur place pour maintenir la paix. Une rumeur circulait en effet que les communistes viendraient pour provoquer une émeute et rendre impossible la tenue de la réunion.

Au début, quelques orateurs se présentèrent pour livrer de courtes allocutions. Vint ensuite le conférencier principal, Adrien Arcand. Sa présence au podium suscita beaucoup d'applaudissements et des gens dans la salle firent même le salut nazi à la manière de Hitler. À cette occasion, Arcand lança d'abord un avertissement à savoir qu'il se préparait une guerre sanglante que les Juifs désiraient imposer au monde chrétien. Le chef des nazis posa ensuite la question suivante à la foule assemblée devant lui : « Voulez-vous faire la guerre et verser votre sang pour les Juifs ? »

« Non ! Non ! », pouvait-on entendre dans tous les coins de la salle.

« Les Juifs souhaitent que le Canada déclare la guerre à l'Allemagne. Allons-nous les laisser faire ? »

« Non ! Non ! », criait-on de tous les côtés.

« Des agents juifs travaillent à Ottawa, à Washington, à Londres, pour provoquer une guerre contre l'Allemagne, le seul pays qui travaille à sauver l'Europe de l'influence communiste », ajouta Arcand.

---

251. CAMILLIEN HOUDE (1889-1958). Élu à l'Assemblée législative du Québec en 1923 et en 1929, maire de Montréal de 1928 à 1954. Houde fut interné d'août 1940 à août 1944 pour s'être prononcé ouvertement contre la circonscription.

Lorsque des manifestations aussi passionnément anti-juives avaient lieu, les policiers expulsaient de la salle un certain nombre de jeunes gens dont on craignait qu'ils viennent perturber le déroulement normal des événements.

À LA VEILLE DU DEUXIÈME
GRAND CATACLYSME

La victoire des fascistes en Espagne.
L'*anschluss* autrichien. L'entente de Munich.
Le pacte entre Staline et Hitler. Un congrès sioniste au ton tragique.

AU COURS DES QUELQUES ANNÉES qui ont précédé le début de la Deuxième Guerre mondiale, les informations qui nous parvenaient d'Europe étaient pour le moins empreintes d'un ton dramatique, sinon carrément tragiques.

En 1936, d'autre part, la campagne de terreur arabe contre *Eretz-Israel* s'était intensifiée. Ces événements soulevèrent beaucoup d'inquiétude au sein des communautés juives américaine et canadienne. Au pays, on se soucia encore plus de ces nouveaux développements, car les Britanniques manifestaient une attitude négative face aux établissements juifs en Palestine, et avaient tendance à prendre le parti des Arabes. Du fait que le Canada était membre du Commonwealth, les sionistes canadiens ne pouvaient protester trop vivement face à cette situation. Le gouvernement canadien était certes favorable au mouvement sioniste, mais il se trouvait aussi très proche du gouvernement britannique qui était perçu comme étant celui de la mère patrie.

À cette époque, on racontait que les Britanniques étaient très préoccupés du fait que les Arabes résidant en Irak saboteraient les approvisionnements en pétrole, lesquels possédaient une valeur stratégique pour la Home Fleet. Pour apaiser cette menace, le Colonial Office, disait-on, aurait bien aimé pouvoir cesser de faire référence au contenu de la déclaration Balfour. La Palestine juive s'était considérablement renforcée à cette époque toutefois, et se trouvait en position de soutenir les nouvelles implantations créées par les *haloutsim* dans différentes régions de la terre d'Israël.

Les nouvelles qui filtraient d'Europe à ce moment possédaient aussi un caractère hautement dramatique. Les persécutions nazies ne cessaient de s'amplifier. À Nuremberg, des lois venaient d'être promulguées[252] qui enlevaient aux Juifs allemands tous leurs droits civiques. On ne tarda pas à sentir au Canada que, même si elle était déjà très grave, la situation des Juifs dans ce pays ne pouvait que se détériorer. Les nazis commençaient déjà à parler de rayer de la carte la « race juive », incluant les individus dont la moitié des grands-parents étaient juifs, sinon le quart.

C'est à cette époque aussi qu'avait fait rage la guerre civile espagnole[253], dressant l'un contre l'autre les loyalistes à la démocratie, et les rebelles fascisants. Tous les signes indiquaient alors que les partisans du fascisme remporteraient la victoire, ce qui aurait pour effet de renforcer l'axe Berlin-Rome[254]. Dans ces circonstances, le futur du peuple juif devenait plus sombre encore. Les ennemis du judaïsme à l'échelle internationale visaient maintenant avec une intensité renouvelée à dominer la planète. Devant un tel spectacle, les puissances occidentales avaient commencé à prendre peur. Jusque-là, les gens n'avaient pas vraiment eu l'impression que les nazis représentaient une menace pour les pays situés en Europe de l'Ouest. Hitler, semblait-il, se contenterait de combattre les Juifs et de lutter contre les communistes.

Dans les pays de l'Ouest, comme en Angleterre, aux États-Unis et même en France, il se trouvait des gens qui clamaient bien haut que les Allemands étaient tout à fait justifiés d'exiger des concessions, qu'ils finiraient bien par arracher de toute manière par la force si on ne cédait pas devant eux.

---

252. Ces lois furent votées le 15 septembre 1935 durant une convention du Parti national socialiste. Elles spoliaient les Juifs résidant en Allemagne de la nationalité allemande et interdisaient les mariages et les relations extra maritales entre Juifs et citoyens allemands.
253. Celle-ci opposa de 1936 à 1939 les forces de droite du général Franco, appuyées par les régimes totalitaires de l'Allemagne et de l'Italie, et les partisans de la république démocratique.
254. Nom donné au protocole d'amitié germano-italienne signé en novembre 1936 par les représentants des deux régimes fascistes.

Lorsque les nazis avaient violé les frontières de l'Autriche en 1938, pour ensuite occuper tout le pays[255], l'opinion dans ces milieux avait été favorable à leur geste. Après tout, les Allemands et les Autrichiens n'appartenaient-ils pas à la même ethnie ? Qu'est-ce qui les empêchait de s'unir au sein d'un seul et même pays ? Quel danger courrait-on à soutenir une telle manœuvre ? À Londres et à Paris, les chefs de gouvernement, les premiers ministres Neville Chamberlain et Édouard Daladier, n'avaient pas vraiment réagi à cette nouvelle et ne s'étaient pas opposés non plus au cours des événements.

Quand les Allemands avaient commencé à s'intéresser à la région des Sudètes en Tchécoslovaquie, ces mêmes personnes avaient fait remarquer que les nazis voulaient tout simplement reprendre ce qui leur appartenait déjà. Cette zone n'était-elle pas peuplée de germanophones ? Quel mal pouvait-il y avoir à ce que les Allemands agissent ainsi ?

Chamberlain et Daladier rendirent visite à Hitler et « s'entendirent » avec lui. On lui donna toute la latitude voulue pour s'emparer du pays des Sudètes, mais rien de plus. Désormais, Hitler n'aurait plus la possibilité d'élargir les frontières de l'Allemagne. Lorsque Chamberlain fit le voyage de retour vers la Grande-Bretagne, il déclara à propos du traité signé avec son vis-à-vis allemand qu'il était très heureux d'avoir ainsi pu préserver la paix. Selon lui, l'harmonie entre les nations était maintenant assurée pour plusieurs années encore.

Hitler toutefois ne s'arrêta pas là. Il réclama puis ne tarda pas à s'emparer de Memel[256], une ville portuaire autrefois sous autorité allemande, mais qui avait été annexée à la Lituanie après la Première Guerre mondiale. Après, Hitler exigea le corridor de Dantzig, lequel appartenait à la Pologne. Au début de 1939, on commençait à comprendre en Grande-Bretagne et en France que l'entente de conciliation signée à Munich avait été une erreur, et que l'appétit de Hitler pour de nouveaux territoires restait intact. Les dirigeants de Londres et Paris se précipitèrent alors à Moscou pour tenter d'obtenir de Staline[257] un pacte qui mettrait fin aux ambitions de Hitler.

---

255. L'auteur fait ici référence à l'envahissement de l'Autriche par les forces hitlériennes, le 11 mars 1938, qui mena quelques jours plus tard à son rattachement formel à l'Allemagne.
256. Cet événement se produisit le 22 mars 1939.
257. JOSEPH DJOUGACHVILI dit STALINE (1879-1953). Géorgien de naissance, il se joint au Parti bolchevique à l'occasion de l'insurrection russe de 1905. Après la mort de Lénine en 1924, et une série de purges dirigées notamment contre Léon Trotski, il devint en 1929 chef incontesté de l'Union soviétique.

Il était déjà trop tard toutefois. Staline avait déjà limogé son ministre des affaires étrangères, Maxim Litvinov[258], qui avait été le représentant soviétique à la Société des nations et plus tard ambassadeur à Washington, pour le remplacer par Molotov[259].

Staline avait agi de cette manière car il venait d'entreprendre des négociations avec les dirigeants nazis à Berlin. Litvinov, qui était juif, pouvait difficilement se charger de pareilles tractations.

C'est ainsi que le monde entier fut stupéfait d'apprendre que Molotov et Ribbentrop[260], le ministre des Affaires étrangères allemand, avaient conclu un pacte de non-agression destiné à faire échec aux puissances alliées.

Ce dénouement allait s'avérer particulièrement tragique pour les Juifs. L'opinion générale jusque-là était que les communistes et les nazis ne pourraient jamais s'entendre tellement ils se combattaient sur le plan idéologique.

Beaucoup de Juifs, même s'ils ne partageaient pas l'idéal communiste, ressentaient par ailleurs à cette époque une certaine sympathie pour les maîtres du Kremlin, tant était grande leur haine des nazis. L'entente signée par Staline et Hitler avait profondément déçu ces gens. De tels événements rendirent encore plus précaire la situation du peuple juif à l'échelle mondiale.

À la fin de l'été 1939, un congrès sioniste eut lieu à Genève[261]. Il allait s'agir là d'une des rencontres les plus dramatiques et les plus sombres de toute l'histoire du mouvement sioniste. Cette année-là, la Grande-Bretagne avait interdit toute immigration juive vers *Eretz-Israel*[262], et une nouvelle

---

258. MAXIM LITVINOV (1876-1951). Adhérent à la faction bolchevique du Parti social-démocrate, il est nommé ambassadeur de Russie à Londres après la révolution de 1917. Commissaire aux Affaires étrangères en 1930, et représentant de la Russie à la Société des nations en 1932, il est le signataire en 1935 du pacte franco-soviétique. Il est remplacé par Molotov en mai 1939.

259. VIATCHESLAV SKRIABINE dit MOLOTOV (1890-1986). Membre du Comité central du Parti communiste en 1921, il est président du Conseil des commissaires du peuple en 1930 puis président de la IIIe Internationale de 1930 à 1934.

260. JOACHIM VON RIBBENTROP (1893-1946). Ambassadeur de l'Allemagne nazie à Londres en août 1936 et ministre des Affaires étrangères de 1938 à 1945. Le pacte germano-soviétique fut signé le 23 août 1939.

261. Il s'agit du 21e congrès sioniste mondial qui eut lieu du 16 au 26 août 1939.

262. Suite à l'échec en 1937 de son plan de partition de la Palestine en deux États séparés, l'un juif et l'autre arabe, la Grande-Bretagne publia en mai 1939 un livre blanc nettement

guerre mondiale était à la veille d'éclater. Au moment de clore le congrès, Weizmann fit ses adieux à la délégation polonaise en disant : « Qui sait si nous nous reverrons un jour. » Une fois la rencontre terminée, certains participants eurent de la difficulté à retourner à leur pays. Déjà un climat de guerre s'était installé partout. Le Ier septembre, l'armée allemande pénétrait par la force sur le territoire polonais.

En Grande-Bretagne et aussi au Canada, aussitôt les hostilités déclarées, les cercles sionistes avaient offert aux forces armées britanniques leur pleine et entière coopération, incluant la constitution d'unités spéciales juives qui lutteraient contre les nazis et pourraient aussi être employées à défendre la Palestine contre une menace extérieure.

---

plus favorable à la partie arabe. L'immigration juive fut sévèrement limitée et l'acquisition de terres par les Juifs rendue pratiquement impossible en Palestine. Ce revirement de politique fut perçu par les Juifs comme un rejet des termes de la déclaration Balfour de 1917.

LE RÔLE DU CANADA DANS
LE DEUXIÈME CONFLIT MONDIAL

*Les aviateurs canadiens en Angleterre au moment du blitzkrieg.
Les Juifs qui se sont distingués à cette époque au sein de l'aviation.
Les soldats juifs dans l'armée canadienne.*

L E CANADA a joué un rôle important au cours de la Deuxième Guerre mondiale, surtout au cours des premiers mois, soit avant que les États-Unis ne se joignent activement au conflit.

Il est généralement accepté que la Grande-Bretagne n'aurait pu résister au terrible assaut de la guerre-éclair, n'eut été du fait que des pilotes canadiens sont venus prêter main-forte au pays pour repousser la redoutable Luftwaffe, laquelle semait la destruction au cœur d'un certain nombre de villes anglaises.

Les Allemands déclarèrent la guerre le 1er septembre 1939 en faisant pénétrer leurs armées en Pologne. La campagne hitlérienne contre ce pays ne dura pas très longtemps car la résistance polonaise s'effondra presque aussitôt. Selon une entente que les nazis avaient signée avec les Soviétiques, la Pologne fut partagée en deux zones d'influence distinctes. La partie est du pays tomba donc entre les mains de Staline, incluant la Polésie et la Biélorussie.

Les Juifs qui résidaient dans les régions occupées par les nazis ne tardèrent pas à se retrouver menacés de mort. Dans les villes de grande et de moyenne taille, les nazis réunirent tous les Juifs polonais au sein d'un certain nombre de ghettos. Le plus important d'entre eux était situé à Varsovie. Plus de 400 000 Juifs s'entassèrent ainsi dans la capitale, dans un quartier très restreint de superficie, et qui avait abrité jusque-là la plupart des activités culturelles et communautaires juives. On préleva au sein de cette population les individus les plus en santé et les plus compétents, pour les envoyer effectuer du travail forcé dans les industries allemandes. Une politique de terreur fut appliquée contre les habitants de ces ghettos juifs. Les nazis avaient comme pratique de sélectionner les plus faibles d'entre eux, souvent aussi les femmes et les enfants, puis de les transporter dans des camps de la mort comme Auschwitz, Majdanek et d'autres encore où on les liquidait.

Lorsque l'armée allemande en eut fini de la Pologne, la Luftwaffe s'en prit à l'Angleterre. Tout indiquait que ce pays courait un grand péril. Partout on se posait la question : « Les Britanniques réussiront-ils à tenir le coup ? » Winston Churchill[263] déclara alors que l'île lutterait jusqu'à la dernière goutte de sang.

Les Canadiens décidèrent au cours des tout premiers jours de la guerre de voler au secours de la Grande-Bretagne[264]. On prit donc la décision de faire parvenir au plus vite une aide substantielle outre-mer. La meilleure façon de s'acquitter de cette tâche, et la plus rapide, fut de renforcer les rangs de l'aviation britannique afin qu'elle puisse affronter à armes égales la Luftwaffe.

Le Canada s'empressa donc de recruter des volontaires qui se joindraient à son aviation militaire, un domaine où l'expertise n'était pas très grande au pays.

Parmi les premiers à répondre librement à l'appel des forces armées canadiennes se trouvaient plusieurs jeunes Juifs. La plupart d'entre eux se joignirent à l'aviation. En peu de temps, on put ainsi rencontrer sur la place publique des Juifs qui portaient l'uniforme. Ces jeunes gens surent particulièrement se distinguer dans les camps d'entraînement réservés aux aviateurs, et on confia à plusieurs d'entre eux des responsabilités d'officier.

Aussitôt la guerre déclarée, le niveau de tolérance face aux groupes antisémites d'Arcand changea du tout au tout. Les dirigeants et les mem-

---

263. WINSTON CHURCHILL (1874-1965). Membre du Parti conservateur, il fut nommé Premier Lord de l'Amirauté juste au début de la Deuxième Guerre mondiale. En mai 1940, il prend la tête d'un gouvernement de coalition et insiste pour résister à l'Allemagne nazie qui, après sa conquête de la France, menace directement les ports anglais. Il dirige les destinées de la Grande-Bretagne au cours des années de guerre, jusqu'à son remplacement en 1945 par un ministère composé de travaillistes.
264. La Grande-Bretagne déclara la guerre à l'Allemagne le 3 septembre 1939 et le Canada le 10 septembre.

bres les plus actifs de ce courant idéologique furent considérés comme des ennemis de la patrie et internés. On emprisonna également Camillien Houde qui à cette époque était maire de Montréal.

De temps à autre en effet le maire Houde se laissait à exprimer des penchants fascistes. Lorsque les hostilités éclatèrent, un certain nombre de personnes dans la province de Québec s'opposèrent à la participation du Canada au conflit militaire en cours. Des manifestations publiques contre la conscription eurent même lieu à Montréal, au cours desquelles des slogans hostiles aux Juifs furent entendus. Le raisonnement de ces gens était le suivant : on poussait le pays à la guerre et on risquait la vie des jeunes Canadiens afin de venir en aide aux Juifs. Le maire Houde prit le parti de ceux qui menaient une agitation contre l'entrée du Canada en guerre. Il appela par exemple les Canadiens français à refuser de s'enrôler dans l'armée canadienne. Pour cette raison, et en vertu des lois spéciales qui furent rapidement votées au Parlement d'Ottawa, Houde passa le reste de la guerre derrière les barreaux.

Pendant les premiers mois du conflit, l'armée allemande se contenta d'intervenir uniquement sur le territoire polonais. L'opinion générale était que les nazis craignaient d'attaquer la France au-delà de la ligne Maginot. Plusieurs croyaient que cet ouvrage défensif, qui avait coûté très cher à construire, suffirait pour mettre la France à l'abri des attaques allemandes. Au printemps de 1940 toutefois[265], les nazis lancèrent leurs troupes à travers la Belgique et entrèrent en France par la façade atlantique, évitant ainsi la redoutable ligne Maginot. L'armée française n'eut pas la force de résister à cet assaut et dut s'incliner dans la défaite. Les Allemands prirent Paris et la plus grande partie du territoire français, laissant au maréchal Pétain[266] le contrôle sur une zone située dans le sud du pays, avec Vichy comme centre administratif.

À cette époque, le moral au Canada était très bas. L'avenir de la Grande-Bretagne semblait particulièrement sombre. L'impression générale était que, si ce pays tombait aux mains des Allemands pendant cette

---

265. Le 10 mai 1940.

266. PHILIPPE PÉTAIN (1856-1951). Membre du ministère Raynaud en mai 1940, Pétain prit la tête d'un nouveau gouvernement le 17 juin 1940 alors que la défaite aux mains de l'Allemagne semblait inévitable, et signa un armistice avec Hitler le 22 juin. Son attitude de collaboration avec l'occupant allemand lui valut l'hostilité d'une partie importante de l'opinion française au lendemain de la guerre.

guerre-éclair, plus rien ne pourrait arrêter Hitler et son influence s'étendrait même de l'autre côté de l'Atlantique.

À Washington, le président Roosevelt donna l'assurance que, si les forces de Hitler devaient tenter de s'emparer du Canada, alors les États-Unis entreraient en guerre. Ceci fit beaucoup pour apaiser l'opinion publique, mais la crainte d'une invasion resta partout présente au pays. L'émotion se calma seulement lorsqu'on annonça que les pilotes canadiens abattaient des avions allemands dans le ciel anglais.

Chaque jour pendant le *blitzkrieg*, les journaux au Canada publiaient des listes d'as pilotes canadiens qui avaient combattu avec succès l'aviation allemande. Très souvent, on reconnaissait dans le groupe le nom de jeunes Juifs natifs de Montréal, Toronto, Winnipeg et d'autres localités encore. Ces aviateurs furent les premiers parmi les Juifs nord-américains qui eurent l'occasion de répliquer aux attaques nazies, et de prendre leur revanche pour le sang juif qui avait été versé en Europe. C'est ainsi que l'on devait retrouver plusieurs pilotes juifs au nombre des héros qui se sont si brillamment distingués au sein des forces aériennes du Canada.

Parmi tous les aviateurs juifs de premier plan qui se firent connaître à cette époque, l'un des plus connus fut le Montréalais Sydney Shulemson[267]. De tous les pilotes canadiens, c'est lui qui mérita les plus hautes décorations militaires pour le nombre de ses victoires contre l'ennemi.

On accorda aussi une médaille de haut rang pour héroïsme au pilote d'origine juive Irving Bodnoff[268], qui était originaire d'Ottawa. Avec quelques autres aviateurs, il réussit le fait d'armes de repérer du haut des airs et de couler un sous-marin ennemi en plein milieu de l'Atlantique.

Le Canada organisa aussi à cette époque un corps expéditionnaire bien entraîné qui participa activement aux opérations militaires sur le front ouest-européen.

---

267. Shulemson a été le militaire canadien d'origine juive le plus décoré pendant la Deuxième Guerre mondiale. Il reçut la Distinguished Service Order le 3 février 1944 et la Distinguished Flying Cross le 6 février 1945.
268. Bodnoff se vit accorder la Distinguished Flying Medal le 28 juillet 1944.

LES JUIFS ET L'EFFORT
DE GUERRE CANADIEN

Le comité en vue de l'effort de guerre du Congrès juif canadien.
Les héros juifs dans l'aviation canadienne. Les soldats juifs dans l'armée
de terre. Les colonels d'origine juive dans la région de Montréal.

AUSSITÔT QU'ÉCLATA À L'AUTOMNE 1939 la Deuxième Guerre mondiale, le Congrès juif canadien prit des mesures pour orienter toute la communauté en fonction de la poursuite d'objectifs militaires communs. Partout au pays, les collectivités juives se déclarèrent prêtes à faire tout en leur possible pour soutenir une guerre totale contre les nazis, qui n'avaient d'ailleurs pas hésité à proclamer leur volonté d'anéantir le peuple juif.

Le Congrès juif canadien défendit le point de vue que les Juifs du Canada devaient non seulement contribuer comme citoyens à l'effort de guerre, mais qu'ils devaient s'engager à faire plus encore. Toutes les couches de la population juive canadienne relevèrent le défi avec enthousiasme, et chacun se montra disposé à participer dans toute la mesure de ses capacités au programme de guerre totale mis de l'avant par le gouvernement.

Avant que la guerre ne soit déclarée, les Juifs avaient l'impression qu'eux seuls menaient un combat contre les nazis. Ces derniers et leurs amis fascistes avaient en effet préparé à cette époque une campagne de propagande expliquant qu'ils ne cherchaient pas à s'en prendre au Canada, à la Grande-Bretagne ou à la France, mais seulement au «judaïsme international» et aux communistes. Dans bien des milieux non juifs, on estimait que, si les nazis en venaient à la guerre, elle aurait l'Europe de l'Est comme théâtre et serait dirigée contre les Soviétiques, pas contre les démocraties occidentales. Les Européens de l'Ouest n'étaient donc guère préparés, ni sur le plan psychologique ni sur le plan pratique, à un conflit armé avec Hitler. L'Allemagne par contre n'avait eu de cesse depuis plusieurs années de constituer un puissant appareil militaire qui, du moins les nazis le croyaient-ils, leur donnerait la maîtrise de l'univers.

Le gouvernement canadien accueillit sans réserve aucune la proposition du Congrès juif canadien, et la communauté mit sur pied un comité en vue de l'effort de guerre, afin de coordonner toutes les activités menées dans ce sens au pays par des Juifs.

Dans toutes les collectivités juives au Canada, des efforts considérables furent investis dans tous les domaines liés de près ou de loin à la conduite d'une guerre totale contre les nazis, incluant le recrutement de volontaires pour les forces armées du pays. Le gouvernement avait aussi dans ces circonstances un urgent besoin d'argent pour réaliser son ambitieux programme de réarmement et de mobilisation, et à cette fin il lança les bons de la victoire. Au sein des communautés juives canadiennes, on participa très activement à cette campagne afin d'en assurer le succès.

Le gouvernement du Canada concentra toutes ses ressources à mener une guerre totale pour laquelle il était si mal préparé au départ. Il fallut pour y parvenir tout reprendre à partir de rien, comme constituer dans les plus brefs délais une flottille d'avions et construire des camps militaires dans toutes les régions du pays. Lorsque ces installations furent enfin en place, le Congrès juif canadien offrit de les meubler de manière convenable, en particulier les quartiers occupés par les officiers.

Le président du Congrès juif canadien, Samuel Bronfman[269], prit la tête du mouvement en vue de soutenir au sein de la communauté l'effort de guerre. Madame Bronfman[270] assuma de son côté la responsabilité d'organiser la contribution des femmes au sein de la Croix-Rouge. Les réalisations des Juifs dans ce domaine précis suscitèrent d'ailleurs beaucoup d'admiration de la part de la population canadienne en général.

En Angleterre aussi les communautés juives mirent sur pied des comités *ad hoc* de soutien aux efforts de guerre lors du conflit armé avec les nazis. Dans ce nouveau contexte, les disputes entre les dirigeants

---

269. SAMUEL BRONFMAN (1891-1971). Né à Brandon au Manitoba, fils de Ekiel Bronfman, il se lance dans l'hôtellerie en 1909 à Winnipeg. En 1924 il déménage à Montréal et fait l'acquisition de la Distillers' Corporation Ltd., qu'il transforme en une multinationale de la distillerie sous le nom de Seagram's. Il est président du Congrès juif canadien de 1938 à 1962 et, au cours de cette période, le philanthrope le plus influent de la communauté juive canadienne.

270. Saidye Rosner.

sionistes et le Colonial Office au sujet des politiques de la Grande-Bretagne en Palestine furent remises à plus tard. La même année pourtant, soit en 1939, Londres venait de limiter l'immigration juive en *Eretz-Israel*, un geste qui avait rendu très amers les chefs de file du sionisme. Le jour où la guerre fut déclarée cependant, les sionistes proposèrent au gouvernement britannique de former des unités militaires juives séparées qui iraient combattre les nazis, offre qui fut acceptée de bonne foi.

Avant que les États-Unis ne se joignent aux Alliés dans la lutte contre l'Allemagne[271], les leaders communautaires juifs américains exprimèrent leurs meilleurs vœux aux Juifs canadiens. Ces derniers avaient en effet maintenant la possibilité de participer directement à la guerre totale contre le nazisme. Il venait à cette époque au pays beaucoup de jeunes Juifs américains qui désiraient s'enrôler dans les forces armées canadiennes, surtout l'aviation. Aux États-Unis, il existait des regroupements politiques qui militaient ouvertement pour que le pays reste à l'écart du conflit européen et se déclare neutre, c'est-à-dire qu'il accepte de poursuivre ses relations diplomatiques avec les deux parties en cause. Le président Roosevelt n'appuyait pas le point de vue des isolationnistes, mais il n'en tint pas moins les États-Unis à l'écart des hostilités, soit jusqu'à l'attaque contre Pearl Harbor[272]. Avant cet événement, le Canada est demeuré le seul pays sur le continent américain à avoir déclaré la guerre à l'Allemagne nazie.

Dans les mois qui ont suivi le déclenchement des hostilités, on vit beaucoup de jeunes hommes au sein de la communauté revêtir l'uniforme des forces armées canadiennes, pour la plupart celui de l'aviation. Lors de cette période, les Juifs qui s'engageaient volontairement au service du Canada cherchaient généralement à devenir pilote ou navigateur. Pour être admis dans ce domaine, il fallait posséder un certain niveau d'éducation et faire preuve d'aptitudes supérieures. Les candidats qui démontraient des qualités particulières lors de la phase d'entraînement étaient ensuite invités à devenir des officiers.

---

271. L'Allemagne déclara la guerre aux États-Unis le 11 décembre 1941. Il fallut toutefois attendre quelques mois avant que les Américains ne s'engagent sur le théâtre européen, ce qui arriva quand un corps expéditionnaire anglo-américain débarqua en Sicile en juillet 1943.

272. Le 7 décembre 1941, l'aviation japonaise mena une attaque surprise contre une base navale des îles Hawaï, et y détruisit une bonne partie de la flotte de guerre américaine stationnée dans le Pacifique.

On entendit beaucoup de commentaires positifs, aux heures sombres du *blitzkrieg*, au sujet des aviateurs juifs qui avaient été envoyés en Angleterre combattre la Luftwaffe. Leur nom figurait souvent sur la liste des as de l'aviation qui avaient réussi à abattre des appareils nazis. Les parents de ces jeunes qui accomplissaient des actes héroïques ressentaient beaucoup de fierté, et on les félicitait de toutes parts. Certains d'entre eux bien sûr périrent au champ d'honneur. Il se trouva ainsi des Juifs à Montréal qui perdirent un fils, quelque part au-dessus de l'Angleterre, de la Belgique ou de la France, pendant cette période de la guerre.

Un grand nombre de jeunes Juifs s'enrôlèrent aussi dans l'infanterie. L'armée canadienne comptait dans la région de Montréal deux colonels juifs bien connus, soit le colonel Joseph Echenberg, qui était le commandant du dépôt d'intendance situé à Longueuil, et le colonel Philip Abbey qui était l'officier en chef de l'importante base militaire de Farnham.

Souvent, en tant que représentants du *Keneder Odler*, nous avions l'occasion de visiter ces établissements militaires, et de discuter avec les officiers mentionnés plus haut au sujet des soldats juifs directement sous leur commandement ou admis au sein de l'armée canadienne en général.

Le colonel Echenberg appartenait à une famille de marchands installés à Sherbrooke. Plus tôt dans sa carrière, il s'était intéressé à des questions relatives au commerce et avait participé activement à la gouverne de sa communauté juive locale. Le colonel Abbey aussi était issu du monde des affaires et il avait joué un rôle important au sein des grandes institutions philanthropiques juives de Montréal. Dans l'armée, il commandait un régiment d'artillerie. Chaque fois que je parlais avec lui, il insistait pour rappeler que cette guerre ne ressemblait à aucune autre. On n'y voyait en effet pas de Juifs combattre les uns contre les autres de part et d'autre du front. À coup sûr, il ne se trouvait pas de soldats juifs qui luttaient du côté des nazis.

Le colonel Abbey m'invita un jour à prendre un repas au mess des officiers de la base militaire de Farnham. À cette occasion, il me présenta un certain nombre d'officiers, dont certains étaient d'origine juive. L'un d'entre eux, qui n'appartenait pas à la communauté juive, conversa librement avec moi quelques instants. Il m'expliqua qu'il se trouvait quelques soldats juifs dans son unité, qui étaient tous des jeunes gens très bien, sauf qu'ils semblaient pressés d'en découdre avec l'ennemi. Ceux-ci ne pouvaient attendre plus longtemps avant d'être transférés outre-mer, où ils auraient enfin l'occasion de combattre les nazis. Il valait mieux toutefois ne pas se précipiter au front, et prendre le temps de bien terminer son entraînement.

Le colonel Echenberg aussi avait sous son commandement un certain nombre de Juifs. Règle générale, les Juifs semblaient mieux préparés que les autres à accepter un poste d'ordonnance. Certains d'entre eux, qui avaient déjà travaillé dans des bureaux ou dans des commerces, possédaient des aptitudes qui les rendaient utiles dans ce genre de travail. Un jour que je discutais avec le colonel Echenberg, il exprima devant moi l'idée que, si jamais cette guerre était perdue, il ne resterait plus un seul endroit sur la planète où les Juifs puissent vivre en sécurité. Les autres peuples réussiraient tant bien que mal à s'adapter à la domination nazie, mais pas les Juifs. Pour eux il ne resterait alors plus aucun espoir de survie.

Plusieurs soldats juifs avec lesquels j'ai pu entrer en contact à cette période partageaient l'avis du colonel Echenberg. Le Congrès juif canadien mit sur pied un comité *ad hoc* pour veiller au bien-être des Juifs enrôlés dans les forces armées. Moshe Myerson[273], conseiller en loi du roi, un des membres les plus influents de ce groupe, se rendait souvent à la base militaire de Huntingdon, où les recrues recevaient leurs premières séances d'entraînement. Je l'ai accompagné à de nombreuses reprises, et j'ai ainsi eu l'occasion de rencontrer plusieurs fois les jeunes Juifs qui avaient été acceptés dans les rangs de l'armée canadienne. Parmi eux on comptait des individus qui rongeaient leur frein et attendaient avec impatience de quitter le Canada. Plusieurs soldats se croyaient en effet prêts à joindre le corps expéditionnaire canadien en Europe, là où ils se trouveraient enfin plus près du front. De nombreux Juifs se sentaient en effet investis d'une double mission, soit lutter contre les nazis d'abord comme citoyens canadiens, et ensuite comme membres du peuple juif.

---

273. MOSHE MYERSON (1893-1976). Né en Ukraine, membre du barreau, plus tard actif dans le Cercle juif de langue française mis sur pied en 1947 et administrateur du Congrès juif canadien au cours de l'après-guerre.

LE RÔLE DES SOLDATS CANADIENS DANS LA LIBÉRATION DE L'EUROPE

La première armée canadienne chasse les Allemands de la Belgique et des Pays-Bas. Comment des soldats juifs canadiens préparèrent une célébration de *Hanouka* pour des enfants récemment libérés.

À L'AUTOMNE DE 1944, il semblait évident que la puissante armée allemande avait perdu l'initiative et qu'elle battait en retraite.

Les Alliés possédaient maintenant l'avantage sur tous les fronts. L'armée américaine était en train de bouter dehors les Allemands de la France, tandis que les Soviétiques faisaient de même en Ukraine. Au même moment, Rommel[274] subissait ses premières défaites graves en Afrique.

C'est à ce moment que l'on confia à l'armée canadienne la mission de libérer la Belgique et les Pays-Bas.

La première armée canadienne brisa les lignes de défense nazies à la frontière belge et fonça vers l'ouest.

Au pays, les citoyens se montrèrent fiers de ce que nos soldats aient pu porter un coup décisif aux sanguinaires nazis, malgré une forte résistance de leur part. Les Canadiens subirent de lourdes pertes au cours de cette offensive, mais cela n'empêcha pas nos forces armées de prendre d'assaut et de libérer plusieurs villes.

À cette époque, ma femme et moi furent très touchés lorsque nous avons reçu une lettre de notre fils, Fayvl[275], lequel se trouvait au nombre

---

274. ERWIN ROMMEL (1891-1944). Maréchal chargé de commander en février 1941 le corps expéditionnaire allemand en Afrique du Nord, l'*Afrikakorps*. Après avoir menacé Alexandrie pendant une courte période, Rommel fut acculé à la capitulation en mars 1943 et rappelé en Europe.
275. Il s'agit de Philip Madras.

des soldats canadiens qui avaient fait campagne en Belgique et aux Pays-Bas.

Dans cette lettre, que je fis imprimer dans le *Keneder Odler*, notre fils racontait comment des militaires canadiens d'origine juive avaient organisé, dans une ville néerlandaise, une célébration de *Hanouka*[276] pour les enfants de la région. Pour souligner cette fête religieuse, les soldats avaient dû réunir les enfants juifs qui se trouvaient tout alentour, puis les conduire à une synagogue désaffectée. Il fallut d'abord redonner à l'édifice un peu de son lustre d'antan et s'assurer qu'un air de fête règne à l'intérieur. Des militaires non Juifs offrirent même de se joindre à la corvée de nettoyage et d'embellissement.

Cette célébration de *Hanouka* fut présidée par le rabbin Samuel Cass, qui était l'aumônier attitré des Juifs au sein de l'armée canadienne. Dans chaque localité belge ou néerlandaise où pénétraient les forces canadiennes, le rabbin Cass s'affairait avec l'aide des soldats d'origine juive à retracer les survivants juifs et à leur apporter les premiers réconforts de la libération. On put ainsi retrouver des personnes de souche juive à Anvers, Amsterdam, Breda, Hilversum et ailleurs encore. Partout les Juifs ainsi affranchis du joug nazi eurent l'occasion, grâce à l'appui de l'armée canadienne, de fêter le moment où ils recouvrèrent la liberté.

Certains passages de la lettre de mon fils méritent d'être cités :

> Je suis arrivé à la synagogue à 14 h 30 de l'après-midi. Cela me laissa une impression pénible de constater à quel point le désordre régnait à l'intérieur de l'édifice. On pouvait encore voir très nettement les marques des profanations effectuées par les nazis. Ceux-ci avaient détruit tout ce qui avait rapport au judaïsme, même les sièges des fidèles que l'on retrouva dans un état pitoyable. Il ne restait plus que les quatre murs nus et un toit qui laissait couler de l'eau de pluie, ce qui avait fini par faire pourrir le plancher de l'édifice. Plus rien à l'intérieur ne laissait croire qu'il s'agissait d'un lieu de prière. Même si la synagogue ressemblait plus à un local où étaient entreposées des marchandises qu'à un lieu de recueillement, autant des civils que des militaires venaient y prier.
>
> À cette célébration religieuse sont venus des soldats de l'armée canadienne, et d'autres appartenant à des unités britanniques et polonaises, ainsi

---

276. Aussi appelée Fête des lumières, *Hanouka* fait référence à un épisode historique qui eut lieu au deuxième siècle avant notre ère, et pendant lequel les Juifs choisirent de résister à l'envahisseur. La fête de *Hanouka* dure huit jours et est célébrée vers les mois de décembre ou janvier.

que quelques civils. Tous ensemble, ils formaient une congrégation d'importance assez considérable. Le rabbin Cass prononça un sermon au sujet de *Hanouka*, traçant un parallèle entre les conditions actuelles et celle qui prévalaient il y a longtemps, notamment à l'époque des Maccabées[277]. Il déclara entre autres : « Et ainsi sommes-nous revenus aujourd'hui dans la maison de Dieu, qui a été endommagée et profanée par la tyrannie. Ces ennemis, nous les avons chassés à l'heure qu'il est et maintenant nous pouvons allumer dans ce lieu les chandelles de *Hanouka*. Le même scénario s'était produit à l'époque de Yehuda Mordecai[278], quand on avait placé une flamme sur les lampes à l'huile dont les adversaires d'alors venaient de violer le caractère sacré… Nous revivons aujourd'hui cet épisode historique. »

Après la cérémonie à la synagogue, on nous invita à une résidence privée où une fête eut lieu pour les enfants qui étaient trop jeunes pour se rendre prier avec les adultes. En tout, une dizaine d'enfants nous y attendaient et quelques adultes. On avait préparé la table en pensant tout spécialement aux bambins. Chaque jeune reçut en cadeau un paquet contenant du chocolat et des friandises, que le rabbin Cass et les soldats canadiens avaient préparé, et l'on bénit aussi pour eux des chandelles en l'honneur de la fête de *Hanouka*. Inutile d'insister sur le fait que les enfants présents étaient ravis, et que les adultes qui les accompagnaient furent très touchés par l'occasion. C'était la première fois depuis plusieurs années que ces gens avaient la possibilité de célébrer *Hanouka*.

Les récits tragiques dont nous firent part les Juifs néerlandais étaient en tout point semblables à ceux que racontaient les Juifs belges. La seule différence entre les deux situations tenait à ce que les communautés juives aux Pays-Bas étaient proportionnellement moins importantes sur le plan démographique que leurs équivalents en Belgique. Les Juifs néerlandais aussi durent subir l'occupation nazie pendant un certain nombre d'années. Il convient toutefois de rappeler ici un élément fort significatif. Il se trou-vait à la fête de *Hanouka* que nous venons tout juste de décrire, et qui eut lieu dans une maison privée, une chrétienne qui exerçait le métier d'infirmière. Cette femme avait caché chez elle sept enfants juifs âgés de deux à sept ans. Elle avait ainsi risqué sa vie pour soustraire aux bourreaux nazis ces enfants. Un de ces petits était maintenant âgé de quatre ans. Nul ne savait d'où il venait, ni quel était son nom. Les gens avaient pris l'habitude de l'appeler

---

277. Famille qui dirigea la révolte juive contre le roi séleucide Antiochos IV Épiphane de Syrie en 168 avant notre ère, et contre les influences hellénisantes qui menaçaient le judaïsme.

278. Un des héros de la fête de *Pourim*, qui commémore la délivrance des Juifs des mains de leurs oppresseurs.

Joseph... Ces sept enfants que l'infirmière avait arrachés à la mort étaient présents à la cérémonie de *Hanouka*, et avec eux nous avions célébré la fête de la liberté retrouvée. Jamais nous n'oublierons cette journée.

* * *

Cette lettre décrit très bien quelle était la situation des Juifs en Europe peu après la libération. Elle montre aussi quel rôle important l'armée canadienne a joué dans la victoire finale contre les forces hitlériennes, qui avaient caressé l'espoir de s'emparer un jour de toute la planète.

MIKHOELS ET FEFER À MONTRÉAL

Montréal accueille une délégation du Comité antifasciste
juif de Moscou. Une conversation «libre» avec Itzik Fefer
dans une cafétéria de la rue Sainte-Catherine.

L ORSQUE LES SOVIÉTIQUES entrèrent en guerre aux côtés des Alliés[279],
le contexte global s'en trouva modifié du tout au tout. On en voulait
beaucoup en effet aux chefs du Kremlin pour avoir signé un pacte de
non-agression avec les nazis. Pour cette raison, plusieurs gens considéraient
les communistes comme des ennemis au même titre que les Allemands.

Quand l'armée d'Hitler s'en prit à l'Union soviétique, l'amertume et
la colère dirigée jusque-là contre les communistes disparurent. Le régime
stalinien fut perçu comme un allié et un partenaire privilégié dans le
conflit contre les nazis. Les États-Unis entre autres investirent des sommes
colossales pour soutenir les Soviétiques, notamment sous la forme du
prêt-bail.

Avec l'arrivée de l'armée rouge aux côtés des Alliés, on se prit à
espérer que les nazis seraient bientôt vaincus et que les Juifs n'auraient
plus à subir le joug hitlérien en Europe. Beaucoup de gens croyaient en
effet à cette époque que les grandes lignes de la politique extérieure
soviétique seraient modifiées, et que les Russes établiraient de bonnes
relations avec les démocraties occidentales. Plusieurs Juifs pensaient également que le rideau de fer qui séparait les populations juives sous contrôle
soviétique, de celles vivant au sein d'autres sociétés, tomberait.

---

279. Ceci se produisit lorsque les forces allemandes pénétrèrent le 22 juin 1941 par la force
en territoire soviétique.

Ces impressions furent confirmées lorsque le Comité antifasciste juif de Moscou[280] (*der Yidisher anti-fashistisher komitet foun Moskve*) envoya une délégation composée de deux éminents Soviétiques rencontrer les communautés juives américaine et canadienne[281]. Celle-ci était composée du réputé artiste S. Mikhoels[282] et de l'écrivain Itzik Fefer[283], lequel était aussi «colonel» au sein de l'armée russe.

Mikhoels et Fefer furent chaleureusement accueillis dans un certain nombre de grandes villes, dont Montréal où ils restèrent deux jours.

Avant de s'arrêter à Montréal, les deux délégués furent d'abord reçus par l'ambassadeur de l'Union soviétique à Ottawa. On en profita dans cette ville pour les présenter à quelques représentants de la presse locale. La réception en leur honneur eut lieu dans une salle de l'hôtel Château Laurier.

De là Mikhoels et Fefer se rendirent à Montréal, où ils prirent la parole devant une foule assemblée à l'aréna[284]. Le premier à s'exprimer, Mikhoels, fit un discours sur un ton fougueux et se gagna immédiatement la sympathie du public. Dans son allocution, il insista beaucoup sur le slogan : « *Toyt tsu fashizm* » (mort au fascisme). Il fit aussi valoir que «le combat contre le fascisme unit les Juifs de toute la planète.»

Itzik Fefer quant à lui se laissa entraîner dans une polémique très sérieuse. Il parla longuement et de manière critique des cercles qui luttaient contre les communistes, ce qui fait que son discours n'intéressa pas tellement son auditoire, lequel était composé de toutes les couches de la population juive montréalaise. Plusieurs personnes quittèrent d'ailleurs la salle avant la fin de son intervention.

---

280. Créé le 24 août 1941, soit après le début de l'invasion allemande, et soutenu par Staline dans le but d'exploiter la sympathie en faveur de l'Union soviétique de la part des populations juives résidant dans les pays alliés.

281. Cette mission, qui se déroula au milieu de l'année 1943, permit à Mikhoels et à Fefer de visiter le Mexique, le Canada, les États-Unis et l'Angleterre. L'assemblée publique à l'aréna eut lieu le 12 septembre 1943.

282. SOLOMON MIKHOELS (1890-1948). Directeur en 1929 du Théâtre d'État juif à Moscou et un des plus grands acteurs de cette tradition, il est président du Comité antifasciste juif. Mikhoels fut assassiné par la police secrète de Staline en janvier 1948 et le Comité immédiatement dissous.

283. ITZIK FEFER (1900-1952). Vice-président du Comité antifasciste juif. Condamné à mort et exécuté lors de la vague de procès institués par Staline contre l'intelligentsia juive pro-soviétique.

284. Il s'agit de l'aréna Mont-Royal, alors situé en plein cœur du quartier juif, soit au coin de l'avenue du Mont-Royal et de la rue Saint-Urbain.

Le lendemain, une réception était prévue à l'hôtel de ville. Lorsque cet événement prit fin, Fefer vint à moi et me dit : « Vous êtes, il me semble, un journaliste du *Keneder Odler*. J'ai un service à vous demander. »

Je répondis : « Je ferai de mon mieux pour vous aider. »

« Je vous en prie, permettez-moi de m'échapper de mes hôtes… Juste une heure… Vous comprenez ? »

Je ne mis pas beaucoup de temps à saisir où il voulait en venir. Je fis sortir Fefer de l'édifice par une porte de côté. Il me demanda ensuite de le conduire à un restaurant où il était possible de se servir soi-même.

Nous nous sommes rendus en taxi à une cafétéria située sur la rue Sainte-Catherine, tout près de Peel.

Après que nous nous soyons attablés autour d'un repas léger et d'un café Fefer dit : « Plusieurs journalistes m'ont questionné. Je me devais de leur répondre. S'il vous plaît, laissez-moi maintenant vous demander : Que pensent les Juifs canadiens au sujet du Comité antifasciste juif créé en Union soviétique ? »

Je lui répondis de la manière suivante : « Tant que ce comité combattra le fascisme, nul ne s'opposera à son existence. Les gens se demandent toutefois si on lui a aussi confié la tâche de voir au renforcement de l'identité juive séculière en Union soviétique. »

Fefer répondit qu'aucun devoir n'était plus important pour l'instant que la lutte contre le fascisme. Tous les efforts des Juifs devaient tendre à combattre cette idéologie.

Je fis savoir à mon interlocuteur que j'étais d'accord avec lui que de s'opposer au fascisme, et surtout au régime hitlérien, constituait à ce moment la priorité principale. Cette lutte toutefois, ajoutai-je, ne reposait pas entièrement entre des mains juives. À part cette guerre contre le fascisme, les Juifs avaient aussi d'autres responsabilités qui exigeaient des communautés juives partout sur la planète une certaine mesure de solidarité, y compris de la part des Juifs qui vivaient en Europe de l'Est.

Les Juifs canadiens, fis-je, croient que vous et Mikhoels représentez d'une façon directe ou indirecte les Juifs soviétiques en vue de ce grand objectif.

Fefer répondit que, bien qu'il soit un adepte du marxisme, il avait tout de même développé une relation positive avec l'identité juive sous son acceptation séculière. On pouvait en dire autant d'un certain nombre de ses collègues membres du comité antifasciste.

Je lui laissai savoir que, si tel était le cas, pourquoi lui et ses collègues ne fonderaient-ils pas un réseau scolaire dont la mission serait d'enseigner les réalités de la culture juive séculière, ainsi que l'idéologie du sionisme socialiste, tel que le faisaient déjà les écoles que les Juifs laïcisants avaient mises sur pied aux États-Unis et au Canada?

Après avoir réfléchi un moment Fefer dit: «Le plus important reste la guerre contre le fascisme.»

Sur ce notre conversation prit fin.

En route lui et moi à bord d'un taxi en direction du restaurant Bucharest[285], là où Fefer et Mikhoels seraient les invités d'honneur à un repas, nous n'avons plus reparlé du «judaïsme séculier», ni de «la lutte contre le fascisme». Fefer par contre regretta que nous ayons passé autant de temps à converser dans la cafétéria... Les gens seraient forcés d'attendre son arrivée. Mon interlocuteur semblait maintenant songeur, voire un brin préoccupé. Fefer se plaignit même de ne pas avoir assez dormi, et de ce que son estomac était dérangé. Cela me chagrina de voir qu'il se sentait un peu comme si je l'avais arraché à son emploi prévu du temps. Il me donnait l'impression d'un écrivain qui était fier de ses origines juives, mais qui se débattait avec les principes du marxisme, au point d'en perdre sa liberté d'action.

À partir de ce jour je le perçus comme un Juif qui vivait son adhésion au marxisme comme un exil intérieur.

285. Ce restaurant était situé au 3956, boulevard Saint-Laurent.

LES PREMIERS RÉFUGIÉS JUIFS
À ENTRER AU CANADA

*Un groupe de religieux juifs arrive après avoir transité par le Japon.
De jeunes Juifs allemands viennent d'Angleterre. Des réfugiés
qui ont eu la vie sauve grâce à un séjour au Portugal.*

LES IMMIGRANTS JUIFS qui ont pu s'échapper des territoires sous contrôle nazi ont commencé à arriver au Canada un peu avant que la guerre ne soit terminée.

En 1941, est venu à Montréal un groupe de Juifs religieux (*lamdonim*), soit des dirigeants d'une *yeshiva*[286] et leurs élèves. Ces individus étaient d'abord restés quelque temps au Japon avant d'aboutir au pays.

D'autres groupes de personnes arrivèrent à peu près au même moment, et avaient traversé la Sibérie pour se retrouver après plusieurs péripéties soit à Tokyo, soit à Shanghai. Ces immigrants étaient des citoyens polonais, pour lesquels le gouvernement polonais en exil avait obtenu des visas. On accueillit aussi au Canada des gens qui avaient séjourné au Portugal, après avoir traversé illégalement la frontière française avec l'aide du maquis antinazi.

Il n'était pas si simple à cette époque de négocier avec les autorités à Ottawa, afin de les convaincre d'admettre au pays ces réfugiés. L'opinion publique se trouvait en effet fortement opposée à l'immigration, et le gouvernement lui-même devait lutter contre cette tendance. Tout de même, de temps à autre et pour des raisons humanitaires, on accordait à quelques réfugiés juifs victimes de la terreur nazie le droit de s'établir au Canada.

---

286. Académie talmudique dont le but est de parfaire la formation religieuse et morale des jeunes hommes.

À propos de ce groupe de religieux, il fallut consentir un grand effort pour avoir gain de cause auprès des responsables de l'immigration à Ottawa. Une importante délégation juive dut se rendre rencontrer le ministre chargé de ce secteur, et le convaincre de renverser une première décision négative à leur sujet.

Parmi les représentants juifs qui firent le trajet jusqu'à la capitale canadienne se trouvaient Saul Hayes[287] et M. Garber[288] du Congrès juif canadien, H. Wolofsky, président honoraire de l'Alliance des Juifs polonais (*Farband foun Poylishe Yidn*) et Peter Bercovitch, député au Parlement.

La délégation réussit à faire accepter que le Canada accueille les quatre-vingts Juifs religieux en question, et cinquante autres Juifs qui avaient des proches parents au pays.

Quand ce groupe arriva à Montréal, la communauté les reçut à bras ouverts et on fit le maximum pour leur permettre de poursuivre au pays leurs activités d'ordre religieux et intellectuel. On ne se doutait pas à cette époque que grâce à ces immigrants seraient créées à Montréal deux importantes académies talmudiques (*yeshivot*), Tomkhe tmimim (l'appui des humbles), qui appartient au mouvement lubavitcher, et Mercaz hatora (le foyer de la *Tora*). Ces institutions ont beaucoup contribué à la vie religieuse traditionnelle et à l'enrichissement de l'éducation juive au sein de la communauté.

* * *

Un autre groupe de réfugiés juifs composé de gens fort intéressants débarqua à Montréal à ce moment.

Il s'agissait de jeunes juifs originaires d'Allemagne et d'Autriche que l'on avait fait venir d'Angleterre, et qui possédaient le statut légal de « prisonniers de guerre ». Puisque ces personnes étaient considérées comme des ressortissants de pays ennemis, elles avaient été internées dès leur arrivée sur le sol de la Grande-Bretagne, même si l'on savait très bien

---

287. SAUL HAYES (1906-1980). Né à Montréal, éduqué à l'Université McGill, avocat, il est directeur général du Congrès juif canadien de 1940 à 1959, et vice-président de l'organisation de 1959 à 1974. Il est aussi à partir de 1940 directeur des United Jewish Refugee and War Relief Agencies of Canada.

288. MICHAEL GARBER (1897-1977). Né en Lituanie, arrivé à Montréal en 1906, il est un des fondateurs en 1919 du Congrès juif canadien et président de l'organisation de 1962 à 1968.

qu'elles ne sympathisaient pas avec les régimes politiques auxquels elles étaient soumises dans leur contrée de naissance. Techniquement, les lois en vigueur exigeaient qu'elles ne puissent circuler en toute liberté dans leur nouvelle patrie.

Le gouvernement canadien avait accepté de laisser entrer ce groupe au pays afin de venir en aide aux Anglais. L'on avait en effet pris en considération le fait que la Grande-Bretagne ne possédait pas suffisamment d'espace, ni assez de nourriture pour garder sur place un grand nombre de prisonniers de guerre. L'Angleterre ne pouvait pas non plus détacher beaucoup de soldats pour garantir la sécurité de ces individus. Voilà pourquoi le gouvernement canadien avait offert de recevoir une partie des prisonniers détenus outremer, et de voir à les loger, à assurer leur subsistance et à les encadrer jusqu'à la fin de la guerre.

Les jeunes Juifs en question avaient été internés dans un camp non loin de Montréal, sur l'île aux Noix, au beau milieu de la rivière Richelieu. Le gouvernement fit connaître au Congrès juif canadien la date d'arrivée de ces réfugiés, et permit à l'organisme de s'intéresser à ces gens non pas comme s'il s'agissait «d'ennemis», mais plutôt comme des nôtres.

Le Congrès juif canadien et l'organisation ORT[289] firent venir des instructeurs qui enseignèrent à ces gens des métiers pratiques qui pouvaient leur permettre d'être utiles dans les industries de guerre. Une délégation de l'ORT se rendit ensuite pour intercéder auprès du gouvernement fédéral afin qu'il autorise l'ouverture d'une école technique sur l'île aux Noix. Parmi les représentants envoyés dans la capitale canadienne se trouvaient Lord Marley, qui était originaire d'Angleterre, le docteur D. Lvovich[290], tous les deux des administrateurs de haut niveau de l'ORT, ainsi que Saul Hayes du Congrès juif canadien.

À cette époque, l'ORT était très active à Montréal. Sous la direction de Vladimir Grossman, publiciste et animateur communautaire bien connu, il existait alors dans la ville une école technique dirigée par

---

289. Acronyme de Obshchestvo Rasprostrameniya Turda Sredi Yevreyev (Société en vue du travail manuel parmi les Juifs). Organisation philanthropique internationale fondée en 1880 en Russie, dans le but de créer des écoles techniques encourageant l'apprentissage par les Juifs de métiers liés à l'agriculture ou à l'industrie, y compris dans l'État d'Israël après 1948.

290. DAVID LVOVICH (1882-1950). Né en Russie, adepte de la gauche sioniste dès le début de sa carrière, il est élu vice-président à l'échelle internationale de ORT en 1937 puis coprésident en 1946.

l'organisation où l'on pouvait apprendre des métiers spécialisés dans le domaine de la métallurgie, et qui étaient nécessaires à la production d'armements. L'ORT était présidée par Louis Fitch.

Les jeunes internés juifs apprirent avec beaucoup de bonne volonté les compétences techniques qui leur furent enseignées. Au même moment, les porte-parole de la communauté négocièrent fermement avec les autorités afin que l'on modifie leur statut légal, et qu'ils ne soient plus considérés comme les ressortissants d'un pays ennemi. Finalement, le gouvernement reconnut que ces « prisonniers » n'étaient pas des adversaires mais bien des sympathisants du Canada et de l'Angleterre, ainsi que de leurs régimes démocratiques, et on leur permit de quitter les camps d'internement où ils étaient confinés.

* * *

Tel que je l'ai mentionné plus haut, se trouvaient aussi à cette époque au Canada des immigrants qui étaient venus du Portugal. Il s'agissait là d'hommes, de femmes et d'enfants qui avaient réussi comme par miracle, en passant par les Pyrénées, à s'échapper du territoire de la France, et qui s'étaient retrouvés au Portugal où ils étaient désormais à l'abri des nazis.

Lorsque ces gens arrivèrent ici, ils furent pris en charge par la *Yidisher imigrant Hilfs-Farayn* (la Société d'aide aux immigrants juifs). L'arrivée des réfugiés venus du Portugal fut accueillie avec beaucoup de joie au sein de la communauté juive. Ces derniers ne tardèrent d'ailleurs pas à faire le récit de leur incroyable épopée. Ils devaient aux héros du maquis français d'avoir eu la vie sauve et de s'être enfui de l'univers nazi.

Les immigrants portugais racontèrent par exemple le cas de familles chrétiennes qui risquèrent tout pour cacher chez eux des femmes et des enfants juifs, afin qu'ils ne tombent pas entre les mains des nazis. Ils mentionnèrent aussi comment dans des villages français des prêtres et des religieuses catholiques les avaient logés dans des églises, jusqu'à ce que les courageux maquisards les prennent en charge. Le jour ils restaient à l'abri dans des lieux de culte, dans des caveaux ou dans des bâtiments de ferme, pendant que la nuit ils devaient parcourir de petits sentiers de montagne avec des enfants tout contre eux, jusqu'à ce qu'ils atteignent la frontière portugaise. Même les bambins qui étaient nés en France, et qui donc ne parlaient et ne comprenaient que le français, avaient tout de suite saisi pourquoi il était important de se terrer le jour et de fuir la nuit. D'instinct ils savaient que leur vie se trouvait en danger du fait qu'ils appartenaient au peuple d'Israël.

Ces jeunes réfugiés d'autrefois sont aujourd'hui devenus des citoyens respectables dans leur nouveau pays.

LA FIN DU GRAND DÉRÈGLEMENT

La défaite finale des nazis. L'Europe libérée du joug hitlérien.
Un échange de délégations juives. Un procès historique à Nuremberg.

Le jour où les nazis perdirent la guerre, soit le 7 mai 1945[291], fut une occasion de grandes réjouissances. Les Allemands avaient mené une guerre totale et ils subirent une défaite tout aussi radicale et complète.

L'échec final des nazis souleva naturellement beaucoup de joie chez les Juifs partout dans le monde. La satisfaction d'assister à un tel dénouement se mêla toutefois d'une grande tristesse. L'on savait bien sûr que les forces hitlériennes avaient fait disparaître six millions de Juifs européens. Il s'agissait là de la plus grande catastrophe de toute l'histoire juive.

Le Congrès juif canadien s'activa aussitôt à voler au secours des Juifs européens que les nazis n'avaient pas réussi à anéantir. Ceux-ci se trouvaient maintenant dans des camps de réfugiés situés dans différentes régions et ils avaient besoin de tout. Pour y parvenir, le Congrès coopéra avec le «Joint» américain[292].

Au début, on eut l'impression que les Juifs qui avaient survécu au nazisme pourraient rapidement être relocalisés dans des foyers offrant toutes les garanties de sécurité, que ce soit en *Eretz-Israel* ou dans d'autres

---

291. L'auteur donne ici la date de la capitulation signée à Reims par le général Jodl. Un armistice fut aussi signé le lendemain à Berlin par le maréchal Keitel.
292. Organisation philanthropique juive américaine fondée en novembre 1914 sous l'appellation Joint Distribution Committee of American Funds for the Relief of Jewish War Sufferers. Renommée en 1931 American Jewish Joint Distribution Committee, le «Joint» vint en aide aux populations juives aux prises avec des difficultés graves partout sur la planète, y compris en Palestine.

pays. Malheureusement, ces espoirs ne se matérialisèrent pas. Les autorités mandataires britanniques en Palestine refusèrent d'accepter ces gens, et ailleurs les politiques migratoires en vigueur limitèrent fortement le nombre de ceux qui étaient admis. Le libre blanc de 1939, qui interdisait l'immigration en *Eretz-Israel*, était en effet toujours appliqué et cela rendait impossible l'entrée dans ce pays d'un grand nombre de Juifs. Au cours des deux ou trois années qui suivirent la fin de la Deuxième Guerre mondiale, un conflit très sérieux éclata entre les sionistes et le Colonial Office au sujet de cet embargo, qui dura jusqu'à ce que les Britanniques se retirent de la Palestine[293].

Les Juifs que la fin de la guerre avait libérés durent ainsi demeurer plus longtemps dans des camps de réfugiés. Bien sûr leur vie n'était en rien menacée dans ce contexte, mais ils restaient toujours sans lieu de résidence permanente. On appelait ces gens des *displaced persons*, ou si l'on préfère des «D. P.», ce qui signifiait qu'ils n'avaient pas encore été acceptés par un pays d'accueil et qu'ils demeuraient des êtres humains déracinés.

Les organisations de secours juives nord-américaines et anglaises ont rapidement dû intervenir auprès des populations libérées après la fin de la guerre, et parquées en Europe dans des camps de réfugiés. Le «Joint», financé par les Juifs américains, s'avéra très actif dans ce domaine, et le United Jewish Refugee Agency of Canada s'associa à lui sur le terrain. À cette fin, le «Joint» ouvrit des bureaux dans différentes régions du continent européen, là précisément où se trouvaient regroupés les rescapés du régime nazi, et qui eurent pour tâche de leur rendre la vie plus facile. L'objectif principal de cette organisation philanthropique était de permettre aux survivants de retrouver leurs esprits et de surmonter les terribles épreuves qu'ils avaient subies entre les mains des nazis.

Lavy Becker, qui était Montréalais, comptait à l'époque parmi les administrateurs du «Joint». C'est lui qui dirigeait les activités de secours de l'organisation dans la zone d'occupation américaine. Dans un rapport soumis en avril 1946, et qui avait été remis à la presse, on pouvait lire que, parmi les 80 000 Juifs qui résidaient alors en Allemagne, environ 60 000 recevaient l'aide du «Joint». La majorité de ces individus, soit 35 000 personnes, vivaient dans des camps de réfugiés. D'autres recevaient dans des installations spécialement conçues à cet effet (*hakhshore-kamps*) une

---

293. Soit en avril 1948, lors de la création de l'État d'Israël.

formation qui les préparait à devenir des travailleurs agricoles en *Eretz-Israel*, et un dernier groupe avait été placé dans des foyers privés. Tous, ils ne recevaient de l'UNRRA[294] que de maigres rations qui suffisaient à peine à les garder sains de corps et d'esprit. Le « Joint » offrait à ces gens des rations de nourriture supplémentaires, et s'occupait des aspects sociaux, culturels et religieux de leur existence.

Les Juifs qui vivaient dans les camps en Allemagne auraient été heureux d'immigrer en *Eretz-Israel*, mais le livre blanc ne permettait qu'à un petit nombre d'entre eux seulement de se rendre en Palestine. Les certificats d'immigration, expliquait monsieur Becker dans son rapport, avaient été accordés à l'époque à des enfants, qui étaient beaucoup plus âgés aujourd'hui. Il se trouvait même parmi eux des partisans qui avaient lutté pendant la guerre contre les forces nazies.

Lorsque monsieur Becker en eut terminé de son travail en Europe, et après qu'il fut revenu à Montréal, il s'engagea auprès du Congrès juif canadien et soutint les activités de secours de l'organisation. Jusqu'à ce jour, il est resté une figure de premier plan au sein de cette institution chargée de regrouper toutes les communautés juives au pays. Aussitôt que le continent européen fut libéré du joug des nazis, le Congrès juif canadien décida d'établir des liens avec les collectivités juives partout dans les territoires récemment occupés par les armées allemandes. À cette fin, l'organisation envoya une délégation en Pologne pour prendre contact avec les Juifs de ce pays et pour évaluer comment on pourrait leur venir en aide. Prirent part à cette mission[295] H. M. Caiserman, le secrétaire général du Congrès juif canadien, et Samuel Lipshitz[296], un représentant du United Jewish People's Order[297] (*Yidish Folks-Ordn*). Comme la Pologne était alors sous régime communiste, le Congrès jugea plus convenable que monsieur Caiserman soit accompagné par une personne qui appartenait à une organisation politiquement à gauche.

La délégation du Congrès juif canadien fut reçue avec beaucoup de chaleur en Pologne par les Juifs qui y habitaient. Un peu plus tard, après

---

294. United Nations Relief and Rehabilitation Administration.

295. Celle-ci eut lieu de la fin de 1945 au début de 1946.

296. Né à Radom en Pologne en 1910, linotypiste de métier, journaliste et syndicaliste, il est au moment de sa visite membre du bureau de direction du Parti communiste canadien. Lipshitz devait rompre définitivement en 1956 avec la gauche communiste.

297. Organisation fraternelle montréalaise yiddishophone de tendance pro-communiste et pro-soviétique.

ce voyage, un groupe de Juifs polonais se rendit au Canada, avec à sa tête le leader communautaire et sympathisant sioniste bien connu, le docteur Emil Sommerstein[298]. Il s'agissait là d'une représentation composée d'un plus grand nombre de personnes, et qui comptait des membres de tous les courants idéologiques de la vie juive polonaise à cette époque.

Le Congrès juif canadien et l'Alliance des Juifs polonais (*Farband foun Poylishn Yidn*) accueillirent avec enthousiasme cette délégation d'outre-mer. En réalité, les Juifs polonais qui en faisaient partie furent considérés comme les invités de toute la communauté juive canadienne. Ces gens, tout simplement, ont été perçus à l'époque comme les survivants (*sheyres-haple'yte*) de l'extermination nazie. Ils représentaient aussi les courageux combattants juifs qui avaient lutté du côté des partisans, contre les forces hitlériennes, dans les ghettos et les forêts de Pologne.

Le docteur Emil Sommerstein, qui était resté jusqu'en 1939 membre du *sejm*, fit une forte impression au Canada avec son allure de patriarche. Il fut le conférencier principal à une assemblée tenue au His Majesty's et présidée par Michael Garber. La délégation polonaise comptait aussi en son sein une jeune femme âgée de 25 ans, Chaya Grossman. Celle-ci raconta à cette occasion les péripéties qu'elle avait vécues en 1943, dans le ghetto de Varsovie[299], lors des combats contre l'occupant allemand.

La délégation visita aussi Toronto, où elle fut reçue à bras ouverts par la communauté locale.

Au cours de ces années, soit juste après la fin de la guerre, il semblait bien que l'amitié entre l'Est et l'Ouest se perpétuerait encore longtemps. L'on croyait généralement que, tout comme les citoyens des deux blocs s'étaient battus et parfois avaient fait ensemble le sacrifice de leur vie pour vaincre les nazis, de même ils bâtiraient maintenant en commun la paix. À cette époque, il existait un mouvement connu sous le nom d'Aid to Russia, au sein duquel œuvraient des Juifs appartenant à divers courants politiques et partageant différentes opinions. Cette organisation s'affairait

---

298. EMIL SOMMERSTEIN (1883-1957). Il siège au Parlement polonais de 1922 à 1935 (sauf de 1927 à 1929). Arrêté par les Soviétiques en septembre 1939 pendant l'invasion de la Pologne, il est réhabilité en juillet 1944 et devient membre du gouvernement provisoire de la Pologne libéré.

299. L'auteur commet ici une erreur. Les communiqués de presse du Congrès juif canadien de l'époque indiquent que Chaya Grossman avait plutôt été un leader de la révolte dans le ghetto de Bialystok.

à recueillir des vêtements usagés, puis les envoyait en Russie pour secourir les plus démunis, sans distinction de culture ou de confession.

La sympathie envers les Soviétiques était basée surtout sur la reconnaissance que certains ressentaient envers l'armée rouge, qui avait consenti à de très grands sacrifices dans sa lutte contre les nazis et subi de graves pertes. Les Soviétiques s'étaient trouvés dès le début de la guerre dans une position difficile, perdant bataille après bataille, ce qui avait permis aux nazis de s'emparer d'une importante portion de la Russie d'Europe. Les Allemands assiégèrent ainsi assez rapidement Leningrad, purent prendre d'assaut plusieurs villes de grande ampleur et arrivèrent en vue des murs d'enceinte de Moscou. L'armée rouge souffrit aussi des défaites considérables à Kiev et à Kharkov, les deux plus importantes villes d'Ukraine.

La première victoire soviétique, et celle qui allait s'avérer décisive, eut lieu en 1943 à Stalingrad[300]. Ce fait d'armes revêtit une grande signification historique. À partir de ce moment, les nazis n'allaient pas cesser de battre en retraite. Le coup porté par l'armée rouge à Stalingrad causa un tort très sérieux à la machine de guerre allemande. Au même moment, les nazis subissaient aussi un revers à El Alamein[301], en Égypte. Jusque-là, l'armée de Rommel avait fait peser une menace grave sur tout le Moyen-Orient, incluant *Eretz-Israel*.

La dernière défaite nazie eut lieu pendant la bataille de Berlin[302]. Lorsque Hitler se rendit compte que l'armée rouge n'était plus très loin de son repaire, il s'enleva lui-même la vie. Après ce geste, ses généraux se rendirent aux Alliés. On ne tarda pas ensuite à placer sous arrêt les principaux leaders politiques et militaires de l'Allemagne nazie. Ils furent ensuite conduits à Nuremberg, où se déroula devant une cour de justice internationale un procès historique[303] les concernant et qui impliqua des juges venus des États-Unis, de l'Union soviétique, de la France et de la Grande-Bretagne.

---

300. Le général allemand von Paulus, commandant en chef des forces allemandes à Stalingrad, rendit les armes le 2 février 1943.

301. Le général Montgomery chassa les Allemands d'El Alamein en octobre 1943.

302. L'armée soviétique entra dans Berlin le 22 avril 1945.

303. Procès intenté après la fin de la Deuxième Guerre mondiale par un tribunal international contre le leadership politique et militaire de l'Allemagne nazie. Il dura du 20 novembre 1945 au 1er octobre 1946 et mena à la condamnation des principaux leaders du nazisme.

Le procès en question dura une année entière. Les audiences se tinrent dans la ville où dix ans plus tôt les nazis avaient proclamé à la face de tout l'univers les lois racistes visant les Juifs allemands. Tout naturellement, les Juifs de toutes origines nationales, qui avaient beaucoup souffert du traitement que leur réservaient ces textes légaux, se réjouirent au plus haut point d'avoir vécu assez longtemps pour assister au jugement du tribunal historique réuni à Nuremberg contre leurs adversaires d'autrefois. La plupart des accusés furent d'ailleurs menés à l'échafaud. Un des nazis les plus éminents, Hermann Goering[304], s'empoisonna lui-même en prison la veille de sa pendaison. Parmi les deux ou trois grands dirigeants nazis qui avaient réussi à s'enfuir se trouvait Adolf Eichmann[305], qui gagna l'Argentine et put vivre là-bas quelques années sans être inquiété. Il fut plus tard enlevé par des membres de la police secrète juive, qui le ramenèrent d'une manière fort habile en Israël. Eichmann dut se soumettre dans ce pays à un procès et les juges israéliens le condamnèrent à être pendu. C'est ainsi qu'il connut en fin du compte le même sort que les autres grands chefs nazis.

---

304. HERMANN GOERING (1893-1946). Héros de l'aviation allemande pendant la Première Guerre mondiale, il adhère tôt au national-socialisme et est ministre de l'Air et commandant de la Luftwaffe en 1935, maréchal du Reich et chef suprême de l'économie de guerre en 1940.

305. ADOLF OTTO EICHMANN (1906-1962). Nazi de haut rang et officier SS, responsable de 1941 jusqu'à la fin de la guerre des opérations visant l'extermination de l'ensemble des Juifs européens. Enlevé en mai 1960 à Buenos Aires, en Argentine, il fut jugé à Jérusalem d'avril à décembre 1961 et pendu en mai 1962.

LES TAILLEURS RESCAPÉS
DES CAMPS DE RÉFUGIÉS EN EUROPE

La situation des réfugiés juifs après la défaite de Hitler.
La libération rend ces gens apatrides. Une délégation se rend sur place
pour ramener au Canada des tailleurs parqués dans des camps en Allemagne.

Lorsque la Deuxième Guerre mondiale se termina et que les nazis baissèrent pavillon, la liberté fut automatiquement rendue à tous les Juifs qui étaient encore retenus dans les camps de concentration. Bien entendu, la joie des prisonniers ne connut alors aucune limite. Tout de même, ils restèrent un long moment sans pays d'accueil et complètement isolés.

Au départ, l'opinion générale au sein de la communauté était que l'on ne tarderait pas à voir les nations victorieuses ouvrir leurs portes pour recevoir ces survivants, et qu'on les y recevrait avec enthousiasme. En fait, tout se passa bien autrement. Les Juifs libérés durent rester dans des camps de transit pendant une période assez longue, et vivre comme des personnes déplacées que nul ne souhaitait prendre sous son aile.

Les organisations philanthropiques juives aux États-Unis et au Canada firent de grands efforts pour trouver une solution aux problèmes de ces réfugiés, qui connaissaient un sort tragique, mais elles n'obtinrent aucun résultat tangible.

Le gouvernement canadien, comme celui d'autres pays occidentaux, se montra fort sympathique aux personnes déplacées d'origine juive qui venaient d'être libérées en Allemagne de la persécution hitlérienne. Le Canada cependant ne s'avéra guère empressé d'admettre quelques-unes d'entre elles au pays. Dans certains milieux, on fit campagne au cours de cette période contre une immigration venue d'Europe. Les gens qui défendaient ce point de vue firent valoir qu'il n'y aurait pas suffisamment d'emploi pour les Canadiens si on laissait entrer au pays des citoyens nouveaux. Les opposants à une migration substantielle de l'étranger prétendirent aussi qu'il n'y avait pas assez d'appartements disponibles au Canada, et que cela pourrait mener à une crise du logement. Finalement, dans ces conditions, les autorités n'accordèrent des permis d'entrée qu'à un très petit nombre d'immigrants.

À cette époque, le gouvernement canadien n'accepta au pays que des personnes dont certaines industries avaient un besoin pressant. Il laissait aussi entrer des ouvriers dans des secteurs économiques où la demande de main-d'œuvre qualifiée ne pouvait être comblée sur place. Exactement comme au lendemain de la Grande Guerre, il se produisit après 1945 au Canada un boom économique de grande ampleur. Des industries tout à fait nouvelles virent le jour et celles qui fonctionnaient déjà à plein régime voulurent prendre de l'expansion. Certains manufacturiers déclarèrent même qu'ils manquaient de personnel pour leurs usines.

Le gouvernement permit ainsi aux propriétaires de faire venir des ouvriers spécialisés d'Europe. Les industriels intéressés devaient remplir deux conditions, à savoir que les compétences visées n'étaient pas déjà disponibles au Canada, et ensuite que leurs propres employés au pays ne s'opposaient pas à ce que leurs rangs se grossissent de gens venus de l'étranger.

Un mouvement fut lancé à Montréal pour tirer profit de ces nouvelles dispositions. On conçut ainsi le projet de préparer la venue d'un grand nombre de réfugiés juifs qui étaient confinés dans des camps en Allemagne et en Autriche.

Ce sont les milieux syndicaux qui prirent l'initiative dans ce dossier. L'international Ladies' Garment Workers' Union fut la première à manifester un intérêt pour une entreprise ce genre.

Afin de réaliser un tel projet, il fallait d'abord que les regroupements de travailleurs se concertent avec l'Association des manufacturiers de vêtements féminins. Ils devaient ensuite se présenter conjointement devant le gouvernement pour réclamer l'autorisation de faire venir d'Europe des travailleurs qui avaient le statut de réfugié, et qui possédaient des compétences professionnelles absolument nécessaires au bon fonctionnement de ce type d'industrie.

Ces permis furent accordés par les responsables de l'immigration. En 1947, une délégation de manufacturiers canadiens de vêtements féminins se rendit en Europe dans le but de sélectionner des tailleurs professionnels. Ce groupe était dirigé par Bernard Shane, le vice-président actuel à l'échelle mondiale de l'International et aussi trésorier du *Yidish Arbeter Komitet*. Cette dernière organisation joua d'ailleurs un rôle important dans cette opération de secours destinée aux réfugiés. La tâche de la délégation était d'évaluer les qualités professionnelles des personnes déplacées qui désiraient immigrer au Canada, et de vérifier si elles maîtrisaient bien tous les aspects de leur métier.

Les représentants des manufacturiers ramenèrent au pays 4000 tailleurs, dont 1000 qui iraient travailler dans l'industrie du vêtement masculin. Certains s'établirent à Montréal, tandis que d'autres se rendirent à Toronto et à Winnipeg.

Cette mission destinée à venir en aide aux réfugiés juifs revêtit dès le départ un caractère historique. Du moment où ces tailleurs prirent pied au Canada, le Congrès juif canadien se préoccupa de leur bien-être et prit en charge, avec le soutien du *Yidisher Imigrantn Hilfs-Farayn*, le coût de leur installation matérielle. Le syndicat d'autre part s'occupa de dénicher pour ces gens des emplois dans des usines de confection.

Monsieur Bernard Shane s'était confié à moi un jour concernant ce qu'il avait vu en 1947 au moment de sa visite en Allemagne, soit deux ans après la fin du deuxième conflit mondial. Il avait été parmi les premiers civils canadiens à traverser des villes allemandes depuis la capitulation des nazis aux mains des Alliés. Il raconta entre autres comment Hanovre avait été la première agglomération où le groupe s'était rendu. Partout dans cette ville, on pouvait voir les terribles destructions infligées aux édifices importants. Dans les rues se trouvaient toujours des amoncellements de briques, et de sous ces montagnes de débris et de poussière émergeaient des êtres vivants que tout espoir avait abandonné.

Devant de telles scènes de destruction et de désolation, un Juif ne pouvait que ressentir des émotions très partagées. N'était-ce pas là de toute façon une impression commune à tous ceux qui voyaient leur désir de vengeance assouvi. Les Allemands subissaient maintenant le contrecoup de leur fidélité à Hitler, ils payaient le prix d'une hécatombe amplement méritée. Eux, qui hier encore étaient membres d'une « race de héros », se traînaient maintenant misérablement comme des vers de terre. Malgré cela, on ne pouvait nier qu'il s'agissait tout de même là d'êtres humains comme les autres. Il était difficile de constater comment des adultes et des enfants enduraient des conditions aussi tragiques. Finalement, le souci de revanche et la volonté de compassion s'entrechoquaient dans l'esprit de Shane.

Tout près de Hanovre se trouvait un tristement célèbre camp de la mort[306], où les nazis assassinaient leurs victimes de manière brutale. Monsieur Shane raconte que, lorsqu'il s'était approché de ce lieu, on lui avait montré des fosses communes. Certaines de ces sépultures étaient celles de prisonniers russes, d'autres plus nombreuses appartenaient à des Polonais, tandis que la majorité d'entre elles renfermaient les corps de Juifs. La vue d'un tel cimetière ne pouvait manquer de faire ressurgir un besoin de vengeance.

Des images tout à fait identiques attendaient le visiteur à Francfort. Une partie de la ville seulement était restée intouchée, alors que l'autre versant n'était plus qu'un amoncellement de briques, de débris et de métal tordu. Lorsque les aviateurs alliés avaient bombardé Francfort, ils avaient respecté un plan précis. C'est ainsi que la gare de train et les hôtels étaient restés intacts, afin de laisser aux forces américaines, anglaises et françaises victorieuses des lieux où s'installer plus confortablement après la fin des opérations militaires.

Les mêmes scènes s'étaient répétées à Stuttgart, où beaucoup d'Allemands vivaient dans des abris de fortune sous les ruines. Ces gens rôdaient dans les rues comme des ombres. Comme des chiens affamés ils allaient à gauche et à droite cherchant un peu de nourriture.

À Vienne, capitale de l'Autriche, qui se trouvait alors sous le contrôle des Soviétiques, les grands logements coopératifs que les socialistes avaient construits pour les travailleurs se trouvaient maintenant en ruine. Seules les rues commerciales de la ville étaient restées intactes.

* * *

Les immigrants qui avaient été sélectionnés dans ces villes, et aussi à Salzbourg, s'étaient rendus au Canada à bord de paquebots. Chaque ouvrier ainsi choisi pouvait amener avec lui sa femme et ses enfants, ce qui représentait un nombre assez considérable de personnes. Ce chiffre fut longuement commenté lorsque tous ces gens arrivèrent au pays.

---

306. Il s'agit du camp de Bergen-Belsen établi en 1943.

On fit aussi venir de cette manière, pour l'industrie du vêtement masculin, des tailleurs ayant le statut de réfugié. En 1948, une délégation présidée par Max Federman, administrateur de la Fur Workers Union of Toronto, ramena cinq cents travailleurs spécialisés de la fourrure. Afin de sélectionner des ouvriers spécialistes de la chapellerie, monsieur Maurice Silcoff, vice-président de la Milliners' Union, fit à la tête d'un groupe le voyage jusqu'aux camps de personnes déplacées

Tous ces réfugiés nouvellement admis trouvèrent aussi, pour refaire leur vie, des appuis au sein de la communauté juive canadienne. En fait, ils pouvaient se compter heureux d'avoir pu trouver un refuge au Canada. Dans les ateliers de confection, ils furent accueillis chaleureusement et furent entourés de beaucoup d'attention par leurs collègues.

Parmi les personnes déplacées qui s'étaient retrouvées au Canada à cette époque, et même un peu plus tôt alors que la guerre faisait toujours rage, il y avait un groupe de gens qui avaient été sauvés grâce à l'aide du *Yidish Arbeter Komitet*. Cette organisation avait maintenu, au cours du conflit, des contacts très étroits avec les maquisards antinazis qui étaient actifs dans un certain nombre de régions d'Europe occupées par les armées allemandes. Le Comité faisait parvenir un soutien financier à ces résistants, qu'il obtenait à la source auprès des travailleurs syndiqués et de milieux hostiles aux nazis, autant aux États-Unis qu'au Canada. Grâce à l'influence que possédait le Comité dans les milieux gouvernementaux à Washington, il avait été possible d'obtenir des visas pour des centaines de Juifs et de non-Juifs, qui étaient aussi des dirigeants syndicalistes ou socialistes, et qui avaient réussi à ne pas tomber entre les mains des nazis. Beaucoup d'entre eux purent s'établir aux États-Unis et quelques-uns au Canada. Aujourd'hui, un certain nombre de ces gens occupent des postes importants à Montréal dans le mouvement ouvrier, dont au sein du *Yidish Arbeter Komitet*.

LE LONG CHEMIN VERS LA LIBERTÉ

Les efforts consentis, au cours des quelques années qui suivirent immédiatement la fin de la Deuxième Guerre mondiale, en vue d'établir un foyer national juif. Le congrès sioniste qui adopta le « Dominion Plan ».

Tout juste après la fin de la Deuxième Guerre mondiale, quand la domination nazie venait d'être écrasée pour toujours, les Juifs furent les premiers à ressentir le vent de liberté qui soufflait dorénavant. Le chemin vers une émancipation complète, telle que les Juifs l'attendaient, restait toujours à parcourir cependant. Une fois de plus, il fallait reprendre la lutte pour un foyer national juif en Palestine, et trouver des lieux d'accueil pour les Juifs qui se trouvaient parqués dans des camps et que l'on décrivait sous le vocable de « personnes déplacées » ou « réfugiés apatrides ».

Au cours des deux ou trois années qui ont suivi l'armistice de 1945, la question de la Palestine juive avait figuré très haut sur la liste des priorités du leadership juif nord-américain et britannique.

En 1946, les tensions s'étaient intensifiées entre les trois protagonistes qui s'affrontaient sur le sol d'*Eretz-Israel*, soit les Juifs, les Arabes et les Britanniques. L'année suivante la situation avait encore empiré.

En juin 1946, tous les membres du bureau de direction de l'Agence juive[307] (*Agentur*) s'étaient retrouvés derrière les barreaux[308]. Les autorités

---

307. Organisation internationale créée en août 1929 et basée à Jérusalem. Le but de l'Agence juive était de soutenir le développement de la Palestine juive et de coopérer avec les administrateurs du mandat britannique.

308. L'opération de répression, conduite le 29 juin 1946 par les forces britanniques, eut lieu en réponse à une série attentats menés par les organisations de résistance juive contre les autorités mandataires.

mandataires britanniques avaient procédé à cette rafle afin de briser la résistance juive au livre blanc, lequel avait pour objet de limiter l'émigration juive en Palestine.

L'arrestation des chefs de l'Agence juive avait bouleversé le monde juif au grand complet. Les Britanniques occupaient de plus maintenant les locaux de l'organisation, de même que ceux de *Keren Kayemet* et de *Keren Hayesod*. À Tel-Aviv, les forces mandataires avaient même fait une descente au siège de *Histadrut*, ainsi qu'à la rédaction de *Davar*[309], et causé par la même occasion beaucoup de dégâts matériels.

Parmi les leaders arrêtés, et qui avaient été transférés à la prison de Latrun, se trouvaient Moshe Shertok (Sharett)[310], David Remez[311], Dov Joseph, Yizhak Gruenbaum et le dirigeant alors assez âgé du Mizrachi, le rabbin Yehuda Fishman. Par contre, deux chefs de l'Agence juive avaient échappé aux filets tendus par les Britanniques, soit David Ben-Gourion et Eliezer Kaplan[312], qui tous deux se trouvaient à l'étranger.

Comme je l'ai mentionné plus haut, une lutte à finir se déroulait entre les Juifs établis en Palestine et les autorités britanniques. La population juive en *Eretz-Israel* n'était toutefois par unanime sur les méthodes qu'il convenait d'employer pour mener cette bataille. L'Irgoun[313], qui était le bras militaire du Parti révisionniste, avait choisi d'utiliser le terrorisme pour faire valoir son point de vue. Les membres de ce groupe attaquaient des postes de police britanniques, et leur causaient des dégâts considérables. De tels agissements cependant poussaient les forces mandataires

---

309. Journal quotidien de l'organisation syndicale *Histadrut*. Fondé à Tel-Aviv en 1925, *Davar* était l'organe principal du mouvement travailliste israélien.

310. MOSHE SHERTOK (SHARETT) (1894-1965). Rédacteur en chef du journal *Davar* en 1925, directeur du département politique de l'agence juive en 1933, il est un des signataires de la proclamation d'indépendance de l'État d'Israël en 1948. Il occupe les fonctions de premier ministre de 1953 à 1955.

311. DAVID REMEZ (1886-1951). Né en Russie, émigré en Palestine en 1913, il est en 1920 un des fondateurs de la *Histadrut*, qu'il dirigea pendant 13 ans. Président du *Va'ad Le'umi* avant l'indépendance, il détient le portefeuille des Communications dans le gouvernement israélien de 1948 à 1950, et celui de l'Éducation et de la Culture de 1950 à 1951.

312. ELIEZER KAPLAN (1891-1952). Né à Minsk, délégué des sionistes russes aux négociations de paix de Versailles en 1919, émigré en *Eretz-Israel* en 1923, il est à partir de 1933 membre du bureau de direction de l'Agence juive. Associé de près à la *Histadrut*, il est ministre des Finances dans le premier gouvernement israélien de 1948.

313. Organisation clandestine fondée en 1931 et de tendance droitiste.

à exercer des représailles sévères contre les Juifs de Palestine. La Haganah[314], d'autre part, militait pour une approche plus modérée face aux occupants et tentait d'empêcher le recours à la violence. Le docteur Weizmann, ainsi que quelques autres dirigeants sionistes, dénonçaient eux aussi les actes terroristes de l'Irgoun. Cette situation dégénéra au point que les Britanniques condamnèrent à mort quatre membres de cette organisation qui avaient pris d'assaut un poste de police, et tous les quatre furent pendus.

La lutte contre les forces mandataires britanniques se déroula aussi sur le terrain politique aux États-Unis, au Canada et en Grande-Bretagne, et prit un tournant très dramatique dans les mois qui ont suivi la fin de la Deuxième Guerre mondiale.

Au Canada, les dirigeants sionistes ne s'engagèrent pas aussi à fond dans ce combat que leurs vis-à-vis américains. Il était très difficile pour les Juifs canadiens en effet de ne pas tenir compte du fait que le Canada était membre du Commonwealth britannique. L'opinion publique canadienne devait aussi être prise en considération dans ce cas. Malgré cela, les Juifs ne se gênèrent pas au pays pour exprimer leur vif mécontentement quant à la façon dont les forces mandataires traitaient la population juive en *Eretz-Israel*.

Le 28e congrès de l'Organisation sioniste canadienne eut lieu au début de l'année 1946. Au cours de cet événement, les Juifs manifestèrent ouvertement leur désaccord face à la politique britannique et leur opposition à la poursuite de son objectif principal.

L'on discuta beaucoup pendant ce congrès au sujet de ce qu'il convenait d'exiger de la part de la Grande-Bretagne et des Nations unies relativement à *Eretz-Israel*. Plusieurs propositions en ce sens furent avancées, et toutes furent longuement débattues.

Certains firent la suggestion que la Palestine juive devienne un dominion britannique ou même un membre à part entière du Commonwealth.

Selon cette hypothèse, *Eretz-Israel* ne serait pas devenu un pays souverain. Le gouvernement de sa Majesté n'aurait ainsi pas pris part aux affaires intérieures juives, mais se serait contenté d'assurer la sécurité de la population dans cette partie du monde.

---

314. Organisation paramilitaire de résistance au mandat britannique fondée en 1920 et placée sous le contrôle de l'Agence juive et du mouvement sioniste de gauche. En mai 1948, lors de la création de l'État d'Israël, la Haganah devient le noyau de la future armée israélienne.

On proposa aussi de placer la Palestine juive sous l'autorité administrative directe (*trusteeship*) des Nations unies. L'Union soviétique appuyait cette solution politique au conflit, car ses dirigeants souhaitaient prendre part à sa mise en place et gagner ainsi en influence au Moyen-Orient.

Ce projet resta sans suite, d'autant plus que Weizmann s'y opposait du fait qu'il possédait les mêmes limitations que le mandat britannique existant. Sous ce genre de régime politique, les Juifs n'auraient en effet pu réclamer une pleine autorité sur le territoire d'*Eretz-Israel*.

On discutait également à l'époque d'un plan de partition qui aurait divisé la Palestine en deux États distincts, l'un sous gouverne juive et l'autre placé entre les mains des Arabes.

Cette solution ne plaisait guère à Weizmann, mais il était tenté de l'accepter du fait qu'aucune autre solution intéressante n'était disponible à l'époque. Mieux valait composer avec un territoire plus petit, mais qui soit entièrement sous administration juive, que de se soumettre à un *trusteeship* des Nations unies ou de devenir un dominion britannique.

Lors du 28ᵉ congrès des sionistes canadiens, qui eut lieu à Toronto, une résolution fut votée en faveur de l'adhésion d'*Eretz-Israel* au statut de dominion britannique, s'il advenait qu'aucun régime plus approprié ne puisse être trouvé.

Le texte en question exprima aussi la déception des Juifs canadiens quant à l'attitude de la Grande-Bretagne face aux populations juives de Palestine. On en profita également pour réaffirmer la conviction que les Britanniques avaient fondamentalement fait preuve, lorsqu'ils avaient publié la déclaration Balfour, d'une attitude positive face aux besoins du peuple juif. Avec l'appui direct de la Grande-Bretagne, et sous un système de gouvernement s'apparentant à celui d'un dominion, pensait-on, les sionistes arriveraient sans doute à atteindre leurs objectifs.

L'idée d'ériger la Palestine juive en dominion britannique ne connut toutefois pas un grand succès à l'extérieur des frontières du Canada. Aux États-Unis et dans les milieux proches des Nations unies, la volonté de susciter l'apparition d'un foyer national juif totalement indépendant sur le plan politique gagnait du terrain. Le projet toutefois était très difficile à réaliser. Une commission américano-britannique fut mise sur pied un peu plus tard afin de trouver un moyen de partager la Palestine entre les Juifs et les Arabes. Ceci mena finalement l'assemblée générale des Nations unies à voter, en novembre 1947, une résolution qui reconnaissait le droit pour les Juifs d'obtenir un foyer national en *Eretz-Israel*.

Lors du 29ᵉ congrès de l'Organisation sioniste canadienne, qui se réunit à Ottawa en 1948, les délégués remercièrent chaleureusement le gouvernement canadien pour sa contribution importante, au cours du débat à l'assemblée générale de l'ONU qui devait mener à la création de l'État d'Israël.

LE GRAND JOUR

La proclamation de l'État d'Israël.
Les répercussions de cet événement sur la communauté juive canadienne.
La guerre menée par les Arabes contre l'État d'Israël.

LE VENDREDI 14 MAI 1948 fut l'occasion d'une grande célébration. Ce jour-là, eurent lieu à Tel-Aviv les cérémonies proclamant la naissance de l'État hébreu. Toutes les communautés juives des États-Unis et du Canada fêtèrent cet événement.

Il s'agissait là de la première fois depuis 2000 ans, au cours de l'histoire juive, qu'un État indépendant juif était créé. La proclamation elle-même se déroula au Musée de Tel-Aviv. La veille, les Britanniques avaient annoncé qu'ils se retiraient de la Palestine.

Les forces mandataires ne quittèrent pas la région de bon gré. Un combat sans merci s'était déroulé entre l'administration britannique et les Juifs d'*Eretz-Israel*. Les représentants de la Grande-Bretagne avaient dû avouer leur impuissance finalement à contrôler l'immigration juive. Les nouveaux arrivants avaient pénétré en Palestine par le moyen de vieux rafiots, sans s'occuper de ce que les Britanniques exerçaient une forte surveillance en haute mer et dans les principaux ports du pays. Lorsque ces derniers interceptaient des immigrants qu'ils considéraient comme des illégaux, aussitôt ils les internaient à Chypre.

Les politiques anti-sionistes des mandataires avaient pris forme dès les années 1930. Les Arabes d'autre part avaient organisé une résistance violente aux efforts des Juifs pour construire le pays selon les termes de la déclaration Balfour. Afin d'assurer leur sécurité physique, les habitants de la Palestine juive durent mettre sur pied des forces de défense armées capable de contrer les assauts terroristes des Arabes. Parmi toutes ces organisations paramilitaires juives, l'Irgoun, qui était une émanation du courant politique révisionniste, fut l'une des plus remarquées à l'époque. On entendait aussi beaucoup parler de la Haganah, qui était patronnée par les partis travaillistes en *Eretz-Israel.* Ces deux unités offrirent une forte opposition aux politiques anti-sionistes du mandat britannique.

En 1939, l'année même où les nazis avaient provoqué le déclenchement de la Deuxième Guerre mondiale, la Grande-Bretagne avait publié son livre blanc dont le but était de mettre fin à l'immigration juive vers la Palestine. Cette décision souleva beaucoup de protestations dans toutes les communautés juives. Les sionistes montréalais, regroupés en association, envoyèrent des notes au gouvernement de Sa Majesté exprimant leur opposition à ce genre de politique. Les travaillistes-sionistes canadiens firent aussi connaître de leur côté au Labor Party britannique leur désaccord à ce sujet. Certains dirigeants de cette formation politique étaient bien disposés envers les Juifs, tandis que d'autres, comme le ministre responsable du Colonial Office, Lord Passfield, et monsieur Ernest Bevin, causaient beaucoup de difficultés aux sionistes. Passfield était un socialiste possédant une haute formation intellectuelle, et qui s'intéressait de près aux aspects théoriques du mouvement travailliste ainsi qu'aux questions de propagande. Lorsqu'il avait été nommé au Colonial Office, les Juifs s'étaient imaginé qu'il agirait conformément à l'esprit de la déclaration Balfour. Passfield toutefois fit beaucoup pour calmer les appréhensions des Arabes, aux dépens de la relation privilégiée que la Grande-Bretagne avait développée avec les sionistes.

Quand la guerre prit fin, l'opinion générale était que le temps semblait maintenant arrivé de demander aux pays victorieux d'appuyer concrètement la création d'un foyer national juif en *Eretz-Israel.* Cette impression resta jusqu'à ce que les Nations unies votent, en novembre 1947, une résolution considérant la possibilité pour le peuple juif de susciter l'apparition d'un État juif indépendant.

Les Juifs canadiens se félicitèrent tout particulièrement de ce que leur gouvernement ait contribué de manière sérieuse à l'adoption de cette résolution. Parmi tous les pays de tradition britannique membres du Commonwealth, le Canada avait démontré le plus de volonté à soutenir les efforts des sionistes. Ceci était dû pour une bonne part à la campagne intense menée à ce sujet par le Congrès juif canadien et les partis politiques sionistes, lesquels avaient œuvré sous le parapluie du United Zionist Council. Le jour où les Nations unies avaient voté la résolution concernant

Eretz-Israel, toutes les communautés juives s'étaient réjouies de ce nouveau développement.

L'ONU toutefois fit bien peu sur le plan concret pour créer un État juif. Seuls les Juifs eux-mêmes étaient en mesure d'atteindre un tel but. On y parvint enfin le 14 mai 1948, jour où l'État hébreu fut officiellement proclamé. Il s'agissait là pour le peuple juif d'une date historique mémorable.

LE CANADA ET L'ÉTAT D'ISRAËL

Le sionisme politique pendant la Deuxième Guerre mondiale.
Le plan d'action « Biltmore » des sionistes américains.
La question de la Palestine telle qu'elle a été débattue par l'ONU.

L E GOUVERNEMENT CANADIEN a toujours montré un préjugé favorable face aux objectifs sionistes. Il manifesta de la sympathie même au cours de ces années difficiles quand les sionistes durent mener une rude bataille contre le Colonial Office. Cette approche positive trouva à s'exprimer tout autant sous un régime dirigé par les libéraux que quand les conservateurs étaient au pouvoir.

Dans tous les enjeux qui concernaient la sphère internationale, le Canada harmonisait ses politiques avec celles de la mère patrie britannique. Dans le cas de la Palestine cependant, lorsque au lendemain du deuxième conflit mondial surgit cette question d'accorder aux Juifs un État indépendant dans la région, le gouvernement canadien préféra cette fois suivre l'attitude des États-Unis plutôt que celle de la Grande-Bretagne.

Cette orientation de la diplomatie canadienne tenait pour une bonne part à l'activité débordante dont fit preuve le mouvement sioniste au pays, lequel élargit de beaucoup sa sphère d'influence au cours des années 1930 et pendant la guerre.

Le Canada ne fut peut-être jamais mieux disposé envers le sionisme qu'en 1947, soit quand les Nations unies traitèrent la question d'*Eretz-Israel*, et eurent à réagir à une demande de la part de l'Organisation sioniste mondiale de fonder un État juif dans la Palestine sous mandat britannique. Pendant que la Deuxième Guerre mondiale faisait rage en Europe, la Palestine juive reçut une forte immigration composée de personnes rescapées des zones sous contrôle nazi. Beaucoup plus de Juifs auraient alors pu s'établir en terre d'Israël, n'eût été de la réaction négative des Britanniques à ce flux migratoire. Ces derniers en effet souhaitaient avant tout ménager les susceptibilités des Arabes, qui s'étaient élevés avec beaucoup d'énergie contre la déclaration Balfour et contre l'arrivée en masse de Juifs en Palestine.

Au cours de cette période, soit au début des années 1940, le leadership en matière de défense des intérêts sionistes appartenait en entier à l'Organisation sioniste américaine. Les adeptes du sionisme qui résidaient aux États-Unis adoptèrent le point de vue qu'aussitôt la guerre terminée il serait impératif d'exiger la fin du mandat britannique sur la Palestine et de proclamer dans la région un État juif indépendant.

Ce projet prit forme lors d'une conférence des sionistes américains tenue en 1942 à l'Hôtel Biltmore de New York. Les résolutions qui furent adoptées à cette occasion restèrent longtemps associées au nom de l'hôtel où l'événement avait eu lieu[315].

On croyait à cette époque que, dès que la Deuxième Guerre mondiale arriverait à son terme, les États-Unis deviendraient la plus grande puissance militaire et économique en Occident. Même si les Allemands étaient acculés à la capitulation, la Grande-Bretagne, croyait-on, sortirait affaiblie du conflit et n'aurait plus la possibilité de garder une certaine neutralité face à l'affrontement qui se dessinait entre Juifs et Arabes. L'importance de ses intérêts stratégiques dans le domaine pétrolier au Moyen-Orient pousserait le gouvernement de Sa Majesté à s'éloigner de plus en plus des positions sionistes.

Lorsque la guerre prit fin, des élections eurent lieu en Grande-Bretagne et les conservateurs furent défaits. On assista ainsi à l'arrivée au pouvoir des travaillistes avec Clement Attlee[316] comme premier ministre.

Les partisans du sionisme, surtout ceux qui étaient affiliés à la mouvance ouvrière, se prirent alors à espérer que dans ces conditions les relations avec le Colonial Office s'amélioreraient. L'on supposait en effet que les socialistes du Labor Party auraient plus d'affinités avec le projet

---

315. Déclaration d'orientation politique émise par le mouvement sioniste mondial en mai 1942. Il y était affirmé que la cause du sionisme ne pouvait plus être soutenue adéquatement en vertu du mandat britannique en vigueur sur la Palestine, et exigé que l'Agence juive prenne seule à sa charge la gouverne des établissements juifs en *Eretz-Israel*.

316. CLEMENT ATTLEE (1883-1967). Membre du Parti travailliste, il fut vice-premier ministre dans le cabinet de coalition mis sur pied par Churchill en 1940, puis dirigea un gouvernement de gauche de 1945 à 1951.

d'un État juif en *Eretz-Israel*, et qu'ils prendraient en considération le fait que le peuple juif avait déjà terriblement souffert au cours de la Deuxième Guerre mondiale. Ceci sans compter que les partisans du socialisme jouaient déjà un rôle déterminant dans la construction en Palestine d'une société égalitaire.

Au lieu de cela, de nouvelles désillusions attendaient les sionistes. Le ministre responsable du Colonial Office au sein du gouvernement travailliste, Ernest Bevin, refusa catégoriquement d'abolir le livre blanc de 1939 qui limitait l'immigration juive. Des zones de friction se développèrent même entre les populations juives de Palestine et le Colonial Office, qui jusque-là n'avaient pas existé.

En 1947, les efforts de l'Agence juive dans la sphère politique se transportèrent aux Nations unies. Les dirigeants juifs se présentèrent en effet devant cette organisation pour demander la création d'un foyer national juif en Palestine, et pour mettre ainsi fin au statut incertain de ce peuple sur le plan international.

L'assemblée générale des Nations unies reçut des représentants de l'Agence juive à l'une de ses sessions du mois de mai 1947. Tous les aspects relatifs à la Palestine furent traités à cette occasion. Un comité particulier fut mis sur pied pour étudier à fond toute la question des établissements juifs et la présence arabe dans cette région ; il eut pour tâche de préparer des recommandations sur la manière de solutionner le conflit.

Les onze membres de ce comité déposèrent leur rapport quelques mois plus tard, soit au début de l'automne. Pour l'essentiel il contenait les éléments suivants, à savoir que le mandat détenu par la Grande-Bretagne devait prendre fin, que la Palestine devait être divisée en deux territoires distincts, l'un sous contrôle juif et l'autre à majorité arabe, et que ces deux États coopéreraient sur le plan économique pour assurer à chacun des peuples qui relevaient d'eux un niveau de vie acceptable.

Les représentants canadiens aux Nations unies avaient été d'un grand secours à l'époque pour trouver une solution à ces problèmes. Les gouvernements arabes par contre, chacun de leur côté, bataillèrent ferme contre l'établissement d'une souveraineté juive en Palestine. Le vote sur la question eut lieu à la fin de novembre 1947. Les pays membres des Nations unies votèrent en faveur de la création d'un État juif par une majorité de 33 voix. Parmi les pays qui s'étaient abstenus de participer au vote se trouvait la Grande-Bretagne. À cette occasion, le Canada préféra suivre l'exemple de Washington plutôt que celui de Londres.

Au moment où les tractations au sujet de la Palestine se déroulaient à l'ONU, il m'arriva de me rendre dans les bureaux du ministre des Affaires extérieures à Ottawa, monsieur Louis Saint-Laurent[317], qui allait plus tard devenir premier ministre du Canada. Le directeur du *Keneder Odler* m'avait en effet envoyé sur place pour obtenir une clarification concernant l'attitude du Canada face aux événements en cours en *Eretz-Israel*.

J'étais accompagné dans ces circonstances de Maurice Hartt, un Juif qui siégeait au Parlement d'Ottawa.

Dans sa mise au point, Louis Saint-Laurent affirma entre autres : « Je suis heureux que mon gouvernement fasse sa part pour que se réalise le projet de créer un État juif en Palestine. Il s'agit là de l'accomplissement de la prophétie de Dieu (*getlekhe nevue*) en notre temps. Nous savons que ce geste apportera la prospérité autant au peuple juif qu'aux communautés arabes de la région. Les Canadiens offrent leur amitié aussi bien aux Juifs qu'aux Arabes. Nous demeurons persuadés que les deux groupes peuvent cohabiter pacifiquement, tout comme dans notre pays se côtoient dans un esprit d'harmonie, de tolérance et de bonne volonté différentes populations. »

Monsieur Louis Saint-Laurent et le premier ministre actuel, Lester Pearson[318], qui travaillait à cette époque au ministère canadien des Affaires extérieures, et qui a aussi été le représentant du Canada aux Nations unies, ont certainement contribué de manière décisive à la fondation de l'État d'Israël.

---

317. LOUIS STEPHEN SAINT-LAURENT (1882-1973). Membre du Parti libéral, il fut ministre fédéral de la Justice de 1941 à 1946, secrétaire d'État aux Affaires étrangères de 1946 à 1948 et premier ministre du Canada de 1948 à 1957.

318. LESTER BOWLES PEARSON (1897-1972). Député libéral, ministre des Affaires étrangères dans le gouvernement de Louis Saint-Laurent de 1948 à 1957, il reçut le prix Nobel de la paix en 1957 pour le rôle qu'il avait joué dans la crise de Suez de 1956. Il fut premier ministre du Canada de 1963 à 1967.

L'INFLUENCE D'ISRAËL
SUR LES JUIFS CANADIENS

Les relations entre les sionistes et les non-sionistes.
De l'héroïsme et de la persévérance juive dans les circonstances.
Le mouvement en faveur de la culture hébraïque prend de l'ampleur.
Les difficultés rencontrées par le sionisme.

LA CRÉATION DE L'ÉTAT D'ISRAËL rehaussa de beaucoup dans tous les pays le prestige du peuple juif, y compris au Canada.

Les répercussions de cet événement historique firent énormément pour rapprocher les tenants des diverses tendances idéologiques, et les couches sociales présentes au sein de la population juive en Palestine. La création de l'État d'Israël contribua aussi à réduire les désaccords et les dissensions entre sionistes et non-sionistes. Il semblait bien que tous les Juifs sans distinction soient vivement inspirés par tout ce qui concernait ce pays nouveau, et que sans exception ils se déclarent prêts à contribuer à son développement. On s'intéressait en particulier à faciliter l'arrivée d'immigrants en Israël qui, comme il avait été prédit, formaient un courant migratoire issu de plusieurs pays, dont les États-Unis et le Canada.

Quelques semaines après la proclamation de l'État d'Israël, les nouvelles en provenance de ce pays ne s'avéraient guère rassurantes. Des armées arabes faisaient maintenant campagne contre l'État naissant et tentaient de jeter tous les Juifs à la mer. Tous espéraient cependant que les courageuses forces militaires israéliennes seraient en mesure de défendre le pays et d'empêcher les Arabes de commettre un nouvel holocauste.

Finalement, ce que tous attendaient se réalisa. La jeunesse israélienne, grâce à son ardeur et à sa force de frappe, prit les Arabes par surprise.

L'armée juive, qui avait été mise sur pied en très peu de temps, réussit à reprendre l'offensive et à infliger des revers à ses ennemis.

L'attaque arabe mit aussi au défi les jeunes Juifs qui résidaient ailleurs dans le monde. À cette époque, on entendait parler de jeunes gens originaires des États-Unis et du Canada qui s'étaient enrôlés dans les rangs de l'héroïque armée israélienne, et qui étaient allés lui prêter main-forte dans la défense du pays.

Lorsque l'État d'Israël remporta cette guerre, le prestige des Juifs s'accrut encore dans le monde. Dorénavant on percevait les Juifs sous un éclairage nouveau, comme un peuple qui n'hésitait pas à combattre courageusement ses ennemis par la force des armes.

Cette forme d'héroïsme n'était rien de nouveau pour les Juifs. N'avait-on pas eu quelques années plus tôt des échos de la ténacité juive quand ceux-ci s'étaient révoltés dans le ghetto de Varsovie, et ailleurs sous l'occupation allemande.

Les nazis avaient mis en œuvre des moyens considérables dans le quartier juif de Varsovie, réussissant à le détruire complètement et à tuer plusieurs dizaines de milliers de ses habitants juifs. Les Allemands avaient toutefois payé chèrement leur exploit. Ils avaient dû se battre fermement pendant quelques jours avec les Juifs du ghetto, et des milliers de soldats nazis étaient tombés au cours de cette bataille.

L'héroïsme juif ne manqua pas non plus de transparaître lors des opérations que le maquis juif mena contre les nazis dans différentes régions de l'Europe occupées par l'Allemagne. Un grand nombre de Juifs, hommes et femmes, firent preuve d'un grand courage lorsqu'ils se joignirent à ces groupes de partisans. Pendant cette guerre, des combattants entraînés à la guérilla partirent de la Palestine juive pour lutter contre les nazis aux côtés des Soviétiques. On larguait ces unités en parachute derrière les lignes tenues par les armées allemandes. Ce genre d'opération militaire était bien évidemment très risquée. Parmi ces soldats très courageux se trouvait une jeune femme du nom de Hannah Szenes[319]. Celle-ci fut parachutée derrière les lignes ennemies en Hongrie. Sa mission était d'identifier de jeunes Juifs que l'on pourrait arracher aux griffes de Hitler

---

319. HANNAH SZENES (1921-1944). Née à Budapest, immigrée en Palestine en 1939, elle s'enrôla en 1943 comme opérateur radio dans l'armée britannique. Parachutée en Yougoslavie en 1944 avec mission d'organiser la résistance des Juifs hongrois, elle tomba la même année entre les mains des nazis et fut exécutée.

et ramener en *Eretz-Israel* en leur faisant passer la frontière clandestinement. Hannah Szenes toutefois fut capturée et elle fut pendue par les nazis. Elle demeure aujourd'hui le symbole de l'héroïsme juif et du sacrifice suprême auquel consentirent certaines personnes pour secourir d'autres Juifs en péril (*kidoush-hashem idealizm*).

Le grand courage dont fit preuve la jeunesse juive israélienne durant la guerre de l'indépendance (*bafrayungs milkhome*) revêtit une signification historique particulière et souleva l'enthousiasme du monde entier.

* * *

L'influence de l'État d'Israël se fit sentir dans tous les aspects de la vie juive, notamment dans la sphère communautaire et sur le plan culturel.

Des diplomates juifs firent leur apparition, qui personnifiaient l'existence même de l'État hébreu et l'étendue de sa souveraineté dans la sphère internationale. Le premier représentant officiel israélien à arriver au Canada s'appelait Abraham Harman[320], lequel est aujourd'hui ambassadeur à Washington. Pour les Juifs canadiens, cet événement représentait un tournant historique. Après Harman, ce fut le tour de Michael Comay de prendre la tête du corps diplomatique israélien à Ottawa[321].

Ces nouveaux développements renforcèrent considérablement les liens des Juifs canadiens avec l'éducation proprement juive, et donnèrent au mouvement culturel hébraïque beaucoup de visibilité et d'importance. L'organisation *Keren Hatarbes* en vint à jouer un rôle central afin de bâtir des ponts dans le domaine spirituel et culturel entre les Juifs canadiens et l'État d'Israël. Cette institution apporta, sous la direction de son président à l'échelle nationale, Zalman Gordon, un nouvel élan à l'éducation en langue hébraïque au pays et s'intéressa autant à la jeunesse qu'aux adultes. *Keren Hatarbes* devint ainsi, au sein de l'Organisation sioniste canadienne, la section responsable de l'activisme culturel.

Toutes les campagnes de collecte de fonds qui s'activaient à soutenir l'économie israélienne reçurent ainsi une impulsion nouvelle. Des associations et des regroupements virent le jour afin de stimuler les échanges commerciaux entre le Canada et l'État hébreu, et des compagnies furent mises sur pied afin d'investir des capitaux dans des entreprises israéliennes

---

320. Harman avait le titre de consul général israélien au Canada et résidait à Ottawa.
321. Comay fut en 1954 le premier ambassadeur de l'État d'Israël au Canada.

ou pour acheter des obligations d'Israël (Israel Bonds). Des sionistes tout autant que des non-sionistes prirent part à ces activités.

Une entreprise enregistrée sous le nom de Canada Palestine Corporation[322] (Canpal) fut créée afin de soutenir le commerce entre le Canada et l'État d'Israël. Cette entité, placée sous la direction de Barney Aaron, président à l'échelle pancanadienne, se chargea de développer un niveau d'échange considérable entre les deux pays, et qui allait s'intensifiant chaque année.

Au cours des années subséquentes, d'autres entreprises furent constituées afin d'encourager les investissements directs en Israël.

Parce que les non-sionistes aussi collaboraient aux collectes de fonds en faveur d'Israël, notamment par l'achat d'obligations d'Israël, ou en contribuant au United Israel Appeal, cela réduisait l'écart entre eux et leurs coreligionnaires adeptes du sionisme. Dans certains milieux, on ne pouvait parfois plus percevoir de différence d'opinion et de comportement entre les tenants de l'État d'Israël et ceux qui ne l'avaient pas appuyé jusque-là. Ceci soulevait la question à savoir si l'Organisation sioniste avait toujours sa raison d'être. Souvent on entendait le commentaire, parfois de la bouche même des sionistes, que le mouvement visant à soutenir un État juif traversait une crise. Après tout, les Juifs jusque-là désintéressés de la Palestine juive ne prenaient-ils pas maintenant en main tout le travail visant à soutenir l'État d'Israël, laissant aux sionistes eux-mêmes la portion congrue.

Les dirigeants sionistes sont aujourd'hui très occupés à définir les responsabilités particulières des organisations qui viennent en aide à l'État d'Israël. Lors des assemblées sionistes, que ce soit à l'occasion de congrès ou de séminaires, ces questions se trouvent le plus souvent à l'ordre du jour et on en discute beaucoup. La réaction des chefs de file du sionisme, quant à ce sujet, est que les partisans d'Israël réunis au sein d'organisations cohérentes ont une connaissance intime des besoins et des problèmes de ce pays, et qu'ils doivent se consacrer avec plus d'intensité à répandre la culture hébraïque qui seule peut unir les Juifs israéliens à leurs vis-à-vis de la diaspora.

On rencontrait aussi des sionistes qui ne s'inquiétaient en rien de ce genre de « crise ». Bien au contraire, ils se réjouissaient de la situation. En

---

322. Cette entreprise fut plus tard connue sous le nom de Canadian Israel Trading Company Ltd.

fait, cela faisait leur bonheur de constater que des non-sionistes puissent être si enthousiastes et si emportés face à l'État d'Israël, au point de participer à des collectes de fonds en faveur de ce pays. Ces gens croyaient que ce type de « difficultés » pouvait être perçu comme le signe qu'un élan nouveau animait les Juifs quant à la conscience de leur propre identité et de l'unité de leur peuple, et pas l'inverse.

Les sionistes qui partageaient cette opinion estimaient que le soutien que les non-sionistes apportaient à l'État d'Israël constituait un développement positif dans la sphère juive, surtout quand il s'agissait de Juifs assimilés et qui donnaient l'impression de s'être tenus éloignés jusqu'ici de la vie communautaire.

Dans les milieux sionistes organisés, on se souciait bien sûr plus vivement du futur. Comment se comporterait la génération montante qui grandissait éloignée des événements historiques à caractère dramatique qui avaient tellement marqué notre époque ? Les Juifs de demain seraient-ils aussi touchés que ceux d'aujourd'hui par l'existence de l'État d'Israël ? Ces préoccupations rejoignaient moins les cercles non sionistes, même ceux où l'on s'intéressait à amasser des sommes importantes en faveur de l'État hébreu.

Au même moment, l'Organisation sioniste canadienne avait devant elle d'importants défis à relever. À part les campagnes de financement pour Israël, d'autres responsabilités attendaient l'institution, comme l'animation culturelle et éducative, sans compter les relations publiques. Il était en effet du ressort du mouvement sioniste de défendre la réputation de l'État hébreu face à ses ennemis déclarés ou potentiels, et qui pouvaient toujours lui nuire considérablement.

Le mouvement sioniste ouvrier ainsi que le Mizrachi menaient pour leur part un programme d'activités plus spécifique en faveur d'Israël. Certains de ces événements prenaient un caractère nettement plus communautaire, et ils étaient mis sur pied en collaboration avec le United Zionist Council. Le président de l'Organisation sioniste canadienne, Joseph Frank, se trouvait aussi à la tête de ce dernier regroupement.

DE GRANDS ANNIVERSAIRES
HISTORIQUES JUIFS

*Un jubilé qui mettait en vedette le caractère historique particulier
de la communauté juive canadienne. L'élément fondateur qui unissait
toutes les tendances idéologiques au sein du judaïsme canadien.*

LA COMMUNAUTÉ JUIVE CANADIENNE s'est beaucoup développée au
cours des dernières décennies. La majorité des Juifs détiennent
maintenant la citoyenneté canadienne du fait de leur naissance au pays.
Ils se sont aussi bien intégrés sur le plan économique et culturel à leur
société d'appartenance.

L'ancienneté relative de la présence juive au Canada a été soulevée
récemment par certains anniversaires historiques célébrés au cours des
dernières années. Ces fêtes montrent bien que la communauté juive est
enracinée depuis longtemps au pays.

En 1959, le Congrès juif canadien a proclamé, à l'occasion du 200ᵉ
anniversaire de l'arrivée du premier Juif au Canada[323], la tenue d'un
programme de commémoration historique[324] s'étendant sur une année
entière.

Toutes les communautés juives partout au Canada ont célébré ce
jubilé. La présence juive au pays remonte en effet à 1760. Le premier Juif

---

323. Il s'agit d'Aaron Hart, homme d'affaires né vers 1724 en Europe et décédé à Trois-Rivières en 1800. Hart était arrivé à Montréal à l'été 1760 dans le sillage des troupes d'Amherst, probablement à titre de pourvoyeur de l'armée britannique.
324. Voir *Commemorative Report on National Bicentenary of Canadian Jewry 1759-1959*, Montréal, Congrès juif canadien, 1959, 48 p.

à s'établir au Canada était un officier de l'armée britannique[325], et il avait pénétré sur le territoire à l'occasion de la conquête du Québec. Tant que le Canada avait appartenu à la France, aucun Juif n'avait pu obtenir la permission de s'établir ici.

Un autre grand anniversaire historique avait été célébré en 1918, lorsque les Juifs s'étaient rappelé le 150e anniversaire de la première synagogue à Montréal, la congrégation Spanish-Portuguese (Shearit Israel), qui avait été fondée en 1768.

Ce sont des Juifs appartenant à des familles originaires d'Espagne et du Portugal qui avaient érigé la synagogue Spanish-Portuguese[326]. Certains Juifs avaient en effet émigré de ces pays jusqu'aux Pays-Bas, en Belgique ou encore en Angleterre. Plus tard, leurs descendants s'étaient établis au Canada, où ils avaient fondé la première synagogue, jetant ainsi les bases de la vie religieuses juive au pays.

La deuxième synagogue de Montréal en ancienneté, la congrégation Shaar Hashomayim, avait célébré son centième anniversaire au milieu des années 1940[327]. Les membres fondateurs de cette synagogue étaient originaires surtout d'Allemagne. On avait d'ailleurs désigné pendant très longtemps cet édifice sous le nom de « synagogue allemande ».

Pendant plusieurs décennies, il ne s'était trouvé que des Juifs espagnols à Montréal. Au début du XIXe siècle toutefois, des Juifs allemands avaient fait leur apparition dans la ville. Ces derniers étaient venus au pays car l'Allemagne et l'Autriche étaient alors secouées par des troubles politiques qu'ils cherchaient à fuir. Les Juifs éprouvaient en effet beaucoup de difficulté à vivre sous les régimes despotiques qui existaient à l'époque.

La plupart des Juifs d'origine espagnole ou allemande s'assimilèrent et se mêlèrent à la population non juive qui les entourait. Les parents n'avaient en effet pas accès, hors de la synagogue, à des institutions ou à un programme d'activités qui auraient lié leurs enfants au judaïsme. Ceux-ci grandissaient de plus dans une atmosphère chrétienne et se mariaient avec des adeptes de cette religion. Avec le passage du temps, les congrégations que ces Juifs avaient fondées tombèrent entre les mains

---

325. Cette affirmation a été mise en doute par des recherches subséquentes.

326. L'historien Denis Vaugeois a contredit cette affirmation dans son ouvrage *Les Juifs et la Nouvelle-France*, Boréal Express, 1968, p. 107-114. En fait, la majorité des Juifs qui s'établirent au Québec au XVIIIe siècle étaient de tradition ashkénaze et d'origine britannique.

327. Cette synagogue avait été fondée en 1846.

d'immigrants est-européens qui n'avaient pas seulement apporté au Canada une pratique religieuse formelle, mais aussi des traditions culturelles qui les gardèrent attachés au mode de vie exubérant et intense qui était alors caractéristique de l'Europe de l'Est.

Dans ces deux synagogues historiques, soit au sein de la congrégation Spanish-Portuguese et Shaar Hashomayim, prient aujourd'hui des Juifs qui sont nés au Canada, mais qui sont originaires de Russie, de Pologne et de Roumanie. Les rabbins que l'on y rencontre ne descendent pas non plus de familles juives espagnoles ou allemandes. À la congrégation Spanish-Portuguese, le chef spirituel est le docteur Solomon Frank, qui vient de Winnipeg, tandis que le rabbin Wilfred Shuchat préside les destinées de la synagogue Shaar Hashomayim. La famille du rabbin Shuchat est montréalaise et lui-même a étudié au Talmud Tora local. Lorsqu'il a été choisi en 1946 pour diriger cette congrégation, un an après avoir obtenu un diplôme au Jewish Theological Seminary[328], il est devenu un des plus jeunes rabbins au pays.

* * *

Un autre anniversaire de première importance fut célébré au cours de l'été 1963, soit le centième anniversaire de l'Institut Baron de Hirsch.

L'histoire de cette institution montréalaise résume à elle seule tout le trajet parcouru au cours des années par la communauté juive organisée. C'est en 1863 que fut fondée la première association juive visant des buts sociaux et philanthropiques[329]. De ce noyau initial apparut l'ensemble de la structure communautaire juive dans la ville. Les fêtes entourant cet anniversaire furent gérées par un comité présidé par monsieur Horace Cohen, dont la famille, soit son père, son grand-père et son oncle[330], avait

---

328. Institution d'enseignement supérieur fondé à New York en 1887 et associée au courant conservateur du judaïsme américain.

329. Le 23 juillet 1863 était fondé à Montréal une organisation philanthropique appelée le Young Men's Hebrew Benevolent Society (YMHBS), chargée surtout de venir en aide aux nouveaux immigrants juifs. En 1888, une vague migratoire venue de Russie met très à mal les finances de la communauté montréalaise et les leaders de la YMHBS font appel au philanthrope allemand très connu à l'époque, Maurice baron de Hirsch. Celui-ci accorde en 1890 à ses coreligionnaires montréalais une somme de 20 000 $ dans le but de payer la construction d'une résidence pour les immigrants démunis et d'une école pour leurs enfants. En reconnaissance de ce geste, le YMHBS devient en 1891 l'Institut Baron de Hirsch.

330. Il s'agit respectivement de Lyon Cohen, de Lazarus Cohen et de A. Z. Cohen.

été intimement liée à l'administration des affaires de la communauté. Les célébrations eurent lieu à l'hôtel Reine Élisabeth et prirent la forme d'un souper formel. Parmi les invités d'honneur se trouvaient des représentants des gouvernements provincial et fédéral.

* * *

Tous réunis, ces anniversaires résument les caractéristiques historiques du judaïsme canadien. Ils montrent que la communauté ne date pas d'hier, qu'elle possède une certaine maturité humaine et qu'elle est riche de plusieurs expériences historiques.

D'autre part, la communauté juive canadienne ne bénéficie pas encore d'une assise spirituelle et culturelle stable, au point qu'elle puisse se développer de manière tout à fait autonome. Elle doit encore unir son élan à celui d'autres collectivités juives à travers le monde, et en particulier à l'État d'Israël.

Avant la proclamation de l'État hébreu, *Eretz-Israel* n'intéressait vraiment que les adeptes du sionisme. Après la fondation de 1948, tous les Juifs durent se soucier de l'existence d'Israël, et ce furent les communautés juives de la diaspora qui se chargèrent elles-mêmes de soutenir ce nouveau pays. Sans ces efforts, il y a fort à parier que les populations juives à travers le monde auraient été moins disposées à afficher et à valoriser leurs origines judaïques, et cela les aurait conduit à subir des formes plus radicales d'assimilation.

L'ensemble de la communauté juive canadienne, avec toutes ses nuances idéologiques et dans toute sa diversité interne, se trouve aujourd'hui fermement unie derrière l'objectif de venir en aide à l'État d'Israël et d'appuyer son développement dans tous les domaines possibles. Au cours des années 1950, les Juifs canadiens ont investi des sommes considérables en Israël, et cette tendance s'est encore accentuée au cours de la décennie suivante.

Pendant l'automne 1951, les deux institutions principales de la communauté juive canadienne, soit l'Organisation sioniste dirigée par Lawrence Freiman, et le Congrès juif canadien ayant à sa tête Samuel Bronfman, créèrent un organisme central destiné à canaliser les investissements destinés à l'État d'Israël. Ce geste lia de très près l'ensemble de la collectivité juive canadienne au devenir de l'État hébreu.

La même année, au printemps, une importante délégation réunissant des représentants de plusieurs organisations juives s'était rendue à Boston pour rencontrer le premier ministre David Ben-Gourion, qui était alors de passage dans cette ville. C'est ainsi que quelques dizaines de leaders juifs, réunis à l'Hôtel Somerset, avaient assuré le chef de l'État hébreu de l'appui indéfectible de leurs coreligionnaires canadiens.

LES CHANGEMENTS SURVENUS
DANS LA VIE JUIVE CANADIENNE

Une nouvelle communauté juive s'installe en banlieue. Les problèmes reliés
à l'intégration sociale et à l'assimilation. Le rôle joué par la synagogue.
Beaucoup de questions et peu de réponses au sujet du futur.

PEU APRÈS LA FIN DE LA DEUXIÈME GUERRE MONDIALE, on commença
à remarquer que la vie au sein de la communauté juive était ponctuée
de nouvelles réalités. Ces changements qui touchaient les sphères économique, culturelle et sociale, avaient maintenant des conséquences sur
l'ensemble du devenir juif, autant à l'échelle canadienne qu'au niveau
local.

Le conflit militaire qui venait de se terminer avait aussi amené une
vague de prospérité et amélioré la qualité de vie de la plupart des individus
au pays. L'industrie de la construction en particulier profitait de ce nouvel
élan économique, qui touchait les grandes villes comme les plus petites.
Ceci entraîna une activité fébrile du côté du marché immobilier, et un
grand nombre d'édifices à appartements et de centres commerciaux furent
érigés. Des entrepreneurs juifs décidèrent de se lancer dans ce marché et
plusieurs réussirent très bien.

Un mouvement de société se dessina aussi pour créer de nouvelles
villes en banlieue. Des familles juives furent parmi les premières à s'établir
dans ce genre de milieu urbain, ceci afin d'avoir accès à plus d'espace et
à un environnement plus naturel qu'au centre d'une grande métropole.

Cette tendance à prendre le chemin des banlieues se manifesta dans
les agglomérations de toutes tailles, autant au Canada qu'aux États-Unis.

Dans ces villes périphériques s'élevèrent des synagogues à l'allure
résolument moderne, qui coûtèrent très cher, et que l'on équipa de centres

communautaires dotés de grandes salles devant permettre à la jeunesse de s'amuser et de se distraire à sa guise.

On ne rencontre guère dans ces lieux de culte nouveaux de rabbins à la manière d'autrefois (*heymish rov*), du genre de ceux qui avaient étudié à Slobodke, Telz ou Volozhin[331]. Les rabbins d'aujourd'hui parlent anglais, la langue usuelle de la génération montante, laquelle n'a pas été formée dans l'esprit yiddishisant qui caractérisait la génération de leurs parents et de leurs grands-parents, et que ceux-ci avaient amené avec eux d'Europe de l'Est.

Au sein de ces communautés de banlieue, il n'y a pas tellement de place pour les organisations et les institutions juives que les immigrants est-européens avaient créées au cours des décennies précédentes, et où surtout le yiddish était employé. La préoccupation principale de ces regroupements plus anciens avait toujours été d'attirer à eux les jeunes pour qui les réalités propres à l'Europe orientale ne signifiaient rien de bien précis, surtout maintenant qu'ils s'étaient éloignés physiquement des zones de résidence densément juives. Dans les banlieues en effet, on ne trouve pas de milieux où s'expriment d'une manière intense, comme autrefois en Europe de l'Est, la vie culturelle et religieuse juive, soit avant que les nazis en réduisent les manifestations concrètes à fort peu de chose.

La jeunesse de ces nouvelles banlieues est composée très largement de personnes qui sont toujours aux études. Les jeunes Juifs en effet comptent pour une bonne partie de la clientèle des collèges et des universités. Très peu d'entre eux choisissent aujourd'hui d'entrer dans le secteur manufacturier pour y devenir des travailleurs manuels. La classe ouvrière juive, qui avait joué un rôle si grand dans la communauté au cours des années 1920 et 1930, se trouve désormais très limitée en nombre. Dans les usines de confection, où les employés juifs formaient de loin il y a deux générations le groupe le plus important, il ne reste plus que quelques ouvriers spécialisés de cette origine ethnique, et même ces métiers sont en déclin à l'heure actuelle.

On discute beaucoup dans certains milieux au sujet de cette jeunesse studieuse. Pourra-t-elle relever les défis et accepter les responsabilités de la vie communautaire juive ? Développera-t-elle des liens quelconques avec

---

331. L'auteur cite ici le nom de petites localités de Lituanie (Slobodke et Telz) et de Biélorussie (Volozhin) où avaient été fondées à la fin du XIXe siècle des académies talmudiques (*yeshivot*) très réputées.

d'autres regroupements et collectivités juives à l'extérieur du pays ? Existera-t-il des formes d'échanges significatifs entre ces jeunes et les Juifs qui résident en Israël ?

Ce genre de questionnement devient chaque jour plus pressant. Il est repris très souvent à des rassemblements, dans des forums et par des gens réunis en congrès. Certains craignent que le processus d'intégration à la majorité canadienne, qui affecte les jeunes fréquentant les maisons d'enseignement supérieur, finisse par les éloigner des activités culturelles proprement juives que soutient le réseau communautaire.

Le Congrès juif canadien publiait récemment des statistiques révélant qu'approximativement 50 % des enfants juifs, autant ceux en âge d'étudier à l'école que les plus jeunes, ne recevaient aucune éducation juive formelle. Comme se comporteront tous ces petits le jour où ils deviendront à leur tour les parents de jeunes enfants ? Comment s'exprimera de manière concrète leur rapport au judaïsme ? Et cette partie de la jeunesse qui a grandi avec une certaine connaissance de ses racines religieuses, résistera-elle longtemps à l'influence du milieu universitaire, où ne compte que l'apprentissage d'un savoir purement utilitaire ?

Il y a quelques années encore fleurissaient toujours au sein de la communauté juive une culture judaïque plus traditionnelle et une langue, le yiddish, capable de soutenir une conscience nationale et une identité forte. Ces éléments sont aujourd'hui très affaiblis, au point qu'on les remarque à peine. Et que retrouve-t-on à leur place ? Rien pour le moment. Cette culture issue du peuple n'a en fait jamais été remplacée. Comment ce vide sera-t-il comblé ? Aux yeux de certains publicistes et intellectuels, il s'agit là d'une tendance plutôt néfaste. Ils voient dans cette vacuité le symbole d'un appauvrissement culturel et s'en inquiètent beaucoup. D'autres penseurs croient que cette évolution constitue un processus tout à fait naturel et inévitable, qui ne signifie pas une perte au niveau identitaire ou n'annonce pas l'arrivée d'une crise culturelle, mais marque un changement auquel il convient de s'adapter.

D'autres valeurs culturelles juives finiront bien par remplacer celles qui sont tombées en désuétude, suggèrent-ils, qui surgiront dans une autre langue et sous d'autres formes plus en harmonie avec les conditions de vie actuelles.

* * *

Le prestige social de la communauté juive a beaucoup été rehaussé au cours de ces dernières années grâce à l'existence de l'État d'Israël. Les Juifs eux-mêmes ont été aussi très généreux dans leur appui à l'État hébreu. Aujourd'hui, même des regroupements non sionistes participent aux collectes de fonds menées en vue de soutenir le sionisme. Toutefois, lorsque les dirigeants israéliens appellent les Juifs de la diaspora à faire *aliyah*[332], quand David Ben-Gourion affirme que l'État d'Israël a besoin de plus de populations pour assurer sa sécurité et qu'un million d'immigrants potentiels devraient pouvoir être recrutés aux États-Unis, peu de gens répondent à son appel. Bien au contraire, on se plaît à le contredire et plusieurs personnes se demandent pourquoi il exige de la jeunesse juive nord-américaine un si grand sacrifice. Certains sionistes se joignent même à ce concert de protestations et soulignent que Ben-Gourion n'est guère réaliste s'il exprime de telles attentes.

La raison pour laquelle, selon certains milieux, de telles espérances sont non fondées a à voir avec le fait que les Juifs américains et canadiens vivent aujourd'hui dans un environnement sécurisant et prospère. Qui cependant pourrait garantir la permanence de cette situation à long terme ? Est-il assuré que les conditions économiques propres aux communautés juives de banlieue résisteront mieux aux pressions que connaissaient des pays subissant de graves problèmes dus à l'automation, au chômage, aux tendances inflationnistes et à d'autres types de difficultés.

Dans les nouvelles communautés de banlieue, on construit des synagogues un peu de la même façon que l'on fait pour de grandes entreprises commerciales. Il suffit que quelques riches individus en décident ainsi, pour que s'érige un lieu de prière coûteux doté d'un important budget annuel, et que ne peuvent assumer à eux seuls les simples membres ou l'argent recueilli lors des fonctions religieuses habituelles. Des revenus doivent aussi être obtenus de locations de salles à l'occasion de fêtes sociales, de mariages et de *bar-mitsvot*[333]. Les administrateurs de ces synagogues, même s'ils dirigent une organisation à but non lucratif, n'ont d'autre choix que de garder à l'esprit des préoccupations nettement économiques. Au lieu de s'intéresser aux véritables buts d'un lieu de culte, soit prier, étudier les livres saints et éduquer les jeunes, il leur faut consacrer

---

332. Terme hébreu signifiant le fait pour un Juif d'émigrer en Israël pour s'y installer à demeure.
333. Forme plurielle de *bar-mitsva*.

beaucoup d'énergie à boucler leur budget. Les synagogues modernes ressemblent aujourd'hui à des organisations modelées à l'image des classes sociales supérieures ou moyennes. Les individus plus démunis ne sont guère appréciés dans ces institutions, surtout s'ils sont profondément religieux d'esprit et de comportement.

Chaque sabbat il y a dans les synagogues de banlieues une grande fête à l'occasion d'un *bar-mitsva*. Parfois, il y a même deux ou trois cérémonies de ce genre le même jour. L'apprentissage de la *haftora*[334] est ainsi devenu un des objets principaux de l'éducation religieuse juive. Le jeune dont c'est le *bar-mitsva* reçoit beaucoup de cadeaux et on l'accueille au sein de la communauté en lui offrant un repas d'honneur. Le maître de la cérémonie lui rappelle que jusque-là il était dégagé de toute responsabilité relativement à la pratique du judaïsme, mais qu'à partir de maintenant il sera considéré comme un adulte et devra, comme tous les autres membres de la communauté, consentir sa part d'efforts face à la tradition religieuse. Le jeune qui se soumet à ce rituel perçoit le plus souvent l'événement sous un tout autre angle. Il voit tout exactement à l'opposée de ce qu'on lui propose. Jusqu'ici, tant qu'il n'avait pas atteint l'âge de la maturité, on l'obligeait à une pratique religieuse stricte. Il devait aller à une école juive, apprendre la *haftora* ainsi que d'autres matières religieuses. Maintenant qu'il était devenu un adulte, il pourrait se conduire comme tous les hommes autour de lui, comme son père et son frère par exemple, et se dégager de toute obligation ferme face au judaïsme. Il ne lui serait plus nécessaire désormais de se rendre si souvent à la synagogue, et il aurait même le loisir de ne plus y mettre les pieds si tel était son souhait.

Les changements qui sont survenus depuis peu dans la vie juive soulèvent beaucoup de questionnements chez les Juifs qui réfléchissent. Il n'est pas possible de répondre de manière précise et définitive à toutes ces interrogations. De tels enjeux, qui sont étroitement liés au thème de la perpétuation du judaïsme, sont souvent discutés par les rabbins, les journalistes et les leaders communautaires éclairés qui se soucient du futur de leur tradition religieuse.

Ce genre de problème est d'actualité dans tous les pays de la diaspora, et bien sûr le Canada ne constitue pas une exception à ce sujet. Il nous

---

334. Chapitre du « livre des prophètes » lu à la synagogue après la lecture de la *Tora* et qui conclut l'office du sabbat et des fêtes. La lecture de la *haftora* est un des éléments de la cérémonie du *bar-mitsva*.

faut admettre toutefois que la situation serait beaucoup plus préoccupante, n'eût été de l'existence de l'État d'Israël, dont l'influence rejoint toutes les couches au sein de la population juive, et toutes ses composantes idéologiques.

La présence de l'État hébreu compte donc pour beaucoup à l'heure qu'il est, et pas seulement pour les Juifs qui y vivent, mais aussi pour toutes les communautés juives dispersées partout à travers la planète.

INDEX

TABLE DES MATIÈRES

DU MÊME AUTEUR

Juifs et Canadiens français dans la société québécoise, Sillery, Éditions du Septentrion, 2000, 198 p. (en collaboration avec Ira ROBINSON et Gérard BOUCHARD)

Tur Malka. Flâneries sur les cimes de l'histoire juive montréalaise, Sillery, Éditions du Septentrion, 1997, 200 p.

An Everyday Miracle, Yiddish Culture in Montreal, Montréal, Véhicule Press, 1990, 170 p. (en collaboration avec Ira ROBINSON et Mervin BUTOVSKY).

Le rendez-vous manqué. Les Juifs de Montréal face au Québec de l'entre-deux-guerres, Québec, Institut québécois de recherche sur la culture, 1988, 358 p.

Le Devoir, *les Juifs et l'immigration. De Bourassa à Laurendeau*, Québec, Institut québécois de recherche sur la culture, 1988, 170 p.

Juifs et réalités juives au Québec, Québec, Institut québécois de recherche sur la culture, 1984, 342 p. (en collaboration avec Gary CALDWELL).

TRADUCTIONS

Kalman Kalikes Imperye / L'Empire de Kalman l'infirme, de Yehuda Elberg, Montréal, Éditions Leméac / Paris, Actes Sud, 2001, 624 p.

Mayn Lebns Rayze / Un demi-siècle de vie yiddish à Montréal, de Hirsch Wolofsky, Sillery, Éditions du Septentrion, 2000, 392 p.

Di Poale-Zion bavegung in Kanade, 1904-1920 / Le mouvement ouvrier juif au Canada, 1904-1920, de Simon Belkin, Sillery, Éditions du Septentrion, 1999, 390 p.

Shulamis. Stories from a Montreal Childhood / Une enfance juive à Montréal, de Shulamis Yelin, Montréal, Éditions Humanitas, 1998, 174 p.

Montreal foun nekhtn / Le Montréal juif d'autrefois, d'Israël Medresh, Sillery, Éditions du Septentrion, 1997, 272 p.

Yidishe Lider / Poèmes yiddish, de Jacob Isaac Segal, Montréal, Le Noroît, 1992, 154 p.

COMPOSÉ EN ADOBE GARAMOND CORPS 11
SELON UNE MAQUETTE RÉALISÉE PAR JOSÉE LALANCETTE
ET ACHEVÉ D'IMPRIMER EN NOVEMBRE 2001
SUR LES PRESSES DE AGMV-MARQUIS
À CAP-SAINT-IGNACE
POUR LE COMPTE DE DENIS VAUGEOIS
ÉDITEUR À L'ENSEIGNE DU SEPTENTRION